CATEGORY MANAGEMENT
IN SUPPLY CHAIN

品类管理方法论

世界500强企业的战略采购实践

汪希斌 邢庆峰 刘魁雁 ◎著

图书在版编目（CIP）数据

品类管理方法论：世界500强企业的战略采购实践/汪希斌，邢庆峰，刘魁雁著. --北京：机械工业出版社，2022.3（2023.4重印）
ISBN 978-7-111-70431-7

I. ① 品… II. ① 汪… ② 邢… ③ 刘… III. ① 企业管理 – 采购管理 IV. ① F274

中国版本图书馆CIP数据核字（2022）第049154号

品类管理方法论
世界500强企业的战略采购实践

出版发行：机械工业出版社（北京市西城区百万庄大街22号　邮政编码：100037）
责任编辑：杨振英　　　　　　　　　　　责任校对：殷　虹
印　　刷：固安县铭成印刷有限公司　　　版　　次：2023年4月第1版第4次印刷
开　　本：170mm×240mm　1/16　　　　印　　张：26.75
书　　号：ISBN 978-7-111-70431-7　　　定　　价：89.00元

客服电话：(010) 88361066　68326294

版权所有·侵权必究
封底无防伪标均为盗版

推荐序一

很开心应我们南京大学商学院两位 MBA 毕业生汪希斌、刘魁雁的邀请，为《品类管理方法论：世界 500 强企业的战略采购实践》这本书作序。

据我了解，这是国内为数不多的系统介绍和阐述采购及供应链品类管理的专业图书，它的出版，对于提高中国企业供应链管理水平，加强供应链管理人才队伍建设具有积极、深远的实践意义。

国际物流与供应链领域著名专家马丁·克里斯托弗教授曾说过，21 世纪的竞争不是企业之间的竞争，而是供应链之间的竞争。供应链既看不到也摸不着，它是贸易链，是产业链，并且逐渐上升为生态链。因此，欧美许多发达国家已经将供应链发展上升为国家战略。近几年来，随着各种贸易冲突的加剧，供应链建设已经成为企业、地区乃至国家越来越重视的战略问题。2017 年，国务院办公厅印发了《关于积极推进供应链创新与应用的指导意见》，首次就创新发展供应链出台了纲领性指导文件，将供应链建设上升为国家战略之一。品类管理是战略采购的抓手，而战略采购是整个供应链管理中最为重要和关键的环节之一。因此，本书的出版正当其时！

作为长期从事人力资源管理教学和研究工作的学者，我认为采购和供应链管理，跟任何其他专业工作一样，都离不开人才这一最重要的核心资源和因素。从人力资源管理的角度来阅读本书，读者将会发现一些颇有创新的观点和实践。

例如，书中谈到的品类管理者所需要具备的"π"型技能组合就是一大概念创新，而且非常形象和易懂。作者们认为要想有效实施品类管理，企业需要拥有一批具有"π"型技能组合的品类管理者。所谓"π"型技能，就是在两个关键知识领域具备足够的专业性：一个是品类技术及市场方面的知识，另一个则是与商业管理有关的知识；除此之外，就是"π"上面的那一横，即沟通，这意味着品类管理者所必需的跨界沟通能力。对于以上观点，我深表赞同！要想有效实施品类管理，企业就需要拥有一批具有"π"型技能组合的品类管理者，即具有综合能力的管理型人才。具体来说，就是战略采购专业人士需要既懂管理又懂专业，同时还要具备意愿和出色的沟通能力。品类管理者所面临的场景会随着市场的变化而变化，因此他们的沟通对象（内外部利益相关方）也颇为复杂，或者说跨度很大，从而也对沟通能力提出了更高的要求！

本书的另外一大特色就是实战性和可操作性较强。本书第一作者汪希斌先后在多家知名跨国企业从事过运营管理和品类管理工作，积累了丰富的实战经验。更难能可贵的是，希斌不拘泥于实践，能够将自己的专业知识总结和提纯，形成一个理论体系，即书中提到的"一二三四五"五个层次的数字化体系。他热心公益，将所掌握的理论知识转化为生产力和影响力，在微观组织层面（即企业）进行了大量的卓有成效的推广和教学实践。本书的第三作者刘魁雁则是在大型跨国企业长期深耕供应链建设，是采购及供应链方面的资深专业人士，他对本书的创作提供了很多实践性的指导，同时对本书的理论创新也做出了重要贡献。"嚼得菜根，做得大事"是南大的校风，也是南大学子的风范。我很欣慰能够从两位校友身上看到这一点。以此为序。

南京大学人文社会科学资深教授、商学院名誉院长、
行知书院院长、博士生导师
于澳门科技大学

| 推荐序二 |

看到希斌老师在新冠疫情期间静心完成的这本书,我颇感欣慰。

作为中国物流与采购联合会(简称中物联)采购与供应链专业委员会的专家委员,希斌老师参与了我国自主搭建的供应链管理专业认证体系的教材——SCMP(供应链管理专家)职业水平认证教材第 1 版两个模块的编著工作,也参与了教材第 2 版的改版工作。对希斌老师的敬业态度,我是十分认可的。

《品类管理方法论:世界 500 强企业的战略采购实践》这本书,是希斌老师与两位合作者亲身经历的实践性总结,书中既详细介绍了采购供应链管理领域传统公认的各种战略采购管理工具,如卡拉杰克矩阵、SWOT 分析、PESTLE 分析等,也毫无保留地将三位作者在实践中发展出来的与传统工具不尽相同的供应商关系管理定位矩阵、供应商管理策略矩阵以及品类管理分项策略组合矩阵等工具模板推荐给广大供应链管理专业人士,这是值得肯定的做法。

作为中国唯一一家物流与采购行业综合性行业协会,中物联始终致力于促进我国采购行业的规范、健康发展。我们很高兴看到越来越多像希斌老师这样经验丰富的专家在不断努力,推动我国采购与供应链管理水平提升。我相信本书凭借对品类管理战略计划和落地实施全过程的透彻描述与从实战中提炼的典例分析,会成为一本具有实践操作指南意义的工具书,为采购领域从业者提供案例参考,为我国企业战略采购提供理论与实例支撑,为采购行业发展提供前瞻性视野。

最后，我也期待希斌老师能够顺利完成我们联合会主导的 SCMP 职业水平认证新版教材的编写工作，同时还能创作出更多更好的与供应链管理有关的专业书籍。

胡大剑

中国物流与采购联合会会长助理、
采购与供应链管理专业委员会主任

推荐序三

与汪老师的初次结缘可以追溯到2018年，这一年，我们公司的烟台工业园PC（聚碳酸酯）一期项目已正式投产，二期正在如火如荼地建设中，每年采购额数百亿元。对于一般生产型企业而言，60%～70%的成本是由供应商决定的，也就是采购价格的高和低，将会对企业的竞争力发挥非常关键的作用。为了使企业成本更低，进而产生利润杠杆效应，公司将目光聚焦于采购人员的能力提升和培养上。

汪老师当时是美国供应管理学会亚太区培训与发展总监，在组织诊断和人员培养方面有丰富的经验。双方在充分沟通后一拍即合，结合诊断结果，分别开展了三期CPSM培训，取得了通过率74%的不俗成绩。这个成绩无论从国内还是从CPSM总部来看，都非常突出。汪老师讲课特别有激情，形象生动、深入浅出，知识面非常丰富，案例剖析逻辑性强，常常有集团采购体系外的人员慕名来培训班听课。

随着理论水平和实践能力的提升，采购部门更多地开始思考如何"成为具有创新商业模式的国际化的商务团队"、成为公司"低成本运营策略的主要承担者"，如何通过"管理创新和流程优化，深入挖掘采购环节的潜力，实现价值最大化"等有深度的课题。如果采购人员寄希望于价格谈判或招标降价，供需双方往往处于博弈状态，导致双方不信任、合作层次不深入等状况的发生。同时在市场充分竞争的情况下，设计阶段大约决定70%的产品总成本，流程大约影响 20% 的产品总成本，谈判降价大约影响 10% 的产品总成本（供应商的合理利润一般为几个点到十几个点）。谈判或招标降价对采购绩效的影响往往有限，采购战略转型迫在眉睫。

在当前 VUCA[①]时代，新冠疫情暴发后各类灰犀牛或黑天鹅事件频发，使得供应链处于动态变化中，供应链既可能影响企业的核心竞争力，也可能成为最大的风险源，企业需要及时做出调整应对，方寸之间便可形成不同的采购策略。随着 2017 年 10 月国务院 84 号文《关于积极推进供应链创新与应用的指导意见》的发布，供应链的创新与应用首次上升为国家战略，我国成为继美国之后第二个将供应链上升到国家战略的国家，供应链创新及应用将会迎来新的春天，获得跨越式发展的机遇，采购相关工具和方法也将愈加受到重视。

品类管理为战略转型提供了一个最有力的抓手，也是实现战略转型的一个必然途径。结合不同品类分析，可以满足企业质量、成本、进度、服务等多方面的要求，建立差异化的采购策略和合作关系，将供应商资源变成企业资源的一部分，使好钢用在刀刃上。除此之外，针对关键性物资，通过 VA/VE 来推进产品创新、国产化、技术攻坚克难，从而在日益激烈的竞争过程中形成合力，共同闯出一条利益共享、风险共担的可持续采购创新之路。

本书以原创性的"$5S^2$ 法"剖析了品类管理团队组建、品类支出分析、利益相关方分析、需求分析、供应商分析、供应市场分析、战略定位分析、品类策略制定等详细步骤。其中既包括非常实用的采购专业方法论，也有可供借鉴的生动案例，涵盖了通用标准类、供方专利类、客研代工类、定向开发类等多种不同属性的品类，能够帮助大家厘清采购品类策略的诸多细节和操作方法，具有较强的实用性和指导性，可供各行业采购同行借鉴。

万华化学集团物资有限公司总经理

[①] VUCA 是 volatility（易变性）、uncertainty（不确定性）、complexity（复杂性）、ambiguity（模糊性）的缩写，VUCA 时代也就是人们常说的乌卡时代。

推荐序四

随着经济全球化趋势的日益增强以及信息技术的迅猛发展,物资采购逐步演变成企业生产经营和管理活动的关键要素,也是供应链管理建设中的重要一环。新时代下的采购业务与企业的发展战略紧密相关,影响着企业的长远健康发展。在实体采购业务中,基于品类实现采购个性化的需求、成本结构、供应、流程以及资源分配,无疑是采购精细化管理的首要条件。

本书作者之一汪老师曾辅导我司进行采购管理的系列培训与实操,在他的指导下,公司采购各模块业务水平与素养大幅提升。本书是汪老师多年从事培训的要点总结,并结合当前市场的品类现状及供应系统分析,指导企业做好品类管理战略定位。我认为本书是一本解决实际问题的工具书,书中引入了大量的业务案例,论点与论据环环相扣,为复杂的采购品类管理过程深入浅出、条理清晰地推导出以市场为导向,以企业利益为前提,顺应个性化市场需求的采购业务优化新思路。

通读全书后,我真切地向各位读者,特别是企业管理者、采购从业者推荐本书,相信本书能给予像我司一样正在奋力转型升级的企业以启发与帮助,带来新的方向与启示;同时希望本书在提高国内企业的采购业务专业水平上发挥积极作用,引领行业人前进。

圣奥科技股份有限公司
董事、制造中心总经理、招采中心总监

| 前 言 |

为什么要写本书

2005年3月，我第一次来到上海工作，第二次为美国ADC电讯公司服务，从原先在南京工厂的生产管理岗位转成了采购管理岗位，第一次成为一名"commodity manager"（当时中文职位被翻译成"商品经理"），也就是今天大家所说的"品类经理"。之后又去了美国NetApp公司担任"global commodity manager"（全球品类经理），以及到美国捷普科技公司担任思科事业部的"mechanical sector manager"（机械大类经理）。这一段工作经历让我深刻感受到战略采购工作与我在20世纪90年代中期在南京旺旺集团总采购部所从事的执行采购工作之间的本质性差异，不仅仅是工作本身的价值与意义，也包括这份工作对个人在眼界和格局扩展方面的价值与意义。

2014年6月，作为法国咨询公司Buy.O在中国区的培训咨询师，我第一次来到巴黎，在位于巴黎第一区歌剧院大街上的Buy.O公司总部接受了为期一周与品类管理体系架构有关的系统性TTT培训[一]。这一周的系统性培训让我有机会结合当下的品类管理体系，全面回顾我之前在ADC、NetApp及捷普这三家公司的工作经历，从而对品类管理与战略采购的概念、关系、内涵及价值的认知有了一次质的提升。之后几年在与品类管理有关的培训咨询工作中，我尝试

[一] TTT全称为training the trainer to train，TTT培训又称职业培训师培训。

着对品类管理方法进行总结，致力于打造一套基于实践及自己理解的结构化方法论，在经历了"品类管理 6S 法"的过渡阶段后，逐步形成了今天"品类管理 $5S^2$ 法"的架构。

2019 年，在与本书合作者之一邢庆峰老师的一次小聚中，我们分享各自在战略采购及品类管理方面的认知与经验时，萌生了一起打造并推广品类管理方法论的想法，于是邢庆峰老师和我一起完善了"品类管理 $5S^2$ 法"架构，并最终在 2021 年年初向国家版权局申请了"采购品类管理'$5S^2$ 法'实操工作坊"文字类作品登记证书。

与此同时，邢庆峰老师和我又产生了创作一部与采购品类管理相关的、对本土企业具有实战指导意义的作品的想法。鉴于国内尚没有本土作者创作的该类书籍，我们说干就干。为了让本书中的内容与时俱进，融入实业界最新的实践做法，我们找到了在艾默生电气某子公司担任供应链高管的刘魁雁先生，希望他从实战的层面给予我们一些建议与帮助。结果，刘总也被我们的梦想鼓舞，成为本书的作者之一。他的参与，让我们坚定了创作的信心与决心，也极大地完善和丰富了"品类管理 $5S^2$ 法"方法论架构以及本书的内容，并提升了实用性。

于是，在我们最初产生创作本书的想法的当年（2021 年），本书就完成了，历经不到一年的时间！

读者对象

以品类管理为抓手的战略采购实践，必须由组织从上往下给予授权与支持，并且需要组建一支由多个专业职能人员组成的跨职能团队来实施落地。基于这个特点，我们建议本书的受众为：

- 企业高管。
- 包括采购、供应商质量管理、物流和计划在内的企业供应链管理职能专业人员。
- 在企业里涉及新产品开发管理的营销、研发、测试、质量和生产管理职能人员。
- 对战略采购及供应链管理有兴趣的各界人士。

本书特色

本书当数第一本由国内本土作者创作的、以"品类管理"为主题的采购专业图书。本书的三位作者有着多年的品类管理实战经历，不仅有担任过"品类经理"的，还有担任过"供应商质量管理"（SQM）经理的。SQM是与品类经理交集最多、最常并肩作战的一个岗位，与"品类经理"并称品类管理团队中最典型的两大职能岗位。另外，本书的合作者之一刘魁雁，至今一直工作在品类管理的第一线，为本书提供了宝贵的、与时俱进的第一手资料与实践总结。

综上，本书对品类管理的理解与阐述是多视角、全方位的。书中的案例也都是基于三位作者真实的经历提炼而成的。相信所有从事过或正在从事品类管理的专业读者在阅读本书的过程中，一定会有所领悟与共鸣。

如何阅读本书

本书分为三篇。

第一篇"叩开'品类管理'之门"，包括第1~2章。第1章以后疫情时代背景下的采购困局为开端，阐述了传统战略采购的价值及不足之处，并引出了继续推升战略采购价值创造作用的"品类管理"的概念与意义；第2章则简单地介绍了"品类管理"的起源及其与战略采购之间的关系，以及实施"品类管理"方法论可能为现代企业带来的收益。

第二篇"为成功的'品类管理'赋能"，包括第3~4章。第3章描述了成功实施"品类管理"所需的组织保证和团队架构问题；第4章则是针对"品类管理"方法论中涉及的数据分析问题，给出了概括性的阐述，包括如何将数据分析的结果用恰当的可视化方法加以呈现。

第三篇"'品类管理'战略计划与实施全流程",包括第 5～10 章。第 5 章对"品类管理 5S^2 法"的五个步骤做了系统性的概述,试图让读者对本书给出的方法论有一个完整的认识;接下来的第 6～10 章则对五个步骤进行了深入细致的讲解,并给出了诸多实例,帮助读者洞见整个"品类管理 5S^2 法"的各个细节,力图让读者从实例中了解和掌握这一系统性方法论。

勘误和支持

由于作者水平有限,在不到一年的时间内成书,书中难免会出现一些错误或者不准确的地方,恳请读者批评指正。如您有任何专业建议或宝贵意见,请发送至邮箱 sam@besg.org.cn,期待能够得到您的真挚反馈。

致谢

首先要感谢本书的合作者邢庆峰老师和刘魁雁总监,没有他们的精诚合作,我一个人的力量不足以写成本书!

同时更要感谢机械工业出版社的编辑们,没有他们,我们就不可能有创作和分享的平台与机会!

当然,还要感谢我曾经和正在服务的各家企业,是它们给了我这些丰富的经历,才使本书得以诞生。

最后感谢我及二位合作者的父母、妻子和孩子们,是他们的鼓励和支持,使得我们能够安下心来,在不到一年的时间内完成创作!

谨以此书献给我们最亲爱的家人与朋友,以及众多依旧坚守在采购岗位上的同行朋友们!

汪希斌

目录

推荐序一
推荐序二
推荐序三
推荐序四
前言

第一篇 ▶ 叩开"品类管理"之门　　1

第1章　品类管理：让战略采购成功落地的真谛　　2

1.1　后疫情时代的采购困境　　2
　　1.1.1　困境一：采购价格与总拥有成本哪个更重要　　4
　　1.1.2　困境二：来自法律法规的变化　　4
　　1.1.3　困境三：来自市场的变化　　5
　　1.1.4　困境四：内部客户不知道自己真正的需求　　6

	1.1.5　困境五：采购人员如何成为价值创造者	7
1.2	应运而生的战略采购	8
	1.2.1　突破困局：战略采购应运而生	8
	1.2.2　发展受阻：战略采购发展敢问路在何方	11
1.3	初识品类管理	13
	1.3.1　品类管理在我国的发展	14
	1.3.2　品类管理的典型定义	15
	1.3.3　品类管理的内涵与作用	17

第2章　品类管理的价值：从销售到采购　21

2.1	品类管理的来源：从销售管理中学到的方法论	21
	2.1.1　从销售困局中诞生的品类管理模式	22
	2.1.2　销售管理中的品类管理是怎么做的	25
	2.1.3　采购从销售管理的品类管理中学到了什么	27
2.2	战略采购与品类管理的关系	31
	2.2.1　知名采购供应链管理协会的见解	31
	2.2.2　笔者眼中的战略采购与品类管理	36
2.3	采购品类管理的收益	42

第二篇　▶　为成功的"品类管理"赋能　49

第3章　品类管理的治理架构　50

3.1	品类管理的三大意识与四项原则	51
	3.1.1　品类管理的三大意识	52
	3.1.2　品类管理的四项原则	55
3.2	采购品类管理的组织架构问题	57
	3.2.1　大采购和小采购	57
	3.2.2　供应商质量工程师到底归哪个部门	58
	3.2.3　集中采购和分散采购孰优孰劣	59
	3.2.4　典型的采购/供应链组织架构	60

3.3 品类管理团队的搭建与建设　　　　　　　　　　63
　　3.3.1 品类管理团队的主要成员与各自作用　　　63
　　3.3.2 构建责任分配矩阵　　　　　　　　　　　66
　　3.3.3 品类管理团队的建设　　　　　　　　　　70
3.4 品类管理章程：让每一颗"棋子"进退有据　　76
　　3.4.1 品类管理章程的内容与形式　　　　　　　77
　　3.4.2 品类管理章程的诞生过程　　　　　　　　80

第4章　品类管理中的数据准备与可视化　　　　83

4.1 品类管理所需数据及数据来源　　　　　　　　83
　　4.1.1 与采购支出现状有关的数据　　　　　　　83
　　4.1.2 与供应商有关的数据　　　　　　　　　　86
　　4.1.3 与供应市场有关的数据　　　　　　　　　90
4.2 品类管理数据的整理方法与分析意义　　　　　94
　　4.2.1 品类支出现状数据的整理方法与分析意义　94
　　4.2.2 供应商数据的整理方法与分析意义　　　　95
　　4.2.3 供应市场数据的整理方法与分析意义　　100
4.3 数据可视化技术与应用　　　　　　　　　　　106
　　4.3.1 数据可视化的基本原理　　　　　　　　106
　　4.3.2 数据可视化的常用图示法及其应用指南　108

第三篇 ▶ "品类管理"战略计划与实施全流程　　129

第5章　品类管理5S^{2}法全流程概述　　　　　　130

5.1 1S^2：品类划分与范围界定　　　　　　　　　132
　　5.1.1 品类划分的目的　　　　　　　　　　　132
　　5.1.2 品类划分的认知误区　　　　　　　　　133
　　5.1.3 品类划分的基本原则与方法　　　　　　134
　　5.1.4 品类支出与现状分析　　　　　　　　　140

5.2	$2S^2$：干系人及品类要求分析	145
	5.2.1　内部干系人的分类与分析	146
	5.2.2　外部干系人的分类与分析	147
	5.2.3　品类要求分析	151
5.3	$3S^2$：供应商及供应市场分析	155
	5.3.1　供应商分析的方法与意义	155
	5.3.2　供应市场分析的方法与意义	159
5.4	$4S^2$：品类管理战略及实施计划	163
	5.4.1　制定品类管理战略组合	164
	5.4.2　战略风险分析	167
	5.4.3　战略报批	168
	5.4.4　制订战略实施计划	172
5.5	$5S^2$：品类管理战略的实施与优化	174
	5.5.1　实施品类管理战略与计划	174
	5.5.2　定期检讨品类管理有效性	178
	5.5.3　品类管理战略调整与优化	183

第6章　$1S^2$：品类划分与范围界定　187

6.1	从品类支出到现状分析：S^2	192
	6.1.1　支出分析	192
	6.1.2　立足支出，眺望全景	199
6.2	识别优化机会，确定优化目标：O^2	205
	6.2.1　机会的识别	205
	6.2.2　目标的设定	213
6.3	建议整合与计划制订：P^2	218
	6.3.1　品类管理（项目）建议书和计划的制定	218
	6.3.2　品类采购战略构建（项目）章程	222

第7章　$2S^2$：干系人与品类要求分析　228

7.1	内部干系人分析	228

7.1.1	干系人优先级分析与启示	230
7.1.2	干系人关系图示分析法	232

7.2 采购要求分析 234

7.2.1	商务与技术要求的收集与汇总	234
7.2.2	品类属性分析与启发	240
7.2.3	要求变更的可行性分析与战略意义	242

7.3 内部沟通 246

7.3.1	获得干系人支持的四种方法	247
7.3.2	干系人沟通计划的制订与使用	256

第8章 3S²：供应商及供应市场分析 258

8.1 供应商分析与启发 258

8.1.1	在用供应商分析要点与启发	259
8.1.2	潜在供应商分析要点与启发	269

8.2 供应市场分析 275

8.2.1	供给侧行业分析与启发	275
8.2.2	需求侧市场分析与启发	289

8.3 外部环境及采供博弈力量分析 292

8.3.1	外部环境分析与启发	293
8.3.2	采供博弈力量分析	299

第9章 4S²：品类管理战略及实施计划 306

9.1 确定品类管理战略的大方向 306

9.1.1	如何对"业务影响和价值"进行量化定位	307
9.1.2	如何对"供应风险"进行量化定位	310
9.1.3	完成卡拉杰克矩阵并确定管理战略大方向	312

9.2 制定品类管理的分项策略 320

9.2.1	制定货源策略	320
9.2.2	制定供应商关系策略	323

  9.2.3 制定供应商管理策略 326
  9.2.4 制定采购执行策略 329
9.3 权衡并完成品类管理战略组合 336
  9.3.1 用一张表勾勒出品类管理组合全景 337
  9.3.2 品类管理潜在风险分析 339
  9.3.3 制定供应风险管理战略与计划 349
9.4 品类管理战略的批准与实施准备 357
  9.4.1 与内部关键干系人沟通并达成共识 357
  9.4.2 向采购高层呈报品类管理战略并获得批准 358
  9.4.3 拟订分阶段品类管理战略的实施计划 363

第10章 5S²：品类管理战略的实施与优化 366

10.1 分品类的供应商资源池的构建 367
  10.1.1 依据品类管理战略及计划开发供应商 367
  10.1.2 供应商准入评估与管理 375
10.2 供应商资源池的管理与评估 381
  10.2.1 供应商资源池动态管理的原则和方法 381
  10.2.2 构建并完善供应商资源池的有效性评估体系 390
10.3 品类管理在采购执行中的作用 392
  10.3.1 新产品开发阶段的供应商选择 392
  10.3.2 品类管理战略在量产阶段的应用 397
10.4 供应商合作关系的结束与管理 399
  10.4.1 两个真实的案例 399
  10.4.2 结束与供应商合作关系的典型原因 401
  10.4.3 结束与供应商合作关系的六大关键点 403

01
第一篇

叩开"品类管理"之门

企业要实行战略采购,这已经成为共识。但是如何落地战略采购?在当前采购发展阶段下,品类管理是最佳的落地方法。要想落地战略采购,就必须以品类管理为抓手;要想实现品类管理,就必须了解品类管理。本篇就带领大家系统地认识品类管理。

第 1 章

品类管理
让战略采购成功落地的真谛

全球新冠疫情大流行对供应链产生了重大而深远的影响，随之而来的缺料、断供、涨价、停产更是让全球采购从业者的处境雪上加霜。那么，在后疫情时代，采购从业者又会遭遇什么样的困境？应该如何应对？

实施战略采购，想必这是一个异口同声的回答。然而，怎么做才能让战略采购落地并卓有成效呢？答案就是：正本清源，扎实做好品类管理！

1.1 后疫情时代的采购困境

进入 21 世纪后黑天鹅事件频发，而新冠疫情可谓超级黑天鹅。这场疫情给世界人民带来了深重的灾难和巨大的挑战——超过 1.1 亿人口感染，240 多万人因此失去了生命[一]。当多数人还未来得及思考该如何结束这场危机的时候，它已经将

[一] 数字统计截至 2021 年 2 月 15 日，摘录自头条网公开信息。

我们带入了全方位的改变之中。对，世界已经改变，我们回不到过去了！每个人都需要重新审视自己的职业，而耕耘在各行各业的采购专业人员则成为第一波需要适应改变的人群之一。

"你是谁？你从哪里来？你要到哪里去？"成为 2020 年最震撼人心的灵魂三问。随着新冠疫情暴发，很多采购人员不得不向自己也发出了灵魂三问："后备供应商在哪里？替代方案有没有？后备方案多久上线？"我⊖曾经也非常惶恐地问了自己和团队这几个问题。后疫情时代，各种特情层出不穷，导致很多企业陷入了供应链阻断的困境，甚至经营困难。不得不说这场疫情有效地检验了企业的采购战略和执行情况。然而采购人员要面对的又何止新冠疫情？一次地震、一处火灾、一场洪水、一条环保法规的升级……都能引起蝴蝶效应，进而对关联企业产生重大的影响。处于 VUCA 这样一个大的时代背景之下，采购人员陷入困境已然成为新常态。这些困境和挑战简直不胜枚举：

- 供应链弹性不够，决策链太长。
- 供应延误、中断事件频发。
- 需求变化快，始终处于供给过剩或供给不足的剧烈变化之中。
- 成本压力持续增加且转嫁能力不够。
- 地缘政治风险升高。
- 以关税为主的贸易壁垒堆高。
- 因上游合并和收购导致市场力量从买方向卖方转移。
- 市场可得到性持续恶化。
- 法律法规出台新要求。

⊖ 此处系指刘魁雁老师。

1.1.1　困境一：采购价格与总拥有成本哪个更重要

采购价格与总拥有成本（total cost of ownership，TCO）哪个更重要？这个问题的答案似乎显而易见——当然是总拥有成本更重要。答案明显，但选择却不易。在这个关键绩效指标（key performance indicator，KPI）横行的年代，没有哪个采购经理敢说自己不在乎采购价格。采购价格明晃晃地摆在那里，但有多少公司能够把总拥有成本这笔账算明白？即使算明白了也可能发现它其实被分解到好几个部门，结果就是"铁路警察——各管一段"。采购经理还是乖乖地以采购价格为导向，虽然后果的可能性和形式非常多，但概括起来只有一个：选择了错的供应商。选供应商的试错成本很高。很多跨国企业的生产地和物资采购地根本不在一起，甚至不在一个国家。这样做常常陷入尴尬的局面——交货期长、准时率差、库存高、物流成本高和质量不稳定。如果认真算一算，采购常常会发现，即使生产地的本地供应商开出的价格高15%，相较于物资采购地也是更划算的。但是采购人员有勇气提高价格在生产地采购吗？当面对饭碗风险时，勇气就退居二线了，采购人员选择了接受现状，毕竟公司只考核他采购的价格。拥有正确价值观的采购专业人士绝对不愿意接受这样的现状，但他们该怎么破局？怎样才能从公司层面更加理性地选择总拥有成本，而不是在采购的时候唯价格论？

1.1.2　困境二：来自法律法规的变化

一些看似和我们无关的法律法规的变化可能会给我们的工作带来巨大的挑战，比如对某水泵制造商采购部的刘先生来说就是这样。刘先生在公司负责采购铸造泵体毛坯，他们的供应商在天津某开发区，一直以来双方合作得很好。2020年8月他的朋友转给他一份政府公函——中国生态环境部于2020年6月29日印发的《关于印发〈重污染天气重点行业应急减排措施制定技术指南（2020年修订版）〉的函》。技术指南第六节关于铸造行业的指导性意见是将铸造企业从高到低分为 A、B、C、D 四个级别，并规定在不同等级的天气状况下相应级别的企业给予从自由安排生产直至完全关停的不同待遇。A 级企业作为引领性企业拥有最大的自由度，D 级企业被严苛地控制生产及规模，甚至面临被关停和退出的风险。这样一份公函对刘先生意味着什么？自己的供应商分布在什么地方，它们目前是什么样的级别，需要什么样的条件才能符合 A 级企业要求……他有很多问题。刘先生是个不称职的采购人员吗？不，他至少是在平均水平之上的，因为他的很多同行还不知道这个公函的存在。采购人员应该如何要求自己？作为一个称职的战略采购管理者，本该密切关注外部环境的变化以及这些变化对供应保障安全性的影响，问题是我们该怎样做才能形成一套有效的监控与应对系统呢？

1.1.3　困境三：来自市场的变化

市场随时在变，供应链过长就会带来潜在问题。例如某工业自动化巨头 A 公司将其电子组装外包给了一个大的电子代工服务（electronic manufacturing services，EMS）企业 B 公司，由 B 公司负责采购各种零配件，包括主动芯片、被动器件、多层电路板、注塑件、紧固件、化学品等，然后通过各种流程组装成 A 公司可以直接使用的组件。这种战略很常见，它帮助 A 公司把数以千计的采购件整合成少量的总成采购件。同时 A 公司不用去管理大量的供应商，而只需要配备力量管理好 B 公司的绩效，库存压力也由 B 公司去承担。这个战略看起来无懈可击，几乎实现了完美的供应链 KPI——提前期短，库存少，质量可靠。果真如此吗？其实 A 公司只是将复杂度转移给了供应商，并没有真正解决问题，而一旦出现问题，它反而会措手不及、应接不暇。2020 年年末的某一天，B 公司得到其注塑件供应商 C 公司的通报——因为采购不到足够的塑料粒子，无法安排生产，所以要大幅延长交货期。B 公司因为缺少注塑件导致材料无法齐套（full-kit），很快就陷入无法替 A 公司完成组装和无法正常交付订单的困境。当 A 公司采购人员得到汇报时，他们发现在供应链远端的一个问题导致了他们的供应链危机。他们觉得很麻烦，因为 A 公司的塑料粒子是指定品牌和型号的，而指定的制造商具有强势地位，他们根本没有很好的杠杆力量（leverage）。由于平时 A 公司的采购人员并没有直接管理这些市场随处可见的物料，他们甚至不清楚公司一年用多少吨塑料粒子，也没有塑料粒子制造商的高级别联络人。可想而知，当采购人员向 A 公司高管汇报如图 1-1 所示的窘境时，他们面临的压力有多大。但真的需要采购人员去管理所有的三级供应商吗？他们的能力够吗？有没有更好的解决方案和建议呢？

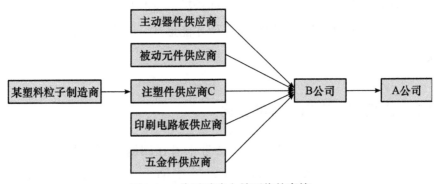

图1-1　A公司采购人员面临的窘境

1.1.4　困境四：内部客户不知道自己真正的需求

很多 MRO（非生产物资）采购经常会面临这样的困惑。内部客户有时并不非常清楚自己要什么，提的要求五花八门，让人应接不暇，招架不住。某机械公司的 MRO 采购员张先生就碰到了棘手的问题，公司光钻孔工具就有 15 个品牌之多，再加上不同的类型（气动和电动）、不同的口径（某些品牌之间的钻头甚至不通用），工作量大到该请专人管理！当客户是个体时，客户的需求就会呈现很强的个人偏好，揉进去很多非理性的甚至随机的因素，再通过流程（请购单）转变成采购部门需要认真面对的"客户需求"。钻孔工具只是一个缩影。内部客户不清楚自己要什么这种情况其实随处可见，但在直接材料方面则会隐蔽得多。例如，很多设计工程师在选择配套零配件时手里往往会拿着某些供应商给的样本（catalog），然后就一五一十地把制造商型号写进了物料清单（bill of materials，BOM），这么做的好处是方便而且精确，坏处则"罄竹难书"。设计师不会一直是设计工程师，人员会流动，但是设计就固定在那里了。设计工程师当年每一个有意无意的嵌入其实都导入了一个供应链约束，为日后的采购作业带来很多隐患，严重地损害了供应链弹性！试想一下一个小工厂面对如下情况的感受：2个品牌不同但尺寸一样的限位环（retaining rings），3个品牌一样但包装不同（25ml、50ml、150ml）的密封胶，4个看起来一样除了长度稍微不同的螺栓……内部客户真的这么"坏"吗？其实不然！因为，无论如何，他们总要做一个选择。这个困境该如何破解？

1.1.5 困境五：采购人员如何成为价值创造者

这个困惑是大部分采购人员无法回避的尴尬，甚至令他们感到恐慌。成本年年要降低！当初大家兴高采烈地把供应商从高成本的北美、欧洲移到中国沿海地区，慢慢地中国沿海地区的成本提高了，它们的供应链开始向中国西部延伸。为了配合成本优先战略，采购人员不得不选择管理不善或者能力不强的供应商，然后倾注资源去培养这些供应商满足供应商绩效指标。几乎可以肯定的是，这些供应商的成本也会逐步提高，直到失去价格优势。有全球资源整合能力的公司则可能直接选择在其他国家和地区布局，这些国家和地区包括但不限于东欧、东南亚和印度等。社会发展必然推动社会成本的提高，如果沿着持续降本的路线一路走到黑，采购人员总有一天要面对这个问题：是不是要去非洲布点了？采购人员如何才能跳出这个圈子和打破宿命？答案是让采购人员成为价值创造者。专业采购人员通过采用新技术对行业趋势进行判断、对资源进行整合和优化、建设生态链等一系列战略，让采购和供应链成为企业最重要的竞争优势之一。想想华为、苹果和特斯拉等品牌的产品在国内外的大卖，是因为它们的价格便宜吗？

上面林林总总的问题，不时地困扰着笔者，想必也困扰着正在阅读本书的你。如果果真如此，那么就让我们一起带着问号，去学习和掌握可行而有效的、以品类管理为核心的战略采购实战技能吧。

1.2 应运而生的战略采购

第1.1节中提到的种种问题，与采购职能、思想和方法有着密不可分的关系，这些问题也是推动采购职能、思想和方法不断发展与演变的动力。本节就基于第1.1节提出的问题，讨论应对的策略。

1.2.1 突破困局：战略采购应运而生

回顾采购职能的发展史，最初的采购职能可以称为**交易型采购**。当时，由于普遍存在供应资源不足，而且部分企业又缺乏有效管理，采购是以"买到就好"的原则"花钱买东西"，因此采购人员大量的时间都花在了跟订单与催货等繁杂的事务上，无暇或无意做在更大范围内寻求可用资源的开源性工作，进而导致一方面采购花了大量的时间催货，另一方面还是有很多不能及时到货的情况得不到有效的改善。在价格高、计划差、能力又跟不上的情况下，采购人员在企业中的价值也无法得到体现。显然，如果采购管理处于这个阶段，面对前面提到的几个困境，企业几乎无从下手。

随着生产力水平的提升，大规模生产的模式使得市场上同质化产品变得丰富起来。采购方可选择的资源多了，市场博弈力量开始向买方倾斜，有了可以"货比三家"的先决条件，采购自然而然地把重点放在了如何以更低的价格来获得相应的物资或服务上。"最低价"也一度成了很多企业选择供应商尤其是以招标方式确定供应商的不二之选。所以这个阶段的采购也叫**价格驱动型采购**。然而对于最低价格的追求，在一定程度上造成并助长了"偷工减料"等问题的产生，在价格上省的钱，又在客户索赔、市场损失等方面冒了出来，甚至让企业得不偿失。也就是得到了"低价格"，却丢掉了"TCO"。

忽视 TCO 的传统采购（上文提到的交易型采购和价格驱动型采购的总称）的弊端日趋明显。这也促使采购管理专家不断地探寻更加有效的管理方式。到了 20 世纪 80 年代末 90 年代初，科尔尼（A.T. Kearney）等咨询公司将刚刚萌芽的以 TCO 为核心的战略采购在企业管理中付诸实践并推广应用。战略采购是伴随着全球化以及外包业务的兴起成长起来的，是一种更加关注长期利益的积极型的采购，因其产生的效果更多是战略性的而得名。战略采购并不是一种时尚的、高大上的说法，而是有着严谨的方法论与系统工具的采购管理实践。

战略采购是基于 TCO（而不是采购价格）最低，来开发并管理供应源的过程。它扩展了传统采购的活动，涵盖了从需求的技术规格的澄清到收货付款的全流程。在制造业，战略采购已经成为企业大供应链管理的一个重要组成部分。它更多关注战略规划、采购策略、供应源开发、合同谈判、供应商关系等内容，而下单、跟单、结单等操作性的内容则由战术性采购团队完成。在服务业，战略采购是指采购为了满足个性化的需求，定制服务解决方案，从而形成战略关系。

经过多年的发展，战略采购已经形成相对完整的流程和方法，其中最广为人知的莫过于如图 1-2 所示的科尔尼的战略采购七步法（7-step strategic sourcing process）。

图1-2　战略采购七步法

基于 TCO 最低的基本原则，战略采购要求企业在采购过程中做到：

- 确定供应商与本企业合作关系的整体价值。
- 根据对供应市场与供应商业务动态的深刻了解来设计解决方案。
- 采用新的工具和技术优化供应商关系，最大化节省成本。
- 对组织结构做出必要的改变，使本企业的采购人员与供应商能不断改进供求关系。

随着大家对战略采购重要性认知的提升，越来越多的企业开始逐步建立自己的战略采购组织及相应流程。例如，国内某地产龙头企业就结合自己的行业特点创造性地提出了战略采购的"三九"战略，如图1-3所示。

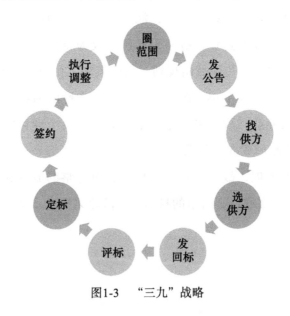

图1-3 "三九"战略

当一家企业的采购组织按照上述步骤，把所采购的产品或服务从完整地定义品类开始，逐步建立供应商资料库，制定并实施采购策略，进而与根据上述原则选择的供应商进行交易，并进行持续的跟踪与更新，相信在第1.1节中提到的关于 TCO 和低价之间的选择，以及法律法规变化带来的风险应对困境便可迎刃而解。

（1）因为在战略采购下，组织内部会有一位负责统筹制定采购战略的采购负责人（采购副总裁、首席采购官或采购总监），而根据采购战略制定的采购流程也是以 TCO 最低为导向来梳理的。与此同时，对于采购的 KPI 的设计，也跳出了以采购价格差异（purchasing price variance，PPV）为主的圈子，而是加入了对质量指标如 PPM（百万分之不良率）、交付指标和新品准时上市等的考量。其实这几项 KPI 综合考量，也有助于保证以 TCO 最低为导向的准则的执行。同样是基于 TCO 最低的考量，战略采购要求采购组织分析总成本的构成，有针对性地研究可能造成成本额外上升的因素，并采取相应的措施。在这些构成总成本的因素中，有一项是供应中断造成的直接与间接损失，另外一项则是因更换供应商而产生的成本。

（2）对于在第 1.1.2 节中提到的采购组织面临的困境二：来自法律法规的变化，如果处理不好，很有可能就变成供应中断，甚至出现必须更换供应商的局面。战略采购通常会关注并应对法律法规变化，以最大程度减少风险，降低总成本。当然很多已经进入战略采购阶段的组织，已经建立了年度评估、季度跟踪、月度更新的风险管控机制。

1.2.2　发展受阻：战略采购发展敢问路在何方

尽管很多企业都在努力向战略采购方向转型，事实上也付诸了行动——企业建立了战略采购职能，对采购业务进行了战略性和战术性的分工，并制定了相应的流程，配备了人员，但是战略采购发展依然受到了来自各个方面的影响，导致需要扎根于大量事实与数据分析的战略采购并未将根扎牢。

正如前文战略采购七步法中所提到的，与战略采购相伴而生的是基于品类的管理，于是七步法中的第一步便是完整定义采购品类。事实上，在战略采购实践诞生不久，汽车、消费电子、快消品等行业中的翘楚企业，就不约而同地发展出做好战略采购所必不可少的"品类管理"实践方法论。而这一方法论随着中国改革开放后大批外资企业的涌入，也被本土企业的采购与供应链管理实践者所认知。但是，什么才是卓有成效的品类管理做法，如何充分地实施好品类管理进而更好地发挥战略采购的作用，这不仅对本土企业来说是实实在在的问题，对不少实施了战略采购及品类管理的外资企业来说，也是问题。就以第1.1.3节中提到的那个工业自动化巨头A公司为例，当它将各种零配件整合后作为一个组合件交给供应商B令其供货时，构成这个组合件的各种零配件可能分属于不同的品类，而每个品类的市场结构与供需博弈关系均不相同，供应商B是否有足够的能力去管理好分属于不同品类的各种零部件呢？如果事先没有做好品类管理分析或者都没有进行过分析，那么日后出现各种供应风险，显然是不可避免的，而A公司的采购人员则势必沦为"急救员"，至于是否能够"抢救"成功，就不得而知了。

即便是已经开始采用品类管理的，甚至设置了品类采购经理及品类采购工程师的企业，由于没有拿来即用的指南以及可参照的行业标杆或案例，在认知上更多地关注于TCO，无法站在价值链的高度来思考问题，这种"闭门造车"制定出来的策略就很难起到应有的作用。

比方说几年前我⊖曾经服务过的一家行业隐形冠军企业，其战略采购已经做了很多年。由于各分、子公司之间存在KPI"竞争"关系，且分、子公司在选择供应商时有自己的偏好（一般是本地供应商），即便有品类经理在中间进行协调，它们也很难形成统一的策略，从而也就丧失了集中采购的杠杆优势。

从图1-4所示的×××集团采购绩效评估维度图中可以看到，尽管该集团已经执行战略采购，但是从结果上来看，在1100采购战略及目标管理、3100研发部门的参与、3200市场及销售部门的参与、3700采购组织内部的参与等方面的弱势仍在提醒我们，采购要想进一步提升对组织的贡献，就要跳出各分、子公司采购部门TCO的约束，甚至跳出集团采购的层面，站在价值链的高度更多地与市场、销售部门及产品研发部门有效沟通，从

⊖ 此处系指邢庆峰老师。

而真正形成战略合力,将采购对组织的贡献最大化。这也就是后文要给大家介绍的品类管理的宗旨所在。

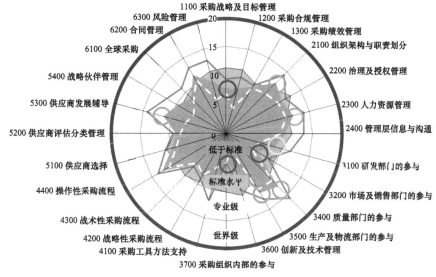

图1-4 ×××集团采购绩效评估维度图

1.3 初识品类管理

被视为"在总拥有成本最低的前提下,最大程度地发挥供应保障作用"的"灵丹妙药"的"战略采购"管理实践,从发轫、发展到盛行,至今已历经三十余载。以全球500强为主力阵容的众多欧美企业以及部分管理理念先进的本土企业,都已经从价格导向的"战术采购"升级为总成本导向的"战略采购",且"战略采购"被公认为行之有效的现代采购管理方法。

然而,从前面两节我们也看到了,遑论依然关注采购价格而没有实施战略采购的企业,就连实施多年战略采购的先进企业,在遭遇到2011年的日本福岛大地震、2017年的我国"环保风暴"、2019年的中美贸易摩擦和日韩贸易战、2020年新冠疫情带来的以芯片为代表的戏剧性需求反转时,依然有很多企业陷入了严重的供应短缺甚至供应中断的困境,这是怎么回事呢?

其中的关键所在就是，企业在战略采购实践中究竟是否做好了"品类管理"？

1.3.1 品类管理在我国的发展

战略采购七步法的首创者——国际知名管理咨询公司科尔尼，曾经在其《中国企业采购转型》一文中提到："国有企业在管理模式上主要是按业务单元或分、子公司为单位独立管理，在业务单元或分、子公司内部一般采用品类管理模式；而民营企业通常采取品类管理模式，部分非重要品类可能按照业务单元或分、子公司独立管理。"

我[⊖]在培训与咨询工作中的亲身感受是，在三四年前，诸多本土企业热衷于成本分析、谈判技巧、流程改善这一类的培训或辅导课题，除了一些跨国企业在国内的分支机构或是它们在国内并购的企业，问津"品类管理"的企业并不多见。即使在声称实施了"品类管理"的本土企业里，我们看到的也只是它们在部门架构与人员安排上，按照包含了"品类管理"基本思想的采购类别来进行分工、组织。

直到最近两三年，学习、咨询和引入名副其实的"品类管理"的本土企业才如雨后春笋般纷纷涌现。如汪希斌老师和邢庆峰老师培训辅导过的德赛西威、公牛电器、隆基股份、威高集团、一汽富维集团、敏实集团、意法半导体、广州致远电子、歌尔股份、宁德新能源、浙江圣奥、高测股份、万华化学、传化化学、牧原集团等在各自领域处于国际、国内龙头地位的本土企业，都是在这几年间才认真探究如何实施真正的"品类管理"，即使像日立这样管理先进的日资企业，在中国本土的采购管理中，也在积极推进"品类管理"模式。

那么，什么是真正的"品类管理"呢？品类管理的特征与作用有哪些呢？下面我们就一起来揭开它的"面纱"。

⊖ 此处系指汪希斌老师。

1.3.2 品类管理的典型定义

作为让"战略采购"落地的抓手,"品类管理"在管理高度、涉及范围和跨职能沟通等方面,实际上都超越了绝大部分企业实践已久的"战略采购"模式。对于这一点,我们会在下一章为读者做进一步的介绍。我们首先要解释的问题是什么是"品类管理"。

首先,我们来看一下在全球范围内历史最为悠久的采购与供应链管理专业协会——美国供应管理学会(Institute for Supply Management,ISM)对"品类管理"所下的定义:"对一组具有相关性的大宗商品、产品或服务进行监管,实现财务及运营价值最大化的过程。具体做法是:对一组相关的大宗商品、产品或服务的使用量及总支出进行识别与监控,时刻把握与之相关的市场动态、替代新品或新发明,并对市场供应与需求进行预测;持续考核供应商绩效以推动成本削减和绩效改进,积极响应不断变化着的业务要求以提高利益相关方的满意度。"

这里有几个关键词需要读者加以注意,分别是价值、使用量及总支出、市场动态、替代新品或新发明、市场供应与需求、供应商绩效、利益相关方的满意度。这几个关键词不仅道出了品类管理的精要所在,也阐明了品类管理的使命与目的。

接着,我们再来看一下另一家在采购与供应链管理领域拥有重大影响力的专业协会——英国皇家采购与供应学会(Chartered Institute of Purchasing & Supply,CIPS)对"品类管理"所下的定义:"**品类管理被应用在采购与供应管理(P&SM)领域时,要求组织在进行采购团队和资源的组织时,将关注点聚焦在供应市场上,而不再仅仅是内部客户或部门职能上,从而充分发挥采购决策的杠杆作用。**"

显然,CIPS的定义推动战略采购管理者将关注点聚焦在供应市场上,也就是引导战略采购管理者努力成为供应市场专家。

另外,我们再来了解一下《采购品类管理:使企业盈利最大化的战略方法及实施流程》的作者——笔者曾经与之合作开展采购管理内训的英国

Positive Purchasing 咨询公司的创始人乔纳森·奥布赖恩，对品类管理所下的定义（2009 年）："**品类管理是一个基于战略计划过程的管理方法，它将采购关注的重点聚焦在组织为了获得所需产品和服务而花在第三方供应商身上的、支出金额巨大的重要品类上。**"

奥布赖恩的定义明确了品类管理的战略属性，并敦促战略采购通过品类管理来识别并关注组织所需要的、价值高的品类。

最后，我们不妨再看看维基百科对品类管理所下的定义："品类管理是针对一组品项的整个使用生命周期制定出一套系统性管理方法的过程。"维基百科接着解释道："'品类管理'一般被视为采购管理工具箱中的工具之一，常常和'2×2 矩阵（就是卡拉杰克矩阵）分析法'结合在一起使用，用来为某个品类进行战略定位。而这种"战略定位"还可以进一步地发展为'供应商关系管理'（SRM），指导负责某个具体品类的采购人士如何去管理该品类的关键供应商。"

从维基百科给出的定义中，我们看到的依然是"品类管理"在采购应用中的战略属性，另外，还看到品类管理这一系统性方法与有着战略采购"圣经"之称的卡拉杰克矩阵之间的密切相关性。因此，任何一家应用品类管理指导战略采购的企业，在战略的分析与制定过程中，都无一不应用到卡拉杰克矩阵，这一矩阵有着众多的其他称呼，如"价值/风险矩阵""供应定位矩阵""组合分析矩阵"等。

综合上面介绍的四种"品类管理"的定义，我们尝试着给"品类管理"做出如下阐释。

品类管理是实现战略采购之于组织的价值贡献的系统性方法论，其对象是组织为了满足客户需求所使用到的各种资源。组织依据这些资源的内外部属性进行品类划分和分析，并制定和实施一整套对应的策略和管理方法；品类的划分与管理是一个动态的过程，它随着组织战略、市场、技术等因素的变化而变化。一言以蔽之：品类管理是围绕品类的全生命周期而发展出来的助力战略采购落地的一套系统性管理方法、工具和过程。

1.3.3 品类管理的内涵与作用

根据以上三种"品类管理"的主流定义,我们将"品类管理"的内涵和作用总结为以下几点。

(1)品类管理是一种以"整合"与"集中"为主旋律的采购管理方法。

所谓"整合",就是指在制定采购战略时,考虑的不是某个具体商品、产品或服务、组织中某个业务单位的采购需求,而是将具有一定相关性的商品、产品或服务以某种特定的方式合并成一个组别或"品类",同时将组织中各个业务单位对这一"品类"的需求进行合并,从而增强采购的杠杆作用,达到降本增效的目的。

所谓"集中",就是指在组织的采购职能和部门架构上,以"品类"为基础进行合理重组,尽可能地集中化管理,从而提高采购的专业性与供应商管理的一致性。

例如,某安防行业巨头将内部办公及安防监控系统中使用到的IT产品作为一个品类来对待,并交由企业战略采购部门中的某个专业品类经理来统一管理,这就是采用了"整合"与"集中"为主旋律的采购管理方法。

(2)品类管理给企业带来的不仅仅是"规模经济效益",还有"范围经济效益"。

所谓"规模经济效益",一般是通过对不同使用单位的相同需求的整合来实现的,而将各个由具有相关性的商品、产品或服务合并而成的"品类",集中向某些特定的货源下单采购,则可能为供需双方同时带来"范围经济效益"。

例如,现在越来越多的企业将各个业务部门都会用到的长尾类的办公用品、劳保用品等整合成一个品类,集中通过某东、某里的企业采购平台进行采购,这就可能同时为企业带来"规模经济效益"和"范围经济效益"。越多的买方采取这种策略,会越发增加供方平台自身在采销方面的"规模经济效益"及"范围经济效益"。

(3)品类管理是企业制定战略采购定位的基点,也是企业制定供应商关系管理战略的基石。

在"品类管理"思想的指导下，战略采购的关注点必然是某一个品类，而不单单是某个具体的产品。正如科尔尼的战略采购七步法中，第一步就是要"完整定义采购品类"。不同的物料对企业的价值及重要性不一样，其供应市场的结构与竞争态势也不一样，基于这种思维方式而得到的战略采购的奠基人——卡拉杰克在他的 2×2 矩阵中为所有采购标的划分出四个象限，企业与每个象限中的供应商保持什么样的关系定位、采用什么样的关系管理策略，注定也是不一样的。

比如，笔者在某世界500强企业中的微波通信子公司工作时，将腔体滤波器中使用到的调谐螺丝与装配用螺丝根据用途及供应来源的差异性，划分成两种品类，此时采购战略及供应商关系就理应有所不同。

（4）品类管理是一个内部与外部的双向协商合作过程。

在品类管理引领下的现代战略采购过程中，买方组织的采购专业人员不再是单纯地在接受内部的需求或指令后，与外部供应商进行需求的沟通，找到能够满足企业内部需求的供方。今天的战略采购人才，应该是具有专业技术知识背景的、面向某个或多个品类的市场专家。当企业内部使用部门不能准确地将需求描述出来或是备选项过多而难以做出最佳选择时，战略采购人才应该能够凭借对品类知识及品类供应市场的深入了解，以及在与供应商沟通协作的基础上，提供可以满足内部需求的限制性备选产品清单供内部使用部门做出选择，甚至可以推荐功能相同或相近、成本更优或附加值更高的替代产品或品类。

就比如在第1.1.4小节中提到的钻孔工具，战略采购应该在了解本企业使用该类工具的场景、各品牌钻孔工具的性能特点与生命周期成本的基础上，经过与企业内部使用部门协商，制定出符合使用要求的限制性备选工具目录。这对提交采购申请、产品及供应商选择、采购流程、售后维护与服务等各个方面，都会带来流程简化与便利性，进而降低包括采购交易成本在内的全生命周期成本。

（5）品类管理有助于企业准确识别出不同品类对企业的价值贡献作用，并推动对战略采购重要性的认识走上新的高度。

品类管理涉及内部需求分析及外部市场的动态与前瞻性分析,因此能够帮助企业认识到各个品类在企业不同发展阶段的价值及重要性上的差异;在充分认识到对差异进行识别的重要性并根据差异指导品类管理的情况下,战略采购的着力点将会与企业发展的方向保持高度的一致性,对企业的发展也会具有更加直接的积极作用,进而使得企业内部管理层及其他利益相关部门(如研发、生产等)更信赖采购职能,更认可采购职能的战略价值。

以笔者曾经服务过的一家全球领先的存储解决方案提供商为例,最初公司基于市场需求及市场份额预测进行盈亏平衡核算后,从总成本最优的角度出发,决定采用单一供应来源策略采购所有定制类机械加工零组件,而这一战略采购决策本身就蕴含着巨大的供应中断风险。更值得关注的一点是,当公司为了加速新品上市而需要那家供应商提供同地开发服务却无法如愿以偿时,战略采购委员会才真正认识到供应商对企业的价值。随后,在代工厂(当时也是单一来源)——某科技公司的配合下,公司花了一年多的时间成功进行了供应商切换。结果,不仅得到了新供应商对企业同地开发要求的积极响应与支持,而且还在切换后的第一年就给公司带来了数百万美元的成本节约。从此,公司转向了双来源的"战略采购"方向。甚至对于当初协助公司成功进行了机构件新供应商开发的代工厂,出于长期的风险与价值考虑,公司也开发了二供,用来代工那些较为低端、成本管控更加重要的产品;现有代工厂则专注于高端、创新、附加值较高的产品线,从而实现风险和成本之间的平衡。

再比如,某果在开发手机产品线早期更倾向于通过外观设计的创新性来获取消费者的芳心,此时它绝大部分的处理器芯片通过直接外购来满足生产需求,相应地,从某通获得供应保障上的安全性就对企业具有重大的价值。而当外观设计的趋同性越来越大,需要通过处理器功能与算力的差异性来参与竞争市场时,自行设计处理器芯片变成了战略性决策,在这种情况下,供应保障的着力点就转向在芯片制造领域遥遥领先的某电身上了。当某公司的战略采购部门围绕着企业层面的业务战略,积极提前布局与各相关供应市场主力厂商的合作关系并获得成功时，企业自然会认可采购职能的战略价值，而采购职能的领导者也因此可能成为整个企业的领导者。

介绍到这里，想必各位读者对战略采购及品类管理的概念与作用有了一些基础性的认识。我们还会在接下来的章节进一步介绍品类管理的前世今生，目的是让读者更加深刻地体会品类管理的价值与作用，从而激发各位读者在采购工作中积极应用品类管理方法论的兴趣。

第 2 章

品类管理的价值
从销售到采购

品类管理的思想与实践诞生于什么年代?它因何而生?它的诞生为现代采购管理创造了哪些价值?它与战略采购有什么内在联系?

在本章中,我们将为读者就以上问题进行较为详尽的解答。

2.1 品类管理的来源:从销售管理中学到的方法论

销售与采购是商业世界中与生俱来的两大磁极——它们既相互博弈又相互依存。在商业交往中,销售和采购都会尽己所能地去了解、模仿和学习对方的理论与实践,以提高自己的绩效。品类管理,就是一种首先发轫于销售管理的实践中,并随后被采购学习和发扬光大的颇具战略价值的管理方法论。

让我们首先来回顾以下几个重要问题:

- 品类管理是如何成为销售管理中的一柄利器的?
- 销售管理中的品类管理是怎么做的?

- 采购品类管理从销售品类管理中学到了哪些精要？

2.1.1 从销售困局中诞生的品类管理模式

公认的说法是，销售管理中有关品类管理的实践起源于20世纪80年代末90年代初。在此之前，消费品制造商和零售商在销售管理中主要采用的是品牌管理，以品牌形象为载体和手段打造客户黏度，并实现扩大市场份额的终极目的。然而，品牌导向的销售管理模式存在与生俱来的缺陷，主要表现为：

- 组织内部各品牌之间竞争有余而协同不足。
- 销售管理中出现"只见树木，不见森林"和"聚焦当下，忽略动态"的情况。
- 过于关注自己的品牌建设，而忽略了对客户需求的了解与满足。

上述问题在当时导致了一些后果和困局。例如，品牌数量日益增加，但作为内核的商品本身却出现了严重的同质化现象；普通消费者则陷入了能够记得住的品牌数量有限，同时又不易便捷地找到能够满足自己需求的产品的困局中。这进一步导致生产商的"品牌营销"投入多数打了水漂；同时，零售商为了利润最大化，也纷纷采取逆向垂直整合的策略，投入巨资发展自有品牌（private brand）。为了维持住消费者和市场份额，厂家、商家不得不密集使用价格竞争、打折促销的手段，导致自己的成本增加、利润受损。

当时的宝洁公司也未能幸免于这种危局，其北美的生意在20世纪80年代末困难重重，市场份额停滞不前，价格折扣和促销的费用占销售额的比例从7%飙升至20%，严重地削弱了公司的盈利能力。在这种局面下，勇于创新的宝洁公司启用了全新的品类管理模式，即以关注和满足消费者的需求为核心的管理模式，也就是众所周知的"宝洁–沃尔玛"模式。

在开创"宝洁-沃尔玛"协同模式之前,宝洁与沃尔玛这两个各自领域的商业巨头之间,也曾因为商业合作条件而分庭抗礼、龙争虎斗过。所幸,双方最终还是意识到和则两利的道理。于是,首先以"婴儿纸尿裤"品类为起点,启动了变革性的商业流程再造。在"宝洁-沃尔玛"模式中,宝洁公司开发了一套持续补货系统(continuous replenishment program,CRP),并通过电子数据交换(electronic data interchange,EDI)和卫星通信等现代信息科技手段获得沃尔玛的海量销售点(point of sales,POS)数据。这些数据帮助宝洁公司掌握了销售及客户需求的实时动态,为生产与补货提供了决策依据,从而在满足客户需求的前提下提高了库存周转率与经营效率。"宝洁-沃尔玛"模式结出了丰硕的成果:供应链成本的降低,使得双方在销售额上升的同时,还降低了库存水平与存货成本。以宝洁为例,自1986年开始"宝洁-沃尔玛"合作模式后的10年中,其通过沃尔玛实现了销售额上升20%,而库存品项数下降25%,销售人员减少30%,存货水位下降15%。[⊖]

如今,以品类管理为基石、聚焦于客户需求的"宝洁-沃尔玛"模式已经广为世界知名的消费品厂商及各类零售企业所采纳。当我们走进宜家、大润发、家乐福、7-11、苏宁电器等各色零售商超门店时,或者浏览京东、淘宝、亚马逊等各家电商平台时,首先看到的都是以品类为基础的消费指南,引导消费者快速寻找到他们所需要的产品。因此,无论是零售企业还是电商平台的最高决策层,都会高度重视品类管理,将其作为商品类目架构系统的基本核心逻辑。这一观点可以在《电商产品经理兵法》中得到印证。[⊜]

尼尔森公司,作为专注于为消费品零售商及制造商提供市场监测和数据服务的全球知名市场研究公司,曾发表《2020年用户生命周期运营白皮书2.0》。从该报告中可以清晰地看出,在消费品市场及销售分析研究中,

---

⊖ 李卫华,郭金玉.连锁企业品类管理[M].北京:高等教育出版社,2012.
⊜ 程亮.电商产品经理兵法:基于SaaS的电商系统设计与实践[M].北京:电子工业出版社,2019.

品类是被首要关注的维度。在其第1章"快消行业趋势发展"中,一个显著的标题就是"疫情改变消费者行为及习惯,定义新的品类格局",并分析道:"和市场整体不同的是,快消品品类的销售表现并未在第二季度实现步调一致的恢复——我们将品类第二季度环比销售变化作为反映品类在后疫情阶段恢复情况的关键指标,结合第一季度同比销售变化,将快消品类分为持续上升、短暂上升、迅速恢复和缓慢恢复四类"(见图2-1)。凡此种种,都应该能够让读者体会到品类在现代销售管理中的极端重要性。

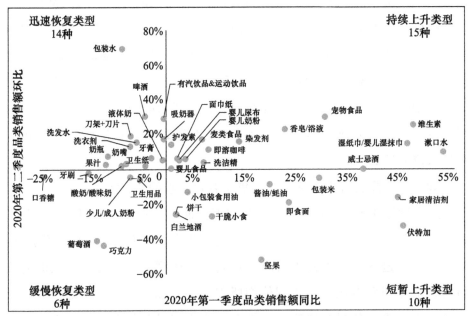

图2-1 以品类为主要分析视角的"2020年品类销售额表现"

资料来源:尼尔森全渠道销售数据。

今天,品牌管理并非没有了价值,相反,品牌管理依然是包括消费品在内的所有商品在市场上进行竞争、获得一席之地的重要管理手段。只是,品牌管理(包括品牌定位)都要以品类管理为基石。贝恩咨询公司在2020年5月发布的《品牌如何制胜后疫情时代》⊖报告中,对这一论点给出了阐述

⊖ 首发于《经济观察报》。

与认同。假如消费者对某个品类没有强品牌意识或黏度，厂商可能就没有必要在品牌宣传上花费力气；当然，不排除厂商通过强化这一品类的某种属性的重要性，再采用差异化策略来突出自家产品在这类产品上的正面独特性，来唤醒客户"品牌意识"的可能。但无论如何选择，其决策基础都是品类管理。

2.1.2 销售管理中的品类管理是怎么做的

对于销售管理中的品类管理模式，广州某大型商超总经理黄权藩[○]将其总结成"三要素""八步骤"和"四大战术"。

所谓"三要素"，用黄权藩的话说就是在管理理念与方法上的变革要素，具体来说就是：

- **品类管理是以消费者为导向的**。这一点正是第 2.1.1 节中我们在"品类管理"起源中涉及的、区别品牌管理与品类管理的核心所在。
- **品类管理是需要零售商与厂商合作来实施的**。这属于经营理念上的重大转变，无论是前文提及的、在供应链创新史上留下浓墨重彩的"宝洁-沃尔玛"模式，还是开创了协同计划、预测与补货（collaborative plan, forecast & replenishment, CPFR）模式先河的"沃尔玛协同预测与补货"（CFAR）系统，抑或是英国供应链专家马丁·克里斯托弗那句著名的论断——"21 世纪的竞争不是企业之间的竞争而是供应链之间的竞争"，都是在实践或提倡这一理念。
- **品类管理是有"套路"的**。所谓"套路"，就是要遵循一定的步骤来实施品类管理，销售品类管理中一共有"八步骤"（见图 2-2）。

○ 拥有近三十年在商超行业从事采购管理、销售管理及品类管理的实战经验。"品类管理"系列丛书的作者，这套丛书共分三册《品类管理：教你如何进行商品梳理》《品类管理：教你如何进行有效促销》《品类管理：教你如何进行有效定价》，内容涵盖"商品梳理""如何促销"及"如何定价"几大领域，由机械工业出版社出版。

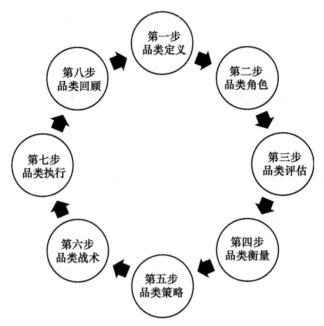

图2-2 销售管理中的品类管理八步骤

在图 2-2 所呈现的八个步骤中：

第一步，品类定义。对品类进行范围界定及功能与作用描述，比如牙刷、牙膏和漱口水等产品属于口腔护理类产品，功能描述是"保护口腔健康"，并赋予你"更加灿烂的微笑和自信"。

第二步，品类角色。从季节性、便利性、常规性、目的性等四个方面对品类的特征给出界定。

第三步，品类评估；第四步，品类衡量。对品类的市场现状与未来的机会进行评估与衡量。

第五步，品类策略。制定品类策略，比如通过对大众消费者进行口腔健康的再认识宣传，推动刷牙频率的增加，从而促进这一品类的销售增加。

第六步，品类战术。至于如何宣传，或者消费者在什么价位上才更愿意接受更频繁购买的习惯，就是在这一步进行分析和确定的，进而推演出所谓的"四大战术"：①选品；②定价；③促销；④空间。关于这四大战术的内核，简言之，就是要确定经营什么商品，为每一种商品制定适当的销售价格，选择恰当的促销手段和方式，以及合理规划不同商品品类应该放置在销售门店或网站页面的哪个位置及其陈列展示的方式，从而让最受顾客欢迎和创收获利能力最强的品类被消费者便捷地找到和购买。

第七步，品类执行。当策略和战术制定好后，接下来要做的就是将它们落地了。

第八步，品类回顾。策略与战术是否有效，执行是否到位？这就需要对品类管理过程进行回顾。

这样整个"八步骤"就形成了一个闭环的系统性方法论。

除了上面简单介绍的"三要素""八步骤"和"四大战术"外，黄权藩还强调了一个要点，就是组织架构的必要变革，这是保证"品类管理"在组织中顺利推进的关键。简单来说，就是以品类为基础，将商品采购、市场销售、财务核算等职能统一整合到一个内部组织中：在消费品供应端通常就是实施"事业部制"的组织架构形式；在消费品零售端，通常就是实施"商品组"或"采销部"这类的组织架构形式。这种组织方式上的变革，更有利于保证所有的品类都得到足够的资源，形成"推动内部需求整合、促进外部供应竞争"的战略格局。换言之，实施品类管理让企业更加关注产品品类的盈利能力，从而为企业指明经营方向，让资源利用的效益最大化。

2.1.3 采购从销售管理的品类管理中学到了什么

本书要研究与阐述的采购品类管理，正是合理而恰当地借用了销售品类管理的思想，并将之应用于企业的上游供应管理实践中。它让企业的供应管理更加聚焦于企业的真实需要，而不是简单地采取跟随策略或随波逐流。品类管理帮助企业清晰地认识到自己真正需要的是具有何种功能、性能和作用的物资或服务，并同时兼顾供应市场上的可行且多样的选择中，哪一种才是最适合企业真实需要的，从而获得与销售品类管理异曲同工的效果，即使资源分配的合理性和效益最优。

具体一些来说，我们到底应该从销售管理的品类管理模式中学习和借鉴哪些做法呢？我们总结出一张对比示意表（见表 2-1），并逐一给出简要解释。

表 2-1　销售品类管理对采购品类管理的借鉴意义

品类管理实施精要	销售品类管理中的做法	采购品类管理中的借鉴意义
关注客户	品类管理三要素的第一要素：以消费者为导向	以内外部利益相关方为导向
引领协同	品类管理三要素的第二要素：品类管理是需要零售商与厂商合作来实施的	组织内部的跨部门协作，组织外部的供应链上下游协同
闭环系统	品类管理三要素的第三要素：品类管理是有"套路"的，即"八步骤"法	采购品类管理 $5S^2$ 法
组织变革	组织架构的必要变革，是保证"品类管理"在组织中顺利推进的关键	组织内部成立跨职能协作团队——品类管理团队（category management team, CMT）

1. 管理理念的转变

前文中介绍的销售品类管理三要素中的第一要素就是：品类管理是以消费者为导向的。这一点无疑也是采购品类管理中不可或缺的一个基本理念。

采购是为企业开发并获得企业所需的产品和服务资源的职能部门，而不是（至少主要不是）去开发和获得自己所需要的产品和服务资源的部门。因此，采购在开发供应商时，不是因为"我个人喜欢这家供应商"，而是出于"这家供应商能够满足我们企业的要求，匹配我们企业的发展战略"。为了有效实施品类管理，采购必须通过与包括企业高管、用户部门以及其他相关部门在内的企业内部利益相关方之间的沟通，来了解企业层面的战略方向、产品定位、技术规格、财务账期等内部要求，同时也需要了解包括供应商在内的"外部利益相关方"的技术能力、产能规模、业务方向、合作条件等外部要求。采购管理人员要想打造出一个有价值、富有创造性、稳定且可靠的"供应商资源池"，并建立起一个积极的、抗风险能力强的"供应链"的话，就不得不兼顾各个利益相关方的利益。当然，每一方的权重不尽相同，沟通方式不尽相同，关系定位也不尽相同，而这一切的不同，都是基于对"品类"的内外部进行全面分析后制定出来的"品类管理"策略。

2. 供应商关系的转变

如上所述，供应商关系的定位与管理应该是以"品类管理"策略为基础的，但从那些在销售管理中实施了"品类管理"的组织间的关系转变来看，供应链上下游采供双方之间的关系更多地会以"互信与协同"为主旋律，而非"提防或对抗"。

在采购品类管理当中，这一点的借鉴意义非常显著。既然零售商与消费品制造商之间可以坦诚合作并带来诸多收益，那么消费品制造商与上游原材料供应商之间，采取类似的合作关系也就顺理成章了。实际上，宝洁公司就是这样做的。一个最经典的例子就是，宝洁公司将其与零售商之间实施的寄售做法稍做调整后，变成与上游供应商之间的供应商管理库存（VMI）模式。具体做法是：宝洁公司会事先与供应商一道确定供应商订单业务处理过程所需要的信息和库存控制参数，然后再建立起标准的订单处理模式，最后把订货交货和票据处理职能交给供应商。这么做对供应商来说，大大降低了为保证供应所必需预备的安全库存水位；对宝洁公司而言，则可以在降低采购交易成本的同时，获得原材料准时供应的保障。今天，VMI模式已经被众多企业的采购人员所采用。

3. 管理方法的系统化

参考销售品类管理中的第三要素——"套路"，也就是我们前面介绍的黄权藩提出的"八步骤"方法论，我们在采购品类管理中也建立了一套结构化的 $5S^2$ 实施流程。简单来说，$5S^2$ 实施流程就是品类管理的五大步骤，包括：

- $1S^2$——品类划分与范围界定（segmentation & scoping）。
- $2S^2$——干系人及品类要求分析（stakeholder & specification）。
- $3S^2$——供应商及供应市场分析（supplier & supply market）。
- $4S^2$——品类管理战略及实施计划（strategy & schedule）。
- $5S^2$——品类管理战略的实施与优化（sustaining & shaping）。

本书的核心内容就是围绕这套流程来组织编排的。很多企业在实施结构化的流程之初，或多或少地都会感觉工作量增加了，做事没以前那么方便了。然而，"没有规矩，不成方圆"。为企业的战略采购制定出一套行之有效的"规矩"，其实是所有企业经营管理者的基本目标之一。何况，从笔者亲身经历，以及多年来坚持实施结构化的品类管理方法论的几家本土企业的反馈来看：在年复一年的坚持之后，战略采购管理者对自己所管理的品类及相应的供应市场都越来越熟悉、越来越专业，在整个实施过程对品类管理变得得心应手的同时，内部利益相关方对采购人员的认可度和信赖度也显著提升了。而战略采购带来的与供应商更加稳固、密切、透明的合作关系，让供应商与采购管理者双方都明显体会到，工作变得比以前轻松了，绩效也比以前更好了。

大家可以静下心来想一下：究竟是不考虑市场变化，都以采购价格（号称成本削减，本质就是降价）的降幅作为考核你的主要指标更让你心悦诚服，还是基于需求及市场的动态，用成本、交付、质量、服务、价值创造等多维度的综合指标体系考核你的绩效，让你更加主动积极，让你在绩效方面拥有更多提升空间呢？

4. 组织架构的变革

从第 2.1.2 节的介绍中我们可以看到：为了适应销售品类管理的需求，无论是在零售商内部还是在生产商内部，都出现了必要的变革。这些变革的本质都是一样的，就是围绕各个品类的管理，成立、整合了覆盖多个必要职能的跨职能部门或团队，这些部门或团队一般称为"商品组"或"采销组"。与此相同，要想让采购品类管理成功实施，我们也不可避免地需要多个职能部门的人员通力协作，比如需要设计部门对材料或型号选择给予确认或变更批准，需要品质部门对供应商品管品控系统的认证或改善提供辅导，需要实验室对新材料、新设计进行测试与验证等。

多数企业将采购品类管理团队直接命名为品类管理团队，在这个团队的上面，还可能构建出一个战略寻源决策委员会（strategic sourcing committee，SSC）。而如何合理地进行组织方式和组织架构上的变革，从而让采购品类管理真正有助于企业价值的创造与提升，正是我们在下一章中需要继续探讨的话题。

我们用了一个小节简要回顾了销售品类管理的起源、做法及其对采购品类管理的借鉴和启发意义，接下来将详细阐述战略采购与品类管理之间的内在关系，包括两者在高度及广度上存在的战略目标一致性。

2.2 战略采购与品类管理的关系

战略采购与品类管理之间究竟是什么关系呢？就此问题，在采购与供应链管理界已经有无数人讨论过，甚至是激烈辩论过。"一枝独秀不是春，百花齐放春满园"，专家们讨论得越热烈，对于这个问题的认知就会越清晰，也越有利于我们一探这个问题的究竟。

2.2.1 知名采购供应链管理协会的见解

我们先来看一下全球知名的采购与供应链管理专业学会及管理咨询机构对这一问题的认知与观点。

1. 英国皇家采购与供应学会的观点

英国皇家采购与供应学会（CIPS）对于战略采购与品类管理的关系做出了如下解释。

（1）品类管理是一个组织的管理理念，在这一点上类似于全面质量管理[⊖]。它与组织的战略经营管理活动密不可分，影响着人们的态度和行为。

（2）战略采购是供应链管理中的一系列聚焦的、以技术和工具为导向的战略决策活动。

⊖ 全面质量管理是由顾客的需要和期望驱动的一种管理哲学，是以质量为中心、建立在全员参与基础上的一种管理方法，其目的在于长期获得顾客满意、组织成员和社会的利益，是组织全面、全员、全过程的质量管理。

（3）战略采购关注点在组织的供应链，而品类管理则将影响范围扩展到如市场和其他职能的供应链之外的领域。战略采购是由一系列战略项目有机组成的，它的目标是由一系列有着明确战略性结果的项目构成的。战略采购通常是从针对目标品类及其机会的分析开始，而这个活动通常是由采购人员牵头来完成的；最终落脚于优选供应商的长期合同的签订。通常其内容包括：

- 品类描述。
- 开发采购策略。
- 寻找供应商。
- 评估供应商。
- 谈判并授予合同。
- 向（新）供应商转移，履行合同。
- 监控供应商绩效。

相较而言，品类管理所审视的不仅是合同及供应商全生命周期的管理，还包括每个品类的物资的全价值链生命周期的管理。品类管理旨在识别企业作为一个整体而不仅仅是供应链这一职能所能创造的价值。

2. 科尔尼战略采购七步法及卓越采购发展阶段模型

战略采购和品类管理都是由一系列流程组成的。其中对于战略采购的流程，最为著名的便是科尔尼的战略采购七步法。从图1-2中我们可以清楚地看到，"完整定义采购品类"被列为战略采购流程的第一步。

立足定义，结合流程，我们不难看出战略采购与品类管理是有机统一体：品类管理就是战略采购的抓手，离开采购品类，战略采购也就无从开始。

在中国物流与采购联合会发布的《中国采购发展报告2012》第五篇中，科尔尼介绍了其广为人知的企业卓越采购发展阶段模型，如图2-3所示。

在图2-3所示的模型中，我们可以看到企业采购发展共经历了四个阶段——业务执行、流程改善、战略采购和价值创造。其中有三处提到了战略采购与品类管理，即图中黑体字加下划线标出的部分。

第2章 品类管理的价值：从销售到采购 33

业务执行	流程改善	战略采购	价值创造
1) 采购部的主要精力仍放在"材料"的采购上，非直接物料和服务的采购活动由各个业务部门各自执行 2) 采购部与公司内其他部门合作不紧密，没有统一的管理目标和业绩指标，处于分割的各自为政状态 3) 尚未建立战略性采购的理念，更未关注业绩指标为结果导向为主 4) 采购部缺乏战略采购的人员配置以及招标应的流程，采购事务管理分散在不同部门进行 5) 对供应商的沟通和管理分散在不同部门进行	1) 采购活动集中于单独的采购部门，采购部的职责不仅覆盖全部材料，同时兼顾服务 2) 对于主要的采购物料品类有战略采购及相关品类管理的职能配置，并具备较为明确的岗位职责 3) 跨职能的协调主要源于非正式的思想交流，且思想交流通常不能转化为可以执行的战略 4) 采购的绩效考评以结果导向为主，更为关注成本控制以及业务需求的满足，同时包括部分过程指标 5) 初步建立供应商管理的政策，指导有关开发建立供应商管理方法，但可能缺乏在战略层面的统一协调	1) 企业的采购活动均会按照子采购部其他业务部门的职能指导给予支持 2) 采购部门的职责范围覆盖全部的材料及服务开支 3) 战略采购组织内得到有效应用及推广，采购组织内具备明确的战略采购职责组织说明 4) 企业具备跨职能协作功能，如采购委员会，成员来自企业内各主要部门并具备决策权 5) 采购绩效考评以过程导向为主，强调管理的科学性和专业性 6) 在统一的策略指导下，各部门协同开展供应商管理，对供应商有分级分类的差异化管理	1) 采购部门专注于支持企业的战略性采购事务，最小化事务性采购的人员和精力投入 2) 对于其他业务部门具备专业的技术，如主要物料品类，采购所需的技巧与采购部门直接对话知识，可与研发部门直接对话 3) 各项主要的采购决策均由跨职能的采购小组协商确定 4) 采购绩效更关注采购活动在供应链中的价值和效率，考核总湖有成本而不仅是采购价格 5) 具备完善的流程改进，如材料规格、合作流程、库存管理等 6) 企业具备正规、完善的评估流程评价各项外包服务（IT、差旅服务等）对企业的效益

图 2-3 企业卓越采购发展阶段模型

首先,我们来看一下在流程改善阶段的描述:"对于主要的采购物料品类有战略采购及相关品类管理的职能配置,并具备较为明确的岗位职责。"从中我们不难看出,此时已经有了战略采购及品类管理的意识,只是在该阶段这些管理的理念及方法仅仅用在主要的物料品类上。战略采购与品类管理结伴而生,可以说已经出现了"星星之火"。

接下来,我们看一下在战略采购阶段相关的描述:"战略采购及品类管理的方法在采购组织内得到有效应用及推广,组织内具备明确的战略采购职责说明。"很显然,这已经比流程改善阶段有了明显的进步,战略采购与品类管理已经在采购组织内部得到应用和推广,并且有了明确的战略采购的职责分工。但是由于推广的范围仍然限于采购组织内部,尚未突破采购职能的"一亩三分地"去跟内外部的利益相关方进行横向的有效沟通,战略采购与品类管理所输出的策略能否得到支持并有效执行,在这里仍是个问号。战略采购与品类管理已经在一定范围内形成蔓延趋势,又一次推动采购管理向前迈了一大步。

最后,我们看一下价值创造阶段是如何进行描述的:"对于主要物料品类,采购所需的技巧与其他业务职能融合,比如采购部具备专业的技术、工程知识与研发部门直接对话。"在此阶段,企业采购部门开始专注于战略性事务,之前由采购部门或者采购委员会单独进行决策的事情,现在变为由以品类驱动的跨职能的(品类管理)团队共同进行决策。品类经理及其所需要的核心技能已经与其他业务部门进行了有机的融合,采购也开始更加关注品类管理在整个供应链中的价值与效率。可以说此时战略采购及品类管理已由之前的"星星之火",显现出"燎原之势"。

3. TMG 公司采购管理成熟度模型

为了让企业能够清晰地了解自己的采购管理水平,著名的咨询公司 TMG 给出了采购成熟度模型,如图 2-4 所示。在这个模型中,从左向右依次越来越成熟。

图2-4　TMG的采购成熟度模型

- 在传统采买阶段，采购的职能分散在各个使用部门，公司内部可谓"全民采购"：人事行政买办公用品，研发买实验器具，生产买备品备件……采购部沦为走流程、跟订单的文员，没有策略可言。
- 一般公认，自20世纪80年代初期即进入了现代采购与供应管理的初级采购阶段，已经开始有品类的意识，但是此时关注的焦点着重在于通过量的杠杆实现"以量换价"，从而实现购买价格的降低。
- 经过一个过渡改善的过程，现代采购进入战略采购阶段，管理职能更加结构化、流程化，成体系的工具比如采购到支付的全流程（procurement to payment，P2P）开始得以应用。
- 在2001年刚刚创建这个模型的时候，战略采购就是当时最为成熟、最为先进的采购管理模式。从中我们不难看出，其实在战略采购阶段，已经有品类管理的活动和指导思想存在了，只是当时关注的视角有一定的局限，品类管理的价值并没有发挥出来。

以品类管理为驱动的价值创造型采购由战略采购发展而来，关注的焦点扩展到TCO以外的内外利益相关方所关注的价值上，当然这与把TCO也列为众多价值中的一部分并不矛盾。品类管理已在2010年取代战略采购成为迄今为止最先进、最成熟的采购管理理念和模式。

TMG同时认为品类管理是企业战略的重要组成部分，它所关注的范围是从供应商的供应商到客户的客户的整个价值链，采购管理者应该参与并助力企业中长期战略（5～10年）的规划。战略采购与品类管理存在着很大的差异，要想实现从战略采购向品类管理的转变需要经历一场变革，而管理这个变革所付出的努力甚至比从传统采购到战略采购的变革所需的努力更大。

2.2.2 笔者眼中的战略采购与品类管理

正如有句经典的广告语所讲：没有最好，只有更好！前面我们已经给大家介绍了一些权威的机构和咨询公司所做的研究的成果。站在巨人的肩膀上，结合笔者多年采购培训及咨询的经验，我们总结出了战略采购与品类管理的关系。

1. 相生相伴，一脉相承

如图 2-5 所示，品类管理思想是伴随着战略采购的诞生而出现的，品类管理是战略采购发展到高阶的管理模式，是战略采购的后浪，二者相生相伴，不可分割。

图2-5　战略采购与品类管理

品类管理所具有的类似于全面质量管理中所体现的全员、全面、全过程的特性是战略采购阶段所不具备的。为了让大家看清在从战略采购向品类管理转型升级过程中所需迈过的坎儿，下面我们将从九个维度进一步阐释两者的关系。

2. 战略采购与品类管理关系"九芒星"

战略采购和品类管理是同根同源，一脉相承的。如图 2-6 所示，战略采购与品类管理关系九芒星图从战略采购和品类管理这二者的关注焦点、影响范围、时间跨度、干系人管理、变革努力、领导作用、必备技能、工作方式、伙伴关系等九个维度给出了解析。相信大家在读完本书，了解了采购品类管理的 5S^2 方法以后,再回来看这张图,可能就会有豁然开朗的感觉。

图2-6 战略采购与品类管理关系九芒星图

(1) **关注焦点的突破**。正如战略采购定义所重点阐述的,战略采购所关注的是内部需求的 TCO 的最低化,这一点在升级为品类管理之后依然存在,只是品类管理突破了采购或供应组织界限,将关注的"触角"伸展到了本职能的内外客户,以期创造更大的价值。举个例子来说,打印文件资料是大多数公司的刚需。为了满足这一需求,业务部门提出购买打印机、油墨、硒鼓、打印纸等办公用品的需求,采购人员通过招标比价等方式进行采购,力求以最低成本完成采购。后续一旦打印机出现卡纸等故障还需要请人来维护和保养。这些都需要人员来管理。费时费力不说,因维修不及时、打印质量差等原因遭到业务部门投诉的情况也屡见不鲜。为了解决这一问题,一些优秀企业的品类管理人员突破传统被动响应式的采购模式,主动分析业务部门真实的需求:业务部门真实的需求是将文件资料打印出来,而不是买打印机、硒鼓和纸张等。根据这一需求,由采购打印机等硬件设备转变为采购"打印服务"。打印机及备件和纸张均由提供服务的供应商负责，企业只需按实际打印的页数付费。这样一来供应商有足够的动力及时提供高质量的打印服务，力求不影响任何一页的打印质量，否则就赚不到钱了。服务及时了，需求部门的满意度也提高了。采购管理者关注的焦点已经超越了通过招标、竞价等带来的 TCO 最低，上升到了如何为（内部）客户提供更有价值的服务。

（2）**影响的范围的扩展**。战略采购在进行业务分析的时候关注的往往是一个具体的品类，如办公用品等；品类管理则在关注某一具体品类的基础上，将其"活动半径"扩展到品类组合上，如办公用品及服务等，作为该品类组合的管理专家，品类经理会进行充分的市场调研，详细了解供应资源库以及市场动态，以便制定该品类组合的长期策略。

（3）**时间跨度的延伸**。根据战略采购的流程，其所关注的核心是基于某一项采购 TCO 最低而达成的对组织来讲"最优"的合同，这个合同可能为期 1～3 年。例如笔者 5 年前在一家德资跨国集团公司负责采购的时候，企业已经有了战略采购和执行采购的划分，也已经着手对品类策略的梳理。当时战略采购工程师所做的品类策略基本就是根据未来一年的预测来规划的，结果就是品类策略并不能真正应对未来的需求，导致紧急开发供应商的局面一直无法避免；如果企业以品类为核心对其采购进行管理，则会站在品类组合的高度，放眼更加长远的未来（如 3～5 年甚至更长），充分利用动态市场分析等 5S^2 法所涉及的手段进行分析优化，取得令人满意的结果。

（4）**干系人层面深入**。干系人，也叫利益相关方，是与其相关的所有相关方的统称。不管是在战略采购阶段，还是在品类管理阶段，都需要密切关注干系人的需求。在战略采购阶段，所分析的一般仅涵盖直接相关的干系人，如第 1.2 节中的组织采购绩效评估维度图中出现的集团采购组织内部的协同问题、与研发的协同问题、与市场的协同问题，就是典型的在战略采购阶段采购站在本部门的角度来考量干系人，而没有向前迈一步扩展到干系人的干系人所导致的。当企业进入品类管理的层面，应站在整个价值链的高度来考虑问题，不仅要考虑供应商还要考虑供应商的供应商。例如，德国工业4.0创世成员公司之一，著名的气动工具专家FESTO，就已经按品类进行采购管理，并在其公司的采购人员行为规范中明确提出要关注二级供应商（供应商的供应商），其售后服务人员也会跟客户（如汽车生产线自动化设备制造商）一起到客户的客户（如汽车主机厂）现场分析和解决问题。

（5）**变革阻力的加剧**。正如第1章中介绍的采购组织所面临的几个困境中所提到的，做过战略采购的朋友或许经历过在公司推动从以最低价格成交到TCO管理的过程中，会遇到来自组织内部的各种阻力。为了应对这些阻力，我们必须在变革管理策略方面下一定的功夫。在这期间，遇到的是成长的"酸爽"之痛。来到战略采购向品类管理转变的关口，则要求我们从品类集的角度站在更高一级的战略层面，更加紧密地关注并服务公司业务发展，这一变革所需要克服的阻力将会更大，而变革管理所需付出的努力当然也就相应增加，有时甚至是数量级的增加，"破茧成蝶"或许是这个变革更加真实的写照。

（6）**领导作用的升级**。领导作用是领导者在集体活动中所起到的指挥、协调和激励等作用，坚持领导作用是企业管理的基本原则之一。在战略采购阶段，采购组织更加关注的是采购或供应链内部的KPI，在采购组织中起领导作用的一般为高级采购经理或采购总监；当推行品类管理的时候，由于干系人横跨整个价值链，需要更加广泛与深入的沟通协调，尤其是需要最高管理者的授权，且采购需要为组织价值创造做出战略性的贡献，这要求采购的最高管理者是比采购总监拥有更高信誉或者是影响力的直接汇报给CEO的企业核心管理层的成员。这在不同的企业中有着不同的称呼，有的叫首席采购官，有的叫采购副总裁。如图2-7所示的是著名的咨询公司Gartner给出的一种已经进入品类管理阶段的公司的采购管理组织架构图。从图中可以看出，采购的最高管理者是首席采购官，专职的品类管理总监则向其汇报。

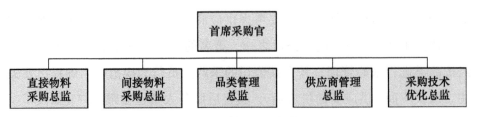

图2-7　采购管理组织架构图

资料来源：*Gartner Procurement 2020*，Ozlem Ongun.

（7）**必备技能的迭代**。在战略采购阶段，我们需要能够按照战略采购流程进行相关操作，当然也需要与业务伙伴进行协作，需要很强的沟通能力以及部分战略性的技能。进入品类管理阶段，战略性的技能变得更加重要。品类经理摇身一变，成为很多部门的战略性的内部业务伙伴，甚至在一定层面上成为内部客户的顾问。了解并掌握顾问所必备的方法及相应流程，例如，如何做业务模式分析，如何进行提问，需要收集什么样的数据，如何收集，如何从数据分析中得出结论，如何给出相应的建议等，就变得十分重要。而这些技能已经超越了如何做战略寻源等的职能性的技能范畴，其综合性跟战略性凸显，对品类经理来讲是一个质的提升。

（8）**工作方式方法的转变**。战略采购阶段一般是就其所负责的内容按照战略采购的流程进行逐项处理，最终达成一个1～3年的采购合同，在这期间关注过程已经成为明显的特征，但横向来看，这些大多为孤立的操作，关联性并不强。实施品类管理，需要持续地关注并评估品类组合中相关的变化，远远不止于这份为期1～3年的合同。同时需要确保内部业务伙伴确实接受这份合同、真实在用（执行）这份合同，并从积极供应商关系管理中获取更多的价值。这些活动是以"落地实用"为核心的，它们确保其为内部伙伴所提供的方案可以有效落地执行，从而使其所投入的资源得到等于甚至超越期待的回报。也就是说，不仅关注过程而且关注结果，甚至用"以终为始"的理念反推其过程设计的合理性，真正为结果负责。

（9）**伙伴关系的固化**。这里的伙伴既包括内部业务伙伴也包括外部业务伙伴，例如供应商。战略采购与品类管理都试图与业务伙伴建立良好的关系。由于战略采购阶段对于TCO以及成本降低的追求，自然不自然可能就会与供应商产生一定的对抗性的关系，这在竞争性谈判、招标以及反向拍卖等活动中，体现得尤为明显。由于战略采购更多的是从采购或供应链的角度考虑问题，所以与兄弟部门之间也产生或多或少的竞争性甚至敌对的关系。换言之，初心是好的，结果却未必如愿。而基于品类管理，所追求的是与业务伙伴的高效协同。作为快速辨别的手法，一个比较简单的方式便是提问：你花了多少时间（精力）在与业务伙伴的沟通上？如果答案是一个季度或者一个月一次，那显然不是真正的品类管理。高效协同的要求，潜移默化中加深和固化了与业务伙伴的关系。

关注焦点的突破、影响范围的扩展、时间跨度的延伸、干系人分析的深入、克服变革阻力投入的加大、领导作用的升级、必备技能的迭代、工作方式的转变、伙伴关系的固化使得原本像"空中楼阁"般的战略采购踏踏实实地落了地，而这些正是品类管理的核心所在。

纵观采购管理的历程，展望采购发展的未来，很多知名跨国公司的采购已经走在品类管理为主导的路上，并建立了相应的以品类管理为基础的采购组织架构。当然也有不少领先的企业如华为设置了由物料专家组（commodity expert groups，CEG）牵头的基于物料族（品类）的采购管理模式。这些灯塔般的企业为我们树立了光辉的榜样，也为我们指明了航向。

一图（见图2-8）以蔽之，以价值创造为特征的品类管理是战略采购思想发展的高级阶段，与战略采购是一脉相承的。自2010年成为采购发展最成熟、最先进的管理模式以来，品类管理已经推动很多企业采购取得了更大的成功。放眼未来，品类管理将会是引领更多企业采购管理的发展与变革，聚力打造供应链的核心竞争力的强有力的"抓手"！

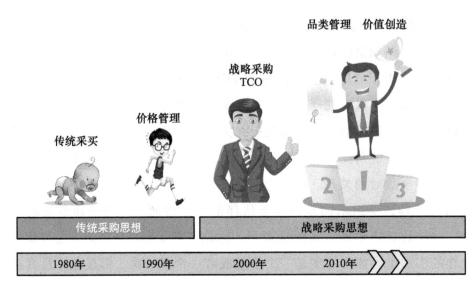

图2-8 品类管理在采购发展中的地位

2.3 采购品类管理的收益

通过前述章节的阐述,相信读者已经大致明白了品类管理作为战略采购的抓手给供应链管理带来的巨大推力和绩效保证。本部分内容将系统地为读者归纳和总结品类管理的重要收益,但在此之前让我们一起回顾本书关于采购品类管理的定义,并点明几个重点。

"品类管理是实现战略采购之于组织的价值贡献的系统性方法论,其对象是组织为了满足客户需求所使用到的各种资源。组织依据这些资源的内外部属性进行品类划分和分析,并制定和实施一整套对应的策略和管理方法;品类的划分与管理是一个动态的过程,它随着组织战略、市场、技术等因素的变化而变化。一言以蔽之:品类管理是围绕品类的全生命周期而发展出来的助力战略采购落地的一套系统性管理方法、工具和过程。"

从定义中我们可以看出,品类管理是实现组织价值贡献、助力战略采购的方法论,具体的策略则随着市场和客观形势的变化而变化。采购品类管理要为组织战略服务,并主要由采购人员推动和执行。卓有成效的采购品类管理对组织和个人都极具价值和意义。采购品类管理对组织的贡献主要体现在六个方面——夯实管理基础、打通内外市场、推动管理创新、积极风险管理、协同内外目标和提效降本增收。

1. 夯实管理基础

品类管理是基于数据和事实的决策流程，它要求专业采购人员对组织一定年限内的历史支出数据进行收集、整理、分析和挖掘。这些基础工作为后续很多的管理决策提供了极其重要的数据支持，例如品类划分、年度谈判和供应商关系管理等。基于数据和事实做决策是现代企业管理的基本特征之一。采购人员在制定采购战略和计划时，首先要做的就是累积和提纯数据，而不是信马由缰、信口开河。内部收集数据可以着眼于历年支出、采购价格、采购数量、材料种类、制程类别、地区分布（针对有多个工厂和服务中心的情况）等。外部数据则主要收集上游成本元素的变动趋势、供应商成本架构和构成、主要供应商的分布和市场竞争态势等。收集数据时要选择恰当的颗粒度，以在工作量和有效性之间达成最佳平衡，其基本原则是大幅变动的要素需要缩小颗粒度，而稳定的要素则可以放大颗粒度。如何做好这个重要的基础工作，我们会在第4章中进行详细的介绍和阐述，包含收集数据的用途、方法以及数据的来源等。

2. 打通内外市场

采购人员永远要面对两个市场——企业内部的小市场和企业所处的大市场（外部市场）。**品类管理的一大精髓就是：基于市场并坚持以市场为导向**。由于长期的甲方思想，很多采购人员其实已经逐步跟外部市场脱节了，他们更多地关注内部市场。然而要做好品类管理，专业采购人员应认真做好市场调研工作。为区别于销售人员的市场调研，我们可以将采购人员的市场调研称为"供应/供方市场调研"。

以某企业机械加工件品类为例，企业目前有一个已获批供应商池，池内供应商共有6家，此外还有10家被考察过的供应商，那么我们可将这16

家供应商当成采购人员的内部市场。外部市场则辽阔得多,理论上可以是全球市场。这里并不是要求采购人员无限扩大调研范围,而是要培养采购人员了解外部市场的意识。具体需要研究多大的外部市场、关注到什么程度,应根据企业自身的经营管理能力和市场动态来决定。这些市场动态包括但不限于下列因素:商品和服务的可得到性、供需力量对比、市场竞争态势、行业发展趋势、成本结构和地区差异等。越是大宗品类越要关注总体形势,越是细分市场越要关注个体供应商的信息。

我们会在后续章节具体探讨如何做市场分析和调研,这里重点强调市场的动态性。市场是动态变化的,所以任何调研和分析都不是一劳永逸的。专业采购人员需要养成良好的工作习惯,持续关注自己领域的技术趋势、法律法规、价格变动及影响供给和需求的重大变化等。对于大宗物资,例如有色金属、塑料、糖类以及运力市场,专业采购人员可以订阅和关注各种期货和现货指数,以获取有价值的第三方信息。对于细分市场,则需要平时多积累,参加一些行业展会、订阅专业期刊和听取行业人士的专业推荐等。一句话,功夫在平时。

3. 推动管理创新

采购人员要想采取积极有效的品类管理,必然会对当前品类进行拆分、组合和细分,而这些重组之后的品类划分会产生额外的杠杆效应和管理颗粒度的调整——这本身就是一种管理创新。管理颗粒度的调整意义重大,**越是具有挑战性的事情我们的管理颗粒度越要细。**

某电动工具公司长期使用锂电池,并绝大部分依靠外购。锂电池是公司最难管理的品类,供应商总体绩效差,主要体现在不良率高和服务水平低两个方面。后来经过品类分析,该公司采购人员将电池品类做了细分,并按照难度系数从高到低分为 A、B、C、D 四类,其中 A 类最难、最复杂,D 类最简单、最容易。针对 A 类电池,他们集中力量进行了技术攻关,最后实现了完全自制,以此来保证供应安全。针对 D 类电池,他们采取了 ODM(贴牌生产)的方式,发包给供应商,即公司提出技术要求然后由供应商完全自主研制和生产。这样做的最大优点是不消耗公司的生产资源，成本也可控。B类和C类电池则采取OEM（委托生产）的方式从几个主要供应商处采购，便宜的供应商采购比例高，实现了很好的杠杆效应，降低了成本。这么调整之后，公司的锂电池品类实现了供应链总体绩效的全面改善，供应链安全也得到了保障。这样的例子随处可见。一个基本的原则还是依据卡拉杰克矩阵做品类的划分，然后在瓶颈品类上做逆向营销，并配合自我能力提高在杠杆品类上降采购成本、在日常物资类别上降管理成本，最后在战略物资上做供应商关系管理。

管理创新也可以体现在采用新技术和应用新思想、新工艺方面。采购人员不能把技术创新当成工程技术人员的事情。事实上，不是所有的创新都需要发明一个产品或者发现一个原理，我们能够对现有状态做出改进就是创新。多年以前，我[1]就在国产化的过程中将一些零件的制造工艺做了变更，并取得了良好的效益。例如用焊接加钣金件代替一次铸造成型件，大幅度地降低了产品重量和成本，而且达到了等效的功能。又比如，将一个复杂砂型铸造件改成了消失模铸造件，虽然小幅度提高了价格但是大幅度提高了内部和外观质量。从TCO的角度来看，其实我实现了TCO降低。这些看似微小的创新并非唾手可得，它需要采购人员在工作中不断思考，沿着品类管理的思路把工作做细做精。

4. 积极风险管理

供应链风险管理是采购人员绕不开的话题。**在供应链风险管理中考虑品类属性是一个明智的选择**，这源自品类管理的市场属性。不同的品类有不同的特点和属性，所面临的风险组合也完全不同，需要的应对组合包（包含技能、资源和策略）也不同。例如对华为公司来说，他们可能会更多地考虑高端芯片和操作系统方面的风险，而对苹果公司来说，他们更多考虑劳动力和产能风险。芯片、操作系统、劳动力和产能，这些

---

[1] 此处系指刘魁雁老师。

品类所牵涉的风险千差万别，如果不去有针对性地采取对策是很难奏效的。因此我们推崇在风险管理过程中充分识别品类间差异，并实施差异化风险管理策略。

本章不对如何做供应链风险管理进行详述，仅在此简要说明一下风险管理的三个方向——降低风险概率、降低风险严重度和提高企业风险耐受度（risk tolerance）。常见的风险对策有多源定点、平行采购、风险转移和战略联盟等。**实施供应链风险管理要注意投资回报率问题，忌讳平均用力。**因为风险无处不在，没有绝对的安全，企业也没有无限资源可以投入。

进行供应链风险管理的目的有两个：

- 将企业面临的供应链风险水平降低到企业可以基本承受的水平，不至于遭受无法承受和毁灭性打击。
- 提升组织应对和响应供应链突发事件的能力。

5. 协同内外目标

在进行品类管理的过程中，专业采购人员或者品类采购经理必须充分理解企业的总体战略目标与内外部利益相关方的目标和诉求。这并不是说采购人员需要满足所有利益相关方的要求，而是要进行利益相关方分析以提前厘清潜在的风险和机会。这是非常必要的，原因在于：

- 利益相关方的相关性与重要性不一样，各方提出的需求的紧迫性也不一样。
- 采购人员可以跟利益相关方就需求的合理性与必要性进行协商甚至谈判。
- 通过放弃部分利益换取对公司来说价值更高的目标。
- 利益相关方的需求有可能并不现实或不明确，通过沟通可以对其进行调整。

成功的品类管理要符合公司的总体战略目标。在实现这一目标的过程中，采购人员并非天然得到所有相关方的支持。通过分析各相关方的利益诉求，并采取上述措施，采购人员可以减少很多阻力和不必要的冲突，从而以最小的成本实现战略目标。

6. 提效降本增收

提效和降本是大部分采购人员压倒性的指标，也是品类管理的重要优势之一。通过品类管理，企业能够获取更大的统筹优势和杠杆效应，并且实施灵活而有针对性的策略，这会带来效率的提升和成本的降低。《Gartner 采购 2020》(*Gartner Procurement 2020*) 在其采购五阶段成熟度模型中，将品类管理作为成熟的战略采购和供应商管理的重要特征之一，并认为结合其他手段可以达到对供应链绩效的显著提高，例如提升销售额 2%～5%，提升资产利用效率 10%～15%，提高交付准时率 10%～50%，加快新产品上市时间约 20%。虽然在现实世界里很难准确区分这些改善和提高有多少要归功于品类管理，但是大多数世界 500 强企业采用品类管理已经证明了其价值所在。

虽然实施品类管理能够给组织带来上述的各种收益，但如何实施和是否成功最后取决于人——具备恰当技能组合的专业采购人员。正因如此，采购管理者在品类管理的驱动下拥有新的技能组合，无疑是品类管理的一个意义重大的附加价值。实施品类管理必然要求采购人员加强学习与实践先进的管理思想和方法论，使得采购人员朝着细分行业专家（subject matter expert，SME）的方向发展。试想一下在一家全球性公司担任核电级别锻件的品类采购经理（假定为卓越先生），他需要具备什么样的能力和素质？让我们一起来为卓越先生画像吧。由于核级锻件的特殊要求和难度，他无法依赖任何市场指数，因此他必须做好供方市场调研，搞清楚全球核级锻件的主要分布区域、主要供应商的状况、产能和能力等。他甚至需要了解主要竞争对手的供应商情况。针对具体的品类管理，他还需要按照一定标准进一步细分它的品类，然后针对每一个细分品类准备策略，例如主要供应商、次要供应商和潜在供应商等。任何时候需要向上级汇报时，他都可以如数家珍、娓娓道来！碰到供应危机，他可以沉着应对，迅速切换供应商而不用再临时抱佛脚。这样的专业素养必然给卓越先生的职业前途大大加分。

在企业内部，专业采购人员需要成为最了解供应市场的专家。采购人员必须朝着专业化方向发展，成为将管理、技术和方法论相结合的综合型人才。我们在下一章中将会就这一问题展开详细讨论。

02 第二篇

为成功的"品类管理"赋能

品类管理是一个企业实施战略采购管理的抓手与基石,基于品类管理的战略采购对于企业而言,就像第一篇中介绍的那样,算得上是"价值连城"。

那么,如何让这么有价值的品类管理在企业中获得成功,想必是每一位读者非常关心的一个话题。因此,我们将使用第二篇两章的篇幅,从如何针对品类管理建立恰当的治理架构,以及怎样收集和利用与品类管理有关的事实和数据这两个方面,为读者做出详细讲解。

第3章

品类管理的治理架构

要想有效实施品类管理，企业需要拥有一批具有 π 型技能组合的品类管理者，所谓 π 型技能，即如 π 的形状所示，由两竖一横组成。具体来说，就是战略采购专业人士需要具有两种专业技能和一项整合技能，其中两种专业技能是指：①品类技术及市场方面的知识；②有关商业管理的知识。一项整合技能是指品类管理者所必须具备的、通过跨界沟通能力与领导力将企业内外部利益相关方整合成一个协同高效的品类管理团队的能力。

在企业拥有了这样一个品类管理者资源池后，接下来就是建立起品类管理的治理架构，该治理框架可为品类管理保驾护航。品类管理的治理架构主要涉及以下三个方面的问题：

- 在一个以品类管理为导向的现代组织中，如何从整个企业经营管理的层面上，来搭建一个有利于充分发挥基于品类管理的战略采购所有价值的组织架构？
- 从战略采购职能层面而言，应该怎样构建一个围绕品类管理的跨职能协作团队,以便确保从品类管理分析到战略采购计划制订,再到落地实施执行的全流程,是一个有效和高效的管理过程?

- 仅仅制定流程是不够的,为了实现流程的效率与效果,还必须拥有制度。在以品类管理为基石的战略采购计划制订与实施之前,必须有一个章程,来确保所有参与这个过程的管理者及专业技术人员都职责分明,进退有据。

下面我们就沿着这三条脉络为大家逐条阐述。

3.1 品类管理的三大意识与四项原则

基于笔者在企业中的实践经历,以及在培训与辅导工作中的不断思考,我们提出了图3-1"品类管理的'数字化'体系架构"。这个体系架构中蕴含着五个层次,具体说明如下。

图3-1 品类管理的"数字化"体系架构

- **"一个核心"**：品类管理最本质的核心所在，就是"提升采购价值创造力"。
- **"两种方向"**：在品类管理的指引下，采购的一个方向是要有前瞻性，要对与需求及市场有关的未来变化趋势具有洞察力；另一个方向就是通过前瞻性，以及信息化、数字化、流程化等手段，来提高采购对需求及市场变化的响应性。
- **"三大意识"**：基于品类的战略采购管理者必须具备"战略意识""市场意识"和"动态意识"。这将是本节的一个重点。
- **"四项原则"**："关注客户""引领协同""赋能数据"和"聚焦价值"，这将是本节的另一个重点。
- **"五 S^2 法"**[⊖]：这是从品类管理分析到采购战略制定，再到落地实施并不断调整优化的全流程方法论。这是本书内容的核心基石与纲领。

在简单地介绍了品类管理"数字化"体系后，让我们来进一步了解这个体系中的"三大意识"与"四项原则"。

3.1.1 品类管理的三大意识

在第一篇中，我们三番五次地提到，品类管理与战略采购的相生相伴的内在本质与特征。笔者认为，"战略"这个词的内涵意味着**视角广、看得远，思路宽、想得深**。出于这种认知，我们给出了一些品类管理中必须加以深思熟虑的系列问题。

- 未来展望与战略制定：需求、市场、成本、技术、对手、供应链及价值链有什么特点？
- 未来 3～5 年内，该品类的基本需求是什么？
- 如何针对公司的具体情况进行需求细分？

⊖ 读作"五 S 方法"，"方"即"平方"的简略读法。

- 未来 3～5 年内，供应市场及细分供应市场会发生什么样的变化？
- 什么是该品类的成本和技术方面的驱动因素？
- 未来 3～5 年内，该品类的技术路线和成本会发生什么样的变化？
- 未来 3～5 年内，你的竞争对手会采取什么样的做法？
- 未来 3～5 年内，供应链/价值链会有什么样的变化？
- 你有什么样的战略选择？
- 你选择什么战略，为什么？
- 战略如何对外部关系的改变产生影响？
- 你有什么实施计划：步骤、时间、责任人？
- 在 3～5 年后，要实现的目标是什么？（以下仅是举例，并非罗列出全部可选目标）
  - 保证持续供应。
  - 增加产能规模。
  - 削减采购成本。
  - 获得竞争优势。
  - 增强创新能力。
  - 提升采购价值。
- 你会采取什么样的行动来赢得高管层的支持？
- 你将如何评估和审查进展情况？

从上面所罗列的问题中，我们可以总结出"品类管理"的第一个基本意识即"**战略意识**"。战略意识是区别战略采购与传统采购的根本性问题。摆在我们面前的选择有两个：

- 采购人员主动预测企业将来的需求，并提前为之做好供应来源的准备。
- 采购人员静待内部利益相关方提出需求，再匆匆忙忙四处出击，风风火火地满世界寻找可用资源。

从满足内部需求以及响应外部变化的多个维度上来看，例如响应时间、服务水平、服务质量等，这两种不同做法孰优孰劣？相信不用笔者多言，读者心中一定都会有正确的选择。

我们再回顾一下品类管理中必须加以深思熟虑的问题，不难看出"品类管理"的第二个基本意识即"**市场意识**"。从采购管理职能的角度来看，由供应商群体组成的"供应市场"是其主要的关注对象，但这不是全部。因为在大多数情境下，采购最终是企业实现销售目标的一个环节或一个过程，企业所处的细分销售市场的特征与需求，必然对采购产生影响，主导或左右着采购将与何种品类的细分供应市场发生交易或合作关系。因此，采购必须有市场意识，既要深入了解和熟悉自己每日与之打交道的供应市场，也要通过与企业内营销、产品、研发等方面的专业职能人员的密切沟通，来了解本企业所面对的销售市场。设想一下下面两种情况。

- 情况一：企业及其产品或服务处于一个竞争对手不多、监管严厉、进入门槛很高的行业，面对的是注重品质、对价格不敏感的客户群体。
- 情况二：企业及其产品或服务处于一个竞争激烈、进入门槛极低的行业，面对的是关注价格、不以品质为主要关注焦点的下沉市场。

试想，身处上面两种不同情况下的企业，其采购职能的使命与目标以及着力发展的供应市场、所要打交道的供应商群体，一定会存在某些差异。当然，对于构成本企业产成品的不同采购品类，在差异程度上会有所不同，甚至对于某些标准通用品类而言，几乎不存在明显差异。但也正因为这样，品类管理才更显得意义重大，战略采购管理者才更需要充分了解供应与销售两个市场。

另外，任何一个行业都持续不断地上演着"几家欢乐几家愁，长江后浪推前浪"的盛衰交替、分分合合的悲喜剧。而这恰恰反映出行业及市场的动态性。因此，"**动态意识**"就是战略采购管理者（品类经理）所必须具备的第三大意识。例如，几年前英特尔在苹果公司的推动下进入了"基带芯片"的研发与供应领域，转瞬间它又退出了这一领域，其整个研发部门则以 10 亿美元左右的价格出售给了苹果公司。这样的市场变化，必然会对供应与需求的格局产生或大或小的影响，进而不可避免地触发采购组织在采购战略上的因应与调整。战略采购管理者必须时刻关注供应市场的变化，对供应市场的变化做出合理而准确的预判，再经过定性及定量分析后提出恰如其分的战略调整动议，从而让品类管理成为一个"闭环"过程。

3.1.2 品类管理的四项原则

品类管理的四大原则是"关注客户""引领协同""赋能数据"和"聚焦价值"。

首先，"关注客户"与质量管理七大原则中的"以客户为关注焦点"是完全一致的。质量管理七大原则用来指导企业聚焦于客户及其他利益相关方的需求与期望，旨在持续改善企业的总体业绩。这也正是品类管理所要追求的核心要义。我们前面在介绍品类管理的基本概念和作用时，都提及采购要与内外部的利益相关方进行协同，因为采购是具有服务性质的职能部门，企业内部的研发、生产等部门是采购的内部客户，外部客户更是采购服务的终极对象。采购不管是在选择供应商方面还是对既有供应商提出新的期望和要求时，最重要的考量就是内外部客户的期望和要求。

然而，从品类管理的"一个核心"中我们认识到，战略采购应该是具有价值创造力的现代化职能部门。战略采购管理者应该是品类及相关供应市场的专家，在获取内外部客户需求和期望的时候，应该具备应有的判断力，指出这些需求和期望的合理性与可变通性。比如，当研发部门在设计新产品时选用了某种特殊型号的塑胶材料时，战略采购管理者应该能够说出这种塑胶材料在市场上的可获得性，以及更容易获得、成本可能更低、质量更有保证并能增加采购对供应来源的话语权的可替代材料。

举一个笔者遇到过的真实例子，某公司的机床零件原来一直是不锈钢精密铸造加工成型的，但价格高，质量瑕疵时有发生。于是具有技术专业背景的战略采购管理者基于零件结构复杂度较低的前提，提议是否可以将铸造改为锻造加工。技术部门在综合考虑后，接受了这一提议。由于锻件在承压强度上比铸件高了一个等级，零件的壁厚可以减少10%，从而使得材料成本由于单价及用量的双双减少而降低了十几个百分点，质量问题也迎刃而解。这里展现出来的就是采购和内部利益相关方协商与协同解决问题的价值。而采购所具备的这种能力，不仅仅是采购自身的学识、经验和能力储备的成果，更多的是通过与外部供应来源之间的互动和协同，充分发挥了外部资源的合作性和能动性来实现的。

这里再给大家举一个真实案例：某欧洲工具制造企业原本使用的是牌号Y15PB、直径Φ20的易切削钢棒料，当时这个牌号的材料在国内供应受限，因此供应商建议将材料更换成可获得性更高、直径为Φ19的国产12L14易切削结构钢，这样一来还能将零件成本降低18%。因此，战略采购管理者在与供应商及内部工程师进行了充分的沟通后，最终成功说服技术部门接受了供应商的这一建议。这个例子清楚地表明，采购在对内对外的合作过程中，必须要适时引领协同，从而为企业和客户创造更大的价值。

战略采购管理者的一项重要职责就是，通过品类管理分析来制定出切实可行的采购战略组合。这种战略组合的落地实施，需要得到企业高层及内部其他职能部门的认可和支持。要想获得这种认可和支持，采购不仅仅需要具备卓越的沟通能力与领导力，还不可或缺地要应用事实和数据来推导与佐证自己的战略规划的合理性与可行性。那么如何整理、归纳、处理、分析所搜集到的事实与数据，并将这些资讯做可视化处理，让它们变得"会说话"？这就是一种将事实和数据赋能的过程和能力。比如，七八年前某家电企业在对微晶面板进行支出分析和市场分析时发现，尽管他们的采购占比在市场上四家主要供应商的总销售量中达到10%，看似应该拥有较大的议价权，但是，当他们再进一步与两家国内的主要竞争对手的采购支出及市场采购份额占比做横向比较分析时，得到了更加生动的全景画面——相对于这两家竞争对手在市场上高达80%的采购份额占比而言，自己在博弈中的力量显然不是原来以为的那样强大。显而易见，假如采购管理者缺乏这种为事实和数据赋能的能力，那么这些资讯就仅仅是一堆枯燥的文字和乏味的数字。

最后，从上面三段的介绍中我们可以发现，无一处不涉及"价值"的问题。所以，"聚焦价值"是无须赘述、不证自明的一项关键性原则。想必各位读者对此也不会有什么质疑或费解的了。

3.2 采购品类管理的组织架构问题

人永远是企业最重要的资源之一，组织架构是与之配套的重要机制。打个浅显的比方，如果人力资源是水，那么组织架构就是容器。把佳酿装进矿泉水瓶子固然能喝，但可能真的卖不上价格，而矿泉水装进佳酿的瓶子估计就不是普通大众能消费得起的了。恰当的组织架构能够让人力资源得到发挥，成为竞争优势，而不匹配的组织架构则会限制人力资源作用的发挥，成为阻碍和限制企业发展的因素。

实施采购品类管理的公司必须重视组织架构问题，选择适合自己的组织架构，在必要时必须对现有组织架构进行调整，甚至可能是大刀阔斧的改革。根据同行及笔者多年的从业经验，我们会在本节里向读者介绍典型的采购组织架构及其优缺点，并讨论几个有趣的话题。当然，选择什么样的组织架构，需要读者结合企业自身情况和发展阶段因地制宜地做出选择。

3.2.1 大采购和小采购

"大采购"和"小采购"这种说法一直在坊间流传，搞得采购朋友时不时得用镜子照一下自己并自问一句："我到底是啥采购？"

供应链专家刘宝红老师在其著作《采购与供应链管理：一个实践者的角度》中非常明确地给出了分类："小采购"负责询价、下单、跟单、验收，围绕订单转；"大采购"侧重战略层面的供应管理，例如早期纳入供应商、战略采购、选择和开发供应商等。"小采购"局限在采购部门，"大采购"

处理更多的跨部门业务。

为什么要在品类管理里谈大小采购问题呢？因为要实现采购品类管理的价值，其核心就是要从大采购、大供应链着眼，给品类采购经理足够授权，可以从对企业整体利益和价值创造的角度做出战略计划。品类经理必须是大采购，在组织设计上则要定位在跨职能和跨部门的层面。我[⊖]的老朋友也是我的前上司 Mr. John Ehresmann（时任艾默生某子公司全球供应链总监，现任某美国 500 强企业全球供应链副总裁），曾经在自己办公室的白板上写下这样一句话，并且长期不擦去："Commodity manager is the general manager."（品类采购经理就是总经理。）他的潜台词，即对于被授权的品类，品类采购经理应当拥有最后拍板的权力。这句话深深地影响了我的管理风格，促使我长期以来在自己的团队里推行品类管理，并取得了不错的成绩。

3.2.2 供应商质量工程师到底归哪个部门

供应商质量工程师（supplier quality engineer，SQE）到底归哪个部门是另一个有趣的话题。SQE 归质量部门的情况很多，SQE 归采购部门的情况也很多。例如，在通用汽车公司和通用电气公司，SQE 是归属到采购部门的，华为公司的 SQE 也隶属采购部门。而奇瑞汽车的 SQE 则隶属于质量部门。某汽车零部件公司的 SQE 的汇报对象甚至是分阶段的——项目前期向采购汇报，项目后期（量产后）向质量汇报。据笔者发起的针对专业人士的非正式调查显示：当前 SQE 有向采购组织汇报的趋势。

导致这一现象的原因可能有：市场竞争加剧，客户期待更高的响应水平和更快的响应速度，技术更新速度加快以及运营部门期待更多的协同效应等。

SQE 向质量部门汇报的主要优点是可以使质量第一的原则得到更充分

⊖ 此处系指刘魁雁老师。

的贯彻，使公司面临相对较少的质量风险，同时制衡成本优先的策略；其缺点包括有可能导致供应商开发甚至产品开发进程延缓，有可能错失成本降低的机会，有可能失去同外部协同的动能以及导致供应商关系僵化等。

总体而言，我们很难说 SQE 归谁更加合理，但笔者更加倾向于矩阵模式——无论 SQE 归属采购部门还是质量部门，都应当维持一实一虚线的汇报关系，以利于更加平衡的供应商战略。简单说，如果 SQE 向采购汇报，那么他们应当对质量部门维持虚线汇报关系；反之亦然。

3.2.3　集中采购和分散采购孰优孰劣

集中采购和分散采购是采购模式的两大极端，亦是企业发展过程中的两个阶段。一个企业从很小的规模开始，它必然是从集中采购开始的，随着企业规模的扩大和分支机构的增加才会有分散和集中的问题。我们不赞同跳过过程和阶段去看待集中和分散的问题，而是应该秉承持续改进的思路去对待这个问题。

例如一个大型的全国性的鲜奶制造商，为了将产品快速而新鲜地配送给各地的用户，就必然会在一些主要区域建立生产设施（可以是全生产流程也可以是部分生产流程）以辐射一定的区域范围。如果作为该企业采购的负责人，你会希望所有生产设施各自为战地去采购自己需要的产品和服务，还是希望它们从统一的供应商和渠道那里采购这些产品和服务呢？我们相信很难简单地说是或不是，这就是说我们不能用简单的方案处理本身复杂的事情。在这种情况下，企业最好对所采购的产品和服务进行统计和分类（即品类分类），然后依照品类特征去做有针对性的授权和集权。集权的品类对应于集中采购，授权的品类对应于分散采购。而这里所说的集中和分散都是在战略和策略层面上的集中和分散，而不是说要集中到某个特定的供应商那里去采购。以此类推，如果是一个全球性的组织，集中和分散的问题就更加重要了。无法想象跨越了洲际、国家和时区的跨国企业会不进行品类区分、"一刀切"地实施集中采购。所以在这里，分散是一个度的问题，而不是要不要分散的问题。**遵循同样的逻辑和思路，企业首先要做品类分析和分类，然后依照对应的特征去做分散和集中的选择和度量。**比如通用型的、标准化的品类就比较适合采用集中采购的方式，而定制化的、时效性强的或者具有独特属性的物资则更适合做分散采购。

3.2.4　典型的采购/供应链组织架构

　　组织架构问题归根结底是一个有关控制权和领导权的问题。每个企业的情况各不相同，因此没有可能给出"标准答案"。在此，我们向读者推荐五种典型的采购管理组织架构，并简要说明其主要特点和适用情况，以供读者参考。这五种典型的采购管理组织架构分别是：事业部型（见图3-2）、项目型（见图3-3）、区域型（见图3-4）、品类型（见图3-5）和混合型（见图3-6）。图中提及的职位CPO（chief purchasing officer，首席采购官）、GM（general manager，总经理）和VP（vice president，副总裁），通常被视为采购组织的最高领导者。事业部型、项目型和区域型这三种组织架构常被视为分权为主的组织架构，品类型是比较典型的集权为主的组织架构，混合型是一种试图进行平衡的采购组织架构——往往也是最常见的一种组织架构。

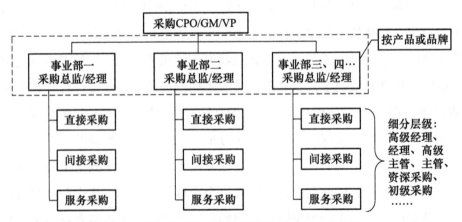

图3-2　五种典型的采购管理组织架构：事业部型

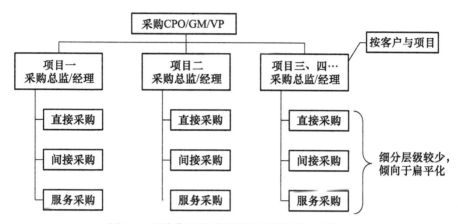

图3-3 五种典型的采购管理组织架构：项目型

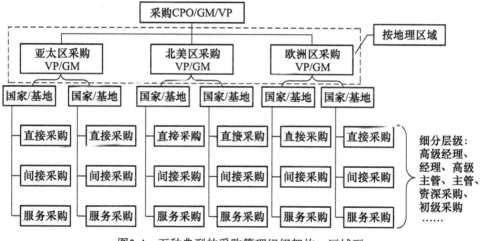

图3-4 五种典型的采购管理组织架构：区域型

选择一个什么样的组织架构要从公司的具体情况出发，主要考量的因素有企业规模、所涉及行业的跨度与特点、离散程度和运作范畴（空间和时间）等，其终极目标就是在**集中的力量**和**分散的弹性**之间达到最佳平衡。毋庸置疑，集中会产生更大的杠杆作用或采购力量，因此更加容易获得更好的价格、更优的条款和供应商更高的重视度等。完全集中的组织架构会忽视一些低优先级和不重要的事项，问题的关键就在于"优先级"和"重要性"是从全公司而不是子公司或者低层级的采购组织的角度来看的。换言之，集中型组织很容易失去一定灵活性和决策效率，尤其当企业的分、子公司跨越了时区、国界、洲际和文化之后。以事业部型的组织架构来举例说明一下这个问题。事业部型采购组织架构主要适用于多元化的集团公司。集团下属子公司之间的业务缺乏关联性和相似性时，这是一种完美的组织架构，但如果子公司之间从采购的角度而言有很强的关联性，那么这种组织架构就会让企业失去一些潜在的集中优势，并成为组织改善的主要机会点之一。假设A集团公司控股三个公司，分别是一家酒店、一个钢厂和一个农场，那么事业部型非常适合A集团公司。如果B集团公司同样控股三个公司，但分别为一个阀门工厂、一个减速机公司和一个机械加工厂，此时事业部型的采购组织就未必适合，因为三个子公司之间也许存在大量的相似和相同的采购品类。我们会建议B集团公司采取品类型或者混合型采购组织架构。大型跨国集团公司几乎100%采用混合型组织架构，经典的治理架构是三级式的集团、事业群、事业部——在集团层面集中管理社会责任（例如绿色供应链、无强迫劳动力等）、法务和制度问题、跨国物流、系统平台（例如ERP）和供应链总体指标体系等，在事业群层面管理高重合度高支出的品类，在事业部层面解决其他全部问题，例如供应商绩效、交付和服务内外部客户等。

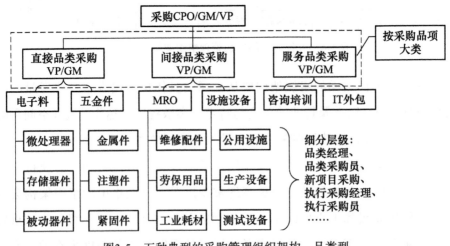

图3-5　五种典型的采购管理组织架构：品类型

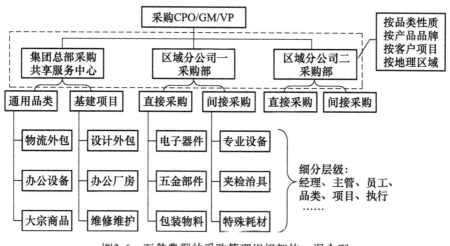

图3-6 五种典型的采购管理组织架构：混合型

在本书最后的实际案例中，我们会配上实际的采购组织架构供读者学习和参考。

3.3 品类管理团队的搭建与建设

采购管理的组织是品类管理赖以生存的土壤。品类管理之花在肥沃的良田里可以尽情地绽放，在贫瘠的荒滩上亦可顽强地生存。无论是顽强地生存还是尽情地绽放，都离不开品类管理之花的播种者——品类管理团队的耕耘。品类管理团队的强大与否，无疑在很大程度上也会影响甚至改变品类管理对组织的贡献。只要团队的力量足够强大，荒漠亦可变绿洲。接下来。我们就从团队成员及其作用、责任矩阵的构建以及团队建设这三个方面来探讨一下品类管理团队的搭建与建设问题。

3.3.1 品类管理团队的主要成员与各自作用

谈到品类管理团队，首先映入眼帘的便是多年前，我[⊖]作为某企业中国

⊖ 此处系指邢庆峰老师。

区采购负责人被派往德国总部参加集团采购品类管理系统构建工作坊时,全球采购总监所展示的品类管理团队风雨同舟、共赴前程的图片(见图3-7)。尽管已经时隔8年,但这幅图依然深深地印在我的脑海里,也正是这幅图坚定了我对品类管理探索的信心。

图3-7 采购品类管理团队

如图 3-7 所示,品类管理团队,就像在浩瀚的大海中驾驭帆船乘风破浪、勇往直前的船队。大海就像我们所生存的变幻莫测的供应市场,要想在市场竞争中取胜,品类管理团队需要像船员关注风向一样时刻关注市场的动向。尽管很难改变风向,但是品类管理团队可以像船队设定航向一样构建品类管理的策略,并适时调整航向。

品类管理团队具有项目型团队以及运营型团队的双重性质。制定品类策略是为了保证在一定时间内完成渐进明晰的目标和任务,此时的品类管理团队更像一个项目团队,而当品类策略获得批准进入实施和持续改进阶段时,品类管理团队则更像一个运营型的团队。

就像船队有船长和船员的分工一样,品类管理团队也有品类经理和品类管理团队成员。品类经理就像那个带着全体船员无往不前的船长,他发挥着重要的领导作用,在很大程度上决定着团队所能取得的成就的大小。品类经理的作用包括以下几点。

- **引领方向**:品类经理是团队的"掌舵者",他带领团队通过 $5S^2$ 法对品类进行现状分析，前瞻性地主导制定策略，形成品类管理"罗盘"，引领团队成员在正确的航向上按预定的速度行驶是其首要作用。再例如在第 3.4 节中将要提到的品类管理团队所必须遵循的团队章程，则是品类经理在引领团队成员的工作理念及价值观这一方向上起到的重要作用的体现。

- **获取资源**：就像航行需要人力、补给等资源，品类管理团队的运行也需要获取相应的资源。品类经理很重要的作用之一就是确保团队有足够的资源，如人力、物力和财力等，去支持和实施品类管理，包括建立品类管理战略这种项目型活动和实施战略的运作型活动。例如团队的组建以及团队成员的发展就是一项很重要的资源获取活动。在采购实践中，由于采购组织架构的限制，有些公司的品类管理团队中的战略采购工程师、供应商质量工程师、物料计划工程师等并不直接向品类经理汇报，而是采取实线向职能经理（如战略采购经理）汇报、虚线向品类经理汇报的双线汇报形式。在这种情况下，品类经理的重要作用之一便是及时获取足够的人力资源来开展品类管理工作。

- **以身作则**：以身作则就是我们常讲的模范带头作用，这是品类经理起到的又一关键作用。清晰的目标、明确的责任、坦诚相见原则等的制定都是品类经理要亲自参与的工作。有效地完成这些工作，是品类经理模范带头作用的体现。同时，品类管理需要大量的跨职能沟通，在充分理解并识别利益相关方的需求这一过程中，难免会遇到这样或那样的困难。面对这些来自业务需求上的各种"海风"，品类经理需要认真履行团队赋予的职责，严格遵守品类管理章程中的规定，及时带领团队走出困境，进而促成品类策略的制定与有效执行——这就是以身作则的体现。

团队成员与品类经理一起扛起了品类管理的大旗，其作用自然也是举足轻重的。概括而言，品类管理团队成员的作用主要包含如下方面。

- **提供输入**：正如前文"数字化"品类管理中提到的，品类策略的制定基于对大量事实与数据的分析，这些数据涵盖支出数据、利益相关方的需求、现有供应商的数据、潜在供应商的信息、供应市场的数据、供应风险的分析等。充分且有效的信息输入，是一切活动的基石，也是品类管理团队成员的重要作用之一。
- **参与制定**：品类管理团队成员是品类策略制定的主体，品类管理策略所包含的寻源策略、关系策略和供应管理策略等，其中每一项都是团队成员共同努力的结果。
- **落地执行**：品类策略得到批准以后的落地执行是品类管理团队成员的又一神圣使命。正是他们这些来自不同职能、不同分、子公司的团队成员在业务活动的前线为品类策略的落地生根及开花结果保驾护航。

3.3.2 构建责任分配矩阵

要想使品类管理团队有效运行，还需要基于品类管理的流程在团队内部进行合理的分工，明确界定并告知每个人在团队中的责任。在管理中，一种广为认同的工具便是 RACI 模型，即责任分配矩阵。

RACI 模型是一个相对直观的模型，是一种帮助我们计划由谁在什么时候做哪些事情的工具。RACI 模型的目的在于解决以下两个问题：有哪些活动和任务必须完成？由谁来完成？在 RACI 中：

- R——responsible，**谁负责**，即负责执行任务的角色，他具体负责操控项目和解决问题。
- A——accountable，**谁批准**，即对任务负全责的角色，只有经他同意或签署之后，项目才得以进行。
- C——consulted，**咨询谁**，即拥有完成项目所需的信息或能力的人员，他们是品类管理中某个过程或活动所需信息的输入者。

- I——informed，**通知谁**，即拥有知情权、应及时被通知结果的人员，但不必向他咨询和征求意见。他们是品类管理中某个过程或活动的输出信息的接收者。

在实际操作中，需要辨识整个品类管理的流程，找出过程中的各项活动以及角色，并用 R、A、C、I 进行标识。接下来，我们就结合一些跨国企业的实际案例为大家介绍一下品类管理团队的 RACI。

如表 3-1 所示的 APP 公司的品类管理中，共有品类战略、供应商业务与关系管理、主持季度业务检讨会（QBR）、业务检讨会（QBR）沟通与跟进、询价/招标准备与决策等 13 项主要活动。以品类战略这项活动为例：它是由品类管理团队负责（R），战略指导委员会批准（A），需要咨询（C）工程、市场、供应链管理、供应商质量及供应商等，结果要告知（I）工程、市场、供应链管理及供应商质量管理团队。

表 3-1　APP 公司品类管理团队的 RACI

任务	R：负责	A：批准	C：咨询	I：通知
品类战略	品类管理团队	战略指导委员会（SSC）	工程、市场、供应链管理、供应商质量、供应商等	工程、市场、供应链管理、供应商质量
供应商业务与关系管理	品类经理		工程、市场、供应链管理、供应商质量等	
主持季度业务检讨会（QBR）	品类经理		工程、市场、供应链管理、供应商质量、商务/技术总负责人等	
业务检讨会（QBR）沟通与跟进	品类经理		工程、市场、供应链管理、供应商质量、商务/技术总负责人等	供应链管理
询价/招标准备与决策	品类经理	研发、供应商质量、商务及技术总负责人	工程、市场、供应链管理、供应商质量、商务/技术总负责人等	供应链管理
询价/招标文件发布	品类经理		信息技术（IT）管理团队	工程、市场、供应链管理、供应商质量、供应商等

(续)

任务	R：负责	A：批准	C：咨询	I：通知
业务授予决策及业务分配决策与沟通	品类经理		工程、市场、供应链管理、供应商质量、商务/技术总负责人等	工程、市场、供应链管理、供应商质量、财务等
定价	核算管理		工程、市场、供应链管理等	工程、市场、供应链管理、供应商质量、财务等
资格状态	供应商质量/测试工程师	供应商质量及项目审查团队	供应链管理	供应链管理、市场
质量数据	质量工程师		供应链管理	供应链管理、工程
采购需求预测并告知供应商	品类经理	需求计划经理	产品经理、市场经理、供应链管理	供应链管理、供应商
产品生命周期结束（EOL）计划及最后一次采购（LTB）预测	品类管理/市场管理团队	需求计划经理及市场经理	产品经理、工程、供应链管理、财务等	
产品生命周期结束（EOL）计划及最后一次采购（LTB）信息沟通	品类经理		供应链管理	需求计划、市场、供应链管理

当然也有比 APP 公司的品类管理更为复杂的管理模式，例如 ABC 公司是一家大型的跨国集团公司，它就有一个更为复杂的实例，这是关于一个与其合资的 ABC-AMS 公司共同管理的品类。如表 3-2 ABC 公司品类管理 RACI 所示，其流程相较于 APP 公司要复杂一些。其中管理团队分成了 ABC 与 ABC-AMS 两部分。在 ABC 公司，品类管理团队由大类经理、品类经理、项目采购经理、成本管理经理以及相关事业部负责人共同构成。而在其 ABC-AMS 端，则由业务发展副总裁、产品实现经理、管理委员会共同参与。组织架构的复杂性，使得品类管理流程中增加了许多内容，例如向 ABC-AMS 提出要求及指南、ABC 向 ABC-AMS 提供报价反馈等沟通的环节。以制定并发布大类管理战略为例，这个活动由 ABC 的品类经理和 ABC-AMS 的管理委员会共同负责（R），由 ABC 的大类经理批准（A），需要咨询（C）ABC-AMS 的业务发展副总裁，结果则要通知（I）到 ABC 的成本管理经理及相关事业部的负责人。

表 3-2 ABC 公司品类管理 RACI 责任矩阵

序号	任务	ABC-AMS			ABC				
		业务发展副总裁	产品实现经理	管理委员会	大类经理（MSM）	品类经理（CM）	项目采购经理	成本管理经理	相关事业部负责人
1	制定并发布大类管理战略	C		R	A/R	R		I	I
2	ABC 向 ABC-AMS 提出要求及指南	R		A/R	I	I	I	I	I
3	识别并发展潜在客户	R/C			R				A
4	业务机会识别与跟进	C/I		R	A/R	I			
5	评估业务机会的价值	I		C/I	A/R	I	R	R	C
6	提出报价要求以赢得业务	I		I	A/R			I	R
7	产品生命周期管理	I		I	C/I	I			A/R
8	自制/采购决策分析	C/I		R	A/R	I	C	R	C
9	组装业务基地决策（ABC 内部）	I/C		I	I	I	I	I	A/R
10	最优落地成本分析	I		I	I			R	A/R
11	准备技术数据（图纸、规格要求等）	I	I	I	A		R	R	R
12	客户资质认证	I	I	R	R	I	C/R		A
13	业务对接	C		A/R	I	I	I	I	I
14	确定询价/报价要求和时间计划	R	R	R	R		R	R	A
15	完成正式询价/报价文件	C		R	C		A/R	R	C
16	供应商管理策略	C		R	A	R	C	C	I
17	模具管理策略	C	C	R	A	I	I	I	I/C
18	技术要求复审	I		I	A	C	C	R	
19	确定投资需求及差距	R		R	A	I			I
20	ABC-AMS 制作报价文件	C	R	A	I			I	
21	产能分析	R		A	I	I		I	I
22	就所需投资进行询价	R		A/R	C/I	I		I	I

(续)

序号	任务	ABC-AMS			ABC			
		业务发展副总裁	产品实现经理	管理委员会	大类经理(MSM)	品类经理(CM)	项目采购经理	成本管理经理	相关事业部负责人
23	正式向ABC提交报价	C	A	R	I			I	
24	ABC向ABC-AMS给予报价反馈信息	I	I	I	A	I	C	I

公司的规模及性质不同，品类管理的流程及组织架构也存在这样或那样的差异，因此很难制定一个放之四海而皆准的品类管理RACI责任矩阵。要想使责任清晰明确，品类经理需要根据公司的实际情况策划并制定适合自己的流程及RACI。

3.3.3 品类管理团队的建设

如前文所述，从传统战略采购向以品类管理为抓手的战略采购的转变是采购管理实践的一个积极向上的变革、一次破茧成蝶的升华。品类经理需要带领团队突破团队协作的各种障碍，打造一支强有力的变革生力军。

在着手团队建设之前，我们先来了解一下团队协作到底都有哪些障碍。国际著名的演讲大师与管理咨询师帕特里克·兰西奥尼（Patrick Lencioni）在其畅销书《团队协作的五大障碍》中指出，影响团队协作的五大障碍依次为缺乏信任、惧怕冲突、欠缺投入、逃避责任和无视结果（见图3-8）。

这五大障碍同样影响着需要大量沟通协作的品类管理团队。品类经理的一项非常重要的使命便是通过团队建设克服这五大障碍。克服障碍的路径很明确，即建立信任、掌控冲突、兑现承诺、共担责任和关注结果。

图3-8 团队协作的五大障碍

（1）**建立信任**。当团队中出现不愿意请求帮助、不愿意给予反馈、不愿意提供帮助、轻易地做出结论、不愿意学习别人、抱有不满和怨恨、惧怕开会和共处等现象时，说明团队成员之间已经缺乏信任了。团队成员由于害怕成为别人攻击的对象而不愿意相互敞开心扉和承认自己的缺点或弱项，导致无法建立相互信任的基础。作为品类管理团队的领导，品类经理需要在团队中抛开面子，率先承认自己的不足，与此同时他还要营造一种保证大家承认弱点后不会受到不良影响的氛围。当然，真诚地分析自己的弱点而不是敷衍了事、做做样子也是必不可少的。

（2）**掌控冲突**。当团队中出现团队会议很枯燥、背后进行人身攻击、避免争论性问题、搁置成员间意见和爱追求形式主义等现象时，说明已经出现惧怕冲突的现象了。究其原因则是在缺乏信任的团队中无法进行激烈而直接的思想交锋，当然也就无法形成具有前瞻性的品类策略。此时品类经理需要做到：

- 鼓励团队打破"情感舒适区"，克服维护自己的成员怕他们受到伤害的倾向。
- 当团队成员进行争论时，团队领导应该冷静旁观、顺其发展。
- 以身作则、参与争论，挖掘冲突，点燃健康冲突的导火索。

（3）**兑现承诺**。当品类经理发现团队中有指令和任务模糊、因拖延错过商机、缺乏自信怕失败、讨论却难以决定、质疑决定难执行等现象时，在很大程度上团队里已经出现了承诺兑现障碍。团队成员如果不能切实投入，在热烈、公平的辩论中表达自己的意见，即使他们似乎在会议上达成一致，也很少能够真正统一意见，做出决策。此时品类经理需要：

- 比其他成员更能接受可能做出错误决定的事实。
- 时刻敦促成员关注实际情况，遵守时间计划。
- 不追求绝对一致以及不寻求绝对把握。

（4）**共担责任**。如果品类经理发现团队合作中出现事不关己高高挂起、甘于平庸不进取、领导独自担责任、任务拖沓没关系的苗头，则要警惕"逃避责任"已经开始蔓延了。由于没有在计划或行动上真正达成一致，即使最认真负责的人发现同事的行为有损集体利益的时候，也会犹豫不决而不去予以指出。作为应对，品类经理需要为团队建立整体的责任机制，并在团队责任机制失效时充当最终仲裁人。

（5）**关注结果**。当团队成员把他们的个人需要（如个人利益、职业前途或能力认可）甚或他们的分支部门的利益放在整个队伍的共同利益之上的时候，就会导致无视结果，这时就会出现取得进步很困难、战胜对手很困难、失去得力的成员、只看重个人前途和团队很容易解体等症状。作为应对，品类经理需要明确地强调和注重集体成就，克服自我主义，并以客观的态度奖励那些真正为集体利益做出贡献的成员。

以上从五个角度有针对性地对如何克服团队协作的障碍进行了阐述。是不是这样就足够了呢？依笔者多年在采购供应管理一线打拼的经验看，要想打造披荆斩棘、乘风破浪的品类管理团队，品类管理者还需要带领团队进行 8 项行为（8 behaviors，简称 8B）的修炼[一]，具体如下。

（1）**表达真诚的欣赏与感激**。如果团队中每个人都能对他人的工作表

[一] 参照查理·佩勒林博士（Dr. Charlie Pellerin）的 4D 领导力。

达真诚的欣赏与感激，团队中就会营造出相互尊重与坦诚沟通的氛围。在愉悦的氛围中开心地完成工作，会在很大程度上提升团队的工作效率。2014年我⊖随全球树脂（resin）颗粒品类经理、集团树脂研发技术专家、中国区战略采购工程师（橡塑品）造访位于深圳南山的杜邦（DuPont）公司的时候，在其办公室里发现了现实版的表达真诚欣赏与感激的情景，在征得同意后便拍了下来。如图3-9所示，在感恩留言墙上贴满了团队成员之间发自肺腑的话语，话虽不多，事儿也不大，却可以让大家更加"心旷神怡"地工作，大大促进了协作并提升了效率。

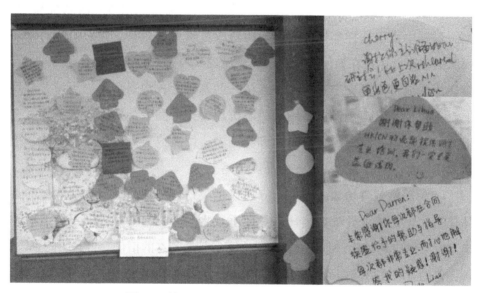

图3-9　某500强企业办公室里的感恩留言墙

（2）**关注共同的利益**。品类管理团队是一个由集团和各分、子公司的战略采购、执行采购、供应商质量、研发技术和生产运营等职能部门共同组成的跨职能团队。对大多数成员来讲，品类管理并非其工作的全部，他们还有自己所在职能部门的工作内容和关键指标，例如供应商质量工程师会十分关注质量指标，如百万分之不良率（defective parts per million，

⊖　此处系指邢庆峰老师。

DPPM)^㊀，生产运营则关注按照品类策略进行供应商切换对生产效率的影响等。此时品类经理就需要在团队内部构建一个以为内外客户创造价值为导向的共同目标，才能将这些来自"四面八方"的队员真正融合为一个团队。例如，2016年我在一家总部位于列支敦士登的电动工具巨头工作的时候，各品类经理就把缩短产品上市时间（time to market，TTM）作为品类管理团队的头等大事，如何又快又稳地助力公司推出新品、占领市场成为团队共同奋斗的目标。目标清晰、统一了，扯皮（捣糨糊）的事儿就少了，团队效率自然就提高了。

（3）**适度包容他人**。品类管理纷繁复杂，需要通过 $5S^2$ 法系统梳理。实施过程中由于这样那样的原因，团队成员难免会犯错。优秀团队与普通团队的差距就体现在如何对待团队成员出现"闪失"的态度上。适度的包容会让团队成员更具安全感，在相互信任的基础上，沟通会更加坦诚，心理上没有包袱，出现错误也不用费尽心机地去掩饰和劳神费力地去解释。在甩开膀子干出一番新天地的志向和氛围中，团队成员反而更具创造性，更能制定出富有新意、卓有成效的品类策略。

（4）**严格信守协议**。严格信守协议是契约精神在品类管理团队中的具体体现，也是建立并维持信任的具体手段之一。如果一家公司不能按照约定准时给供应商付款，那就会丧失供应商对其最基本的信任。再高明的手段、再完善的策略在供应商面前都会显得苍白无力。对外如此，对内亦是如此。

（5）**直面现实的乐观**。"车到山前必有路，船到桥头自然直。"这句流传已久的俗语表达了古人面对困境或未知事物时的从容。正如前文提到的品类管理团队无法改变变幻莫测的市场的"风向"，但是可以坦然制定我们自己的航向（品类策略）。这种直面现实的乐观，是品类管理团队遇到挫折尤其是品类策略执行中出现不尽如人意的情况时，所必须秉承的态度。当然，这里并不是提倡大家"佛系"地等待天上掉下一个应对方案，而是指要乐观地面对各种状况，以平和的心态积极地探寻解决办法。

㊀ 在很多企业中，将 DPPM 简称为 "PPM"。

（6）**百分之百投入**。百分之百投入既是一种态度，也是一种能力。正如毛泽东在《水调歌头·重上井冈山》中所说："世上无难事，只要肯登攀。"百分之百投入，也可理解为"不惜一切"地投入。当把百分之百的精力投入一件事情中时，你会发现创造力会被激发出来，创意和构思会涌现，解决问题的思路和办法也会呈现多种可能。拥有项目基因的品类管理策略的制定，便是一项需要团队在一段时间内齐心聚力、全情投入和合作共创的工作，而品类经理则需要为团队创造特定的工作场景，例如3天脱岗工作坊等，以保证大家可以全身心地投入品类策略的制定中。如若不然，面对应接不暇的邮件以及电话，全神贯注地投入品类策略的制定工作中便可能成为一种奢望。

（7）**避免指责与抱怨**。指责与抱怨给团队带来的伤害可以说尽人皆知，在此我们就不赘述了。前文提到的"表达真诚的欣赏与感激"和"关注共同的利益"两项修炼在一定程度上降低了指责和抱怨的产生。当然要想让"避免指责与抱怨"成为品类团队成员的潜意识，还需要更多的努力。有些管理先进的公司在这方面已经做出了很多尝试，并取得了不错的效果。例如锐捷网络内部约定不说负面词语，面对不尽如人意的局面时自问"我能做些什么"，或在团队中约定一个面对指责与抱怨的手势——一旦团队成员出现指责与抱怨，同伴立刻通过如图3-10所示的手势来提醒和谢绝，并在轻松幽默中将指责与抱怨化解。

图3-10 避免指责与抱怨的手势

（8）**厘清角、责、权**。厘清角色、责任和权力在项目管理过程中是一项很重要的工作。"角色"是品类管理中一个人的职能，"责任"是其必须完成的成果，"权力"是通过委托等形式授予的。一般而言，三者之间"责任"是最重要的。前文已通过RACI对品类管理团队成员的责任进行了详细的分析。

当品类管理团队通过实行如图3-11所示的8项行为修炼，在成员之间建立起相互信任、针对不同意见进行直接的辩论、积极投入决策和行动计划中去、对影响工作计划的行为负责、把重点放在集体成绩上时，一支目标清晰、责任明确、坦诚相见、计划精细、控制精准、齐心协力和使命必达的品类管理团队便打造成了。

图3-11　8项行为修炼图

尽管前途充满风浪，无往不前的品类管理团队将一起扬帆起航。

3.4　品类管理章程：让每一颗"棋子"进退有据

我们花了三个小节从品类管理者自身应该具备什么样的素养，实施了品类管理的组织应该怎样制定组织架构，以及如何搭建品类管理团队这三个层面，就品类管理的人才及组织上的准备给出了建议。那么，当一个企业已经做好了这些准备，显然就应该着手利用这些人才以及由这些人才组成的品类管理团队来开展品类管理实践了。这时，项目管理的方法论在这里便有了用武之地，我们正是借鉴了项目管理中使用项目章程来启动一个项目的做法，首先制定出一个品类管理章程，然后以此为依据和准绳，来推动品类管理的进程。

下面就来介绍一下典型的品类管理章程内容与形式，并简要介绍一下品类管理章程诞生的过程。

3.4.1 品类管理章程的内容与形式

美国项目管理协会（project management institute，PMI）对项目章程是这样描述的："项目章程是由项目启动者或发起人发布的，正式批准项目成立，并授权项目经理动用组织资源开展项目活动的文件。在项目章程中记录业务需要、假设条件、制约因素、对客户需要和高层级需求的理解，以及需要交付的新产品、服务或成果，例如：

- 项目目的或批准项目的原因。
- 可测量的项目目标和相关的成功标准。
- 高层级需求。
- 假设条件和制约因素。
- 高层级项目描述和边界定义。
- 高层级风险。
- 总体里程碑进度计划。
- 总体预算。
- 干系人清单。
- 项目审批要求（如用什么标准评价项目成功，由谁对项目成功下结论，由谁来签署项目结束）。
- 委派的项目经理及其权责。
- 发起人或其他批准项目章程的人员的姓名和职权。"[一]

借鉴项目管理中所界定的项目章程的各项内容（见表3-3），我们为品类管理章程赋予以下几个方面的内容，包括：

[一] 《项目管理知识体系指南》（PMBOK® 指南）（第6版）第81页。

表 3-3 品类管理章程

品类管理章程——采购品类名称			
品类名称与范围定义			
目的（为什么建立该品类管理团队）			
目标（该品类管理团队有哪些量化管理目标）			
团队成员、角色与职责		姓名	角色
		商务/技术总负责人的姓名	商务总负责人
		商务/技术总负责人的姓名	技术总负责人
		品类小组组长的姓名	品类小组组长
		品类小组组长的姓名	品类小组组长
	核心小组成员	核心小组成员的姓名与部门	核心小组成员角色与作用
		核心小组成员的姓名与部门	核心小组成员角色与作用
	扩展小组成员	扩展小组成员的姓名与部门	核心小组成员角色与作用
		扩展小组成员的姓名与部门	核心小组成员角色与作用
		扩展小组成员的姓名与部门	核心小组成员角色与作用
	沟通负责人	沟通负责人1姓名	沟通负责人
		沟通负责人2姓名	沟通负责人
关键里程碑与计划完成时间	关键里程碑一	计划完成时间	
	关键里程碑二	计划完成时间	
	关键里程碑三	计划完成时间	
	关键里程碑四	计划完成时间	
	关键里程碑五	计划完成时间	
约束与限制			

- 品类名称与范围定义。这里会写清楚我们是为哪个具体的品类制定管理章程，同时会对品类管理所能包含的使用地区、使用部门以及可能存在的细分品种等信息给出定义。比如，某排气系统公司为"冲压件"这一品类制定管理章程时，涉及的地区主要包括欧洲与南非，使用部门则是这两个地区的所有生产基地；"冲压件"品类又可以细分成"传统冲压件"和"深拉冲压件"两个细分品种，在后面的品类管理分析及寻源战略制定中会有分有合地进行。
- 目的。说明建立该品类管理团队的目的，通常是以定性方式描述。比如，整合需求，发掘降本机会，改进质量水平，提高供应保障能力等。
- 目标。这是对应上面各项目的给出的量化管理初始目标，如未来3年内逐年降本1%～3%，逐年将DPPM（百万分之不良率）下降到500、100、50等。在后续更加深入的品类管理分析过程中，这些目标可能会有调整。
- 关键里程碑与计划完成时间。这里给出为了实现上述目的与目标所需要经过的大体阶段和步骤、粗线条的进度和交付成果，以及每一阶段的预估完成时间计划。
- 约束与限制。这里会列出完成该品类管理的目的与目标时可能遇到的困难，比如资源上有哪些不足，需要哪些来自上层或跨部门的支持等。
- 团队成员、角色与职责。在这里，主要是确定品类管理团队领导者（或品类小组组长）的人选，以及确定来自商务及技术高层管理者、对该品类管理负有最终责任的总负责人⊖人选，还有品类小组成员名单。设计总负责人这一角色的目的，主要是解决跨职能部门的品类管理小组在品类管理过程中可能遇到的资源供给和其他难题。另外，为了与其他职能部门进行有效沟通，还可能需要充分考虑品类管理

⊖ 在外资企业中，通常使用英文"sponsor"这一称谓。

小组成员的经验、威望和沟通能力，从而确定由什么人去负责与其他相关人员进行工作沟通。

介绍完品类管理章程的主要内容和形式后，我们再对这个章程的生成过程做简单的描述。

3.4.2 品类管理章程的诞生过程

说到品类管理章程的诞生，就已经开始涉及 $5S^2$ 法了。在前面第 2 章中我们已经提到，$5S^2$ 法的第一步就是品类划分与范围界定（$1S^2$ 的说法来自 segmentation 和 scoping 两个英文单词的首字母）。"品类名称与范围定义"实际上就是"品类划分与范围界定"的过程的输出。那么这个过程具体包含哪些工作内容呢？下面我们逐一陈述。

首先，就是建立如图 3-12 所示的品类树。大多数公司可能都已经存在这样的品类结构，如同我们在第 1 章中就提到的，虽然一些公司未能恰如其分地走完品类管理的全流程，但是它们在分配采购责任时，往往是以品类为基础的。至于品类结构划分的合理性，我们在这里姑且不论，这一点会留到第 5 章再做详细探讨。

一旦有了这样的品类树结构，就可以将企业日常执行采购中的采购支出按照品类树中的分品类进行汇总归类，进而得到企业的品类支出分析，并就每个分品类以及上一层大品类，从支出金额、支出单位、支出时间、采购来源等各个方面加以透视。这样做的目的就是要根据支出金额的规模、支出单位和区域的分布、支出时间轴的历史趋势、采购来源的分布等信息，考察出可能的整合与改善机会，也就是总结出某个大品类或分品类管理的目的与目标。

在初步明确了品类管理的目的与目标后，就能够比较直观地看出想要达成的目的与目标所需要涉及的专业领域和职能部门，进而确定哪些职能人员应该成为品类管理小组的一员。为了有效推动小组的成立和后续工作的顺利开展，负责某个品类的战略采购管理者通常都是兼任品类管理小组组长，

第3章 品类管理的治理架构

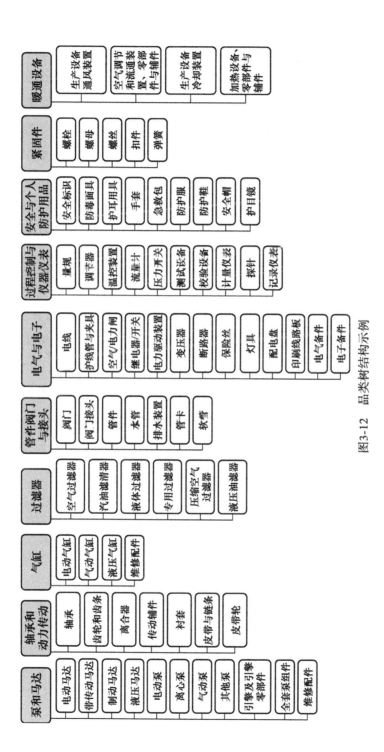

图3-12 品类树结构示例

并会寻求自己的直属上层高管来出任最终负责人的角色。在需要通过更多技术手段来实现品类管理的目的和目标的情况下，比如要大量采用价值分析/价值工程（value analysis/value engineering，VA/VE）方法来实现降本目标，则可能有必要寻求技术部门高管的支持，并扮演技术最终负责人的角色。

有了目标和团队后，还要有步骤计划，于是分阶段的品类管理项目里程碑、交付成果和计划完成时间，就在团队开展了头脑风暴工作坊的基础上，慢慢变得清晰，最终变成一个可执行的品类管理项目总体计划——项目章程中的"关键里程碑与计划完成时间"。

当然，在团队进行头脑风暴的过程中，也会谈到在实现品类管理目的与目标的过程中，可能遇到的各种困难和阻碍以及资源的可获得性等问题。将这些问题和资源匮乏给管理带来的约束性和限制性提前暴露出来，并非简单地推卸责任，而是让整个团队以及作为最终负责人的高管提前知悉，并提前做好相应的对策，以期在随后的品类管理过程中得以解决，从而更顺利地推进管理项目直至成功。

上面的内容仅仅是一般性的介绍，读者如果对其中某些内容或具体做法还是不甚明白的话，可以在第 6 章中看到更加详细的解释，其中辅以实际案例，帮助大家获得一个更加直观的认识。

第 4 章

品类管理中的数据准备与可视化

———

数据分析在品类管理战略计划与决策过程中不可或缺。在本章中,我们将和大家一起讨论,品类管理决策中究竟需要采集、整理和分析哪些数据,以及如何进行合理有效的数据分析。

4.1 品类管理所需数据及数据来源

在前面的章节中,我们已经提及品类管理的 $5S^2$ 法。在整个方法论中,我们会涉及各种各样的数据,主要包括与采购支出现状有关的数据、与供应商有关的数据,以及与供应市场有关的数据。下面,我们将会对这三个维度的具体数据逐一进行介绍。

4.1.1 与采购支出现状有关的数据

采购支出现状分析是品类管理战略计划与决策过程的起点,图 4-1 中总结了现状分析中所涉及的数据以及数据来源。

所需数据		数据来源
■ 为谁买，买什么，买多少 ■ 从哪里买，怎么买 ■ 未来的需求趋势 ■ 价格及成本要素分解 ■ 供应商绩效现状 ■ 制程良率或不良率 ■ 技术规格要求 ■ 产品生命周期特征 ■ 相关品类 ■ 未来展望	明确需要什么数据及从哪里获得这些数据 支出数据 供应商信息 供应商市场情报	■ 采购订单、发票 ■ 内部信息系统数据挖掘 ■ 技术和品类专家、物流专家 ■ 组织战略与目标、市场营销 ■ 供应商报价文件（RFQ） ■ 质量记录、现场拜访 ■ 工程研发、新品开发团队 ■ 内外部产品开发计划 ■ 技术路线图 ■ 行业报告、刊物、展会

图4-1 采购支出现状分析所需数据与数据来源

从图4-1中我们可以看到，与采购支出现状分析有关的数据包括：

- 为谁买？这个"谁"可能是某公司、某区域、某部门或某基地。
- 买什么？我们为内外部用户究竟采购了哪些产品、服务或资产，这些产品、服务或资产应该归属在哪一个采购大类、管理品类或细分品类里？
- 买多少？就是通过合适的数量、重量或货币单位来说明某一具体的产品、服务或资产的采购规模，以及合并同类项后所得到的某一细分品类、管理品类及采购大类的支出规模。
- 从哪里买？这一部分包括供应商、渠道或供应来源所在地等相关信息。
- 怎么买？这一点描述的是采购方法，比如全生命周期采购协议、年度或季度框架采购协议、现用现买、提前采购、寄售或供应商管理库存（VMI）等。
- 未来的需求趋势。这一点描述的是目前所掌握的以及将来一段时间（比如未来1～3年）的采购需求增长走势信息。
- 价格及成本要素分解。这里所要采集和分析的是：具体产品、服务或资产的采购价格，与以前各历史期间（以季度、年度等作为期间单位）的采购价格相比较得到的增减幅度信息，以及某类产品、服务或资产的价格分解后各成本要素的占比信息等。
- 供应商绩效现状。这里需要了解的是某个具体品项或品类的供应商的履约绩效信息，如交付准时率、进货检验合格率、百万分之不良率、客户投诉率等。
- 制程良率或不良率。这是供应商的内部制程质量信息，与供应商交付到客户手中的产品良率或不良率是不一样的数据。获得这一信息，可以了解供应商对客户服务的态度、水平，以及内部改善的机会与空间。
- 技术规格要求。这里需要收集呈现的是，某一管理品类或细分品类的典型技术规格要求。
- 产品生命周期特征。这里需要呈现的是，某一管理品类或细分品类或具体产品目前所处的生命周期阶段。
- 相关品类。品类管理中一个至关重要的手段就是：进行聚类或分类分析与管理。所以，在对某个管理品类或细分品类进行梳理时，十分有必要对相关品类进行识别与分析。
- 未来展望。品类管理三大意识之一的"动态意识"，是要让品类管理者用动态而非静态的视角去看待自己所管理的品类及细分品类。要能够展望未来的一段时间内（比如 3～5 年内），品类及细分品类的市场需求、技术规格、构成、形态、来源、制程等各个方面会有什么样的发展与变化，从而使得品类管理者能够在"战略意识"和"市场意识"的指引下，被启发出更加可行、可落地的品类管理战略。

明确了采购品类支出现状分析所需的各种数据和信息后，就需要识别恰当的数据与信息来源。

- 品类管理者可以从诸如 P2P 这类内部信息管理系统中，获得与采购历史相关的数据与信息。
- 可以从组织战略经营目标、营销专家、品类专家和其他专业人士那里获得某管理品类、细分品类以及某具体产品型号的未来需求发展趋势。

- 可以从供应商的报价单、采购方的应该成本（should cost）模型与核算表，或诸如供应商关系管理（SRM）这样的采购信息系统中，获得某管理品类、细分品类以及某具体产品型号的价格水平、成本要素分解占比等信息。
- 可以从质量记录、现场拜访报告、供应商绩效报告等文件中获得供应商绩效、制程良率等相关信息。
- 可以以工程研发（R&D）、新产品开发团队、内外部产品路线图、新品开发计划等为来源，获得某品类或具体产品的技术规格、构成、形态、生命周期阶段、相关品类等各类相关信息。
- 最后，从采购方所处行业以及采购品类所处行业的行业报告、刊物、展会等渠道，获得相关品类标杆、相关品类以及未来展望所需的各种信息。

在获得与采购品类支出现状有关的数据与信息后，我们还需要获得与具体供应商有关的信息，从而为货源组织、供应商关系定位与管理等策略的制定提供可靠可信的基本事实与数据。

4.1.2　与供应商有关的数据

图 4-2 总结了供应商分析所需数据以及数据来源。

如图 4-2 所示，与供应商分析有关的数据包括：

- 主营业务范围（产品/服务）。品类管理与传统的采购管理相比，最显著的差异就是，品类管理下的采购是分品类建立供应商资源池，而不是在日常采购工作中，不断地去询问某供应商："这类产品你们能不能做？那类服务你们能不能提供？"后面的这种做法在实践中屡见不鲜，但这恰恰是造成后续各种采购风险的根本原因之一。因为采购是在勉为其难地让一家供应商提供其并不擅长的某种产品或服务。所以，摸清现有供应商及潜在供应商所擅长的主营业务范围，是供应商分析中的首要任务。

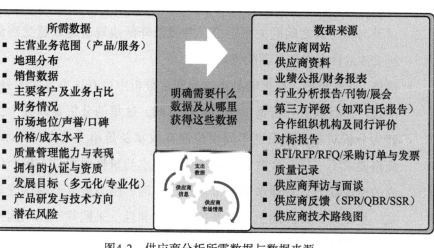

图4-2　供应商分析所需数据与数据来源

- 地理分布。品类管理的一个主要目标是：尽可能地让某个供应商的专业优势在采购方需要这种专业的所有地区得到充分发挥，从而形成规模与范围经济效益。因此，供应商的业务分布足迹，也是一个分析要点。

- 销售数据。在分析供应商的销售数据时，不能只看供应商的总销售收入，而是应该尽可能地识别、了解供应商为买方提供的产品或服务品类的销售数据，这样才能了解供应商在买方所需要的采购品类方面的业务规模，也为后面的各种分析提供必要的基础数据。

- 主要客户及业务占比。同理，这里的数据分析重点是看供应商向买方提供的采购品类所涉及的主要客户，以及各个客户在供应商销售规模中的占比。由于绝大多数情况下，销售规模会受到产能的约束，因此对于供应商的可用产能、已占用产能、可能被其他相关品类占用的产能等信息，也要尽可能地获取并加以分析。

- 财务状况。无论是为了确定供应商的供应能力，还是出于供需双方的风险管控需要，供应商的财务状况都是一个至关重要的分析点。只有财务健康的供应商，才有可能充分发挥或及时扩大其供应能力，才能有效应对各种来自外部或内部动荡所造成的风险。

- 市场地位、声誉、口碑。这个分析可以让买方更好地进行自我定位，以及与供应商之间的关系定位，并可以降低或规避越来越受到全球所关注的社会责任方面的风险。

- 价格/成本水平。在采购品类支出现状分析中也有这个方面的分析，不过，那时候的分析是以品类为焦点的。这里的分析是以各个供应商为分析对象，来识别不同供应商在成本及价格上处在何种水平。规格要求不一样，会造成品类整体上成本与价格的差异；每个供应商的专业能力、管理水平及市场定位不同，则会造成不同供应商在某一类或某一种产品上成本及价格的差异性。采购并不以采购价格最低为选择供应商的唯一标准，而更多的是要考虑包括质量、服务、管理等各项要素在内的采购总成本。只有采购对供应商的成本数据及定价策略有充分的认识后，才能选出长期来看成本存在优化空间，并且在质量、服务和管理等方面更有优势的供应商。

- 质量管理能力与表现。这一点与上面的分析是遥相呼应的。质量管理能力及表现无疑对供应商的成本有着关键性影响，对采购方来说，也是影响成本及供应风险的一个关键点。

- 拥有的认证与资质。由于法律法规、政策、行业标准等强制性及非强制性要求的存在，拥有恰当的认证与资质往往成为不可或缺的条件，或者是采购方在选择供应商时的加分项，因此需要了解清楚供应商所拥有的认证与资质，以及这些认证与资质的必要性及价值。

- 发展目标（多元化/专业化）。人各有志，企业也有各自的未来发展方向。识别和分析每个供应商的未来发展目标，对供应商关系定位、供应风险管理都有现实的指导意义。

- 产品研发与技术方向。分析这一点，与上面一点具有相同的意义。

- 潜在风险。上面的各种分析,有助于识别出每一家供应商的各种实际或潜在风险。最佳管理实践要求将所识别的各种实际或潜在风险进行记录、分类、分析,并制定出风险化解及风险应急预案与措施。

从哪里获得供应商分析的这些数据呢?图4-2给大家提供了一些思路和来源。

- 最便于获取与供应商有关信息的就是互联网。真实性和可信度最高的网络来源,无疑当数供应商自建的官网。比如,从下面的截图中(见图4-3)就可以看出该精密加工企业的主营业务范围等基本信息。

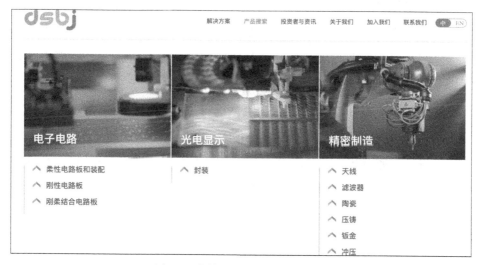

图4-3 某精密加工供应商的官网

- 对于已经与之打过交道或已经有过接触的供应商来说,供应商调查问卷、供应商基本信息表等供应商资料表单,以及企业的业绩公报或财务报表,无疑是更加全面的供应商分析数据来源。从中我们可以了解供应商的主营业务范围、地理分布、销售数据、主要客户及业务占比、财务状况、拥有的认证与资质等基本信息。
- 行业分析报告、刊物、展会,以及第三方评级(如邓白氏报告),则是另外一个非常实用的信息来源,尤其是用来搜集潜在供应商的数据与信息时。从中不仅可以了解上面提到的各类供应商的基本信息，还有可能更加直观地感知到它们提供产品或服务的能力与质量水平。

- 通过与企业现有合作机构（供应商或其他服务提供商）、友商的交流，以及从行业分析报告、对标报告中，不仅可以了解某些供应商的基本信息，还可以了解供应商的市场地位／声誉／口碑、价格／成本水平、质量管理能力与表现、拥有的认证与资质等更加全面的信息。
- 供应商报价表单（RFI/RFP/RFQ）／采购订单与发票则是获得供应商价格／成本水平的一个主要数据来源。采购方提供的报价表单越详细、越规范，能获得的成本和价格数据与信息通常也会越细致、越全面。
- 质量记录、供应商拜访与面谈、供应商反馈技术（SPR/QBR/SSR），以及供应商技术路线图等，则对采购方了解供应商的质量管理能力与水平、企业发展目标、产品研发与技术方向等信息，有着更加直接的帮助。
- 至于供应商所存在的潜在风险，则可以从上面提到的各项数据来源中加以识别与总结。

进行供应商分析，让品类管理者零距离地看清了"每一棵树"。接下来要做的事就是，从更高的位置来俯瞰整片"树林"，这时就要进行供应市场分析。

4.1.3 与供应市场有关的数据

图 4-4 总结了供应市场分析所需数据与数据来源。

如图 4-4 所示，供应市场分析所需数据包括：

- 供应市场现状（规模和分布）。品类管理者首先需要对某品类在全球或某个区域的行业整体状况加以了解，这包括整体的供应规模与体量，生产基地及分销中心的分布足迹，以及交付与服务提供的覆盖范围等。

图4-4 供应市场分析所需数据与数据来源

- 主要参与者/市场集中度。品类管理者既需要识别出某品类供应市场上的主要供应商，以及这些主要供应商在整个行业的市场份额或供应产能中的占比与集中程度，也要罗列出为本企业提供某种品类的主要供应商，以及这些主要供应商在本企业的供应商群体的销售总额或供应产能中的占比与集中程度。当品类管理者面对的是一个供应商资源稀缺的垄断性行业时，上述两部分的分析输出则可能是高度重叠的。

- 行业竞争态势/竞争力来源。这一点的分析与上面的分析是紧密相关的。行业竞争态势反映一个行业从完全竞争、垄断竞争、寡头垄断到完全垄断这样一个体系。而竞争力来源则是要摸清供应商凭什么在市场上立足，可能的竞争力来源包括成本价格、技术能力、质量水平、交付水平、服务能力、创新设计、政策支持等内在或外在的优势或条件。

- 供应市场细分（规模和分布）。根据自身优劣势和目标客户需求的差异性，某品类的供应市场往往会被继续细分成"消费级""车规级""工业级""医用级""航空级""军工级"等供应市场。因此，品类管理者需要根据本企业的需求特点，从上述几个方面对某一个或某几个细分供应市场进行更加细致和有针对性的分析。

- 行业成本结构与利润水平。在进行采购支出现状分析时，我们是从本企业实际采购时的价格水平以及现有供应商的成本结构来分析采购价格与成本水平的。在这里，我们力图获取整个行业或细分市场的成本构成及利润水平。当同时拥有这两个方面的数据和信息时，我们将要制定的品类管理优化目标可能会更加务实可行。

- 产业链／价值链现状与动态。即使品类管理者不能把握某个品类产业链／价值链的全貌，也应该努力沿着该品类上下游两个方向，尽可能多地去了解与本企业关系密切的产业链／价值链相关环节，从而在做品类管理时能够明确，关注重点是应该放在一级供应商身上还是二级或三级供应商身上，是应该将上级供应商交给一级供应商来管理还是自己来管理，是否有必要进行反向整合，以便更有效地做好供应保障工作。

- 客户群结构、地位及变化趋势。品类管理者应尽可能地摸清某品类整体供应市场的主要客户群体，每个主要客户在买方市场上的话语权，以及未来可能的变化趋势。

- 我们所处的客户群及地位。这是对前一点分析的延续，是对本企业身处其中的细分供应市场上的主要客户群体进行分析，搞清楚包括自身在内的每个主要客户在细分供应市场上的采购话语权，以及未来可能的变化趋势，尤其是在供不应求的市场中。这样可以让品类管理者获得启发，是应该"傍大款"，还是和众多规模接近的友商采取联合采购策略，以增强自己对供应商的话语权。当然，无论采取哪种方式，必须考虑策略的合法合规性问题。

- 行业变化和发展趋势以及行业技术路线图／创新与替代。品类管理是面向未来的战略采购抓手，必须前瞻品类所处行业的未来发展趋势，包括行业的产能变化、需求市场的变化、产品升级换代的趋势，以及出于合法合规性要求而采用替代产品／材料／工艺的必要性等。

- 潜在进入者。这是市场分析的一个重要考虑方面。了解和识别出某品类供应市场的潜在进入者，对供应商资源池的优化有着十分现实和重要的意义。
- 外部机会与威胁。地缘政治、政策法规、科技创新、习俗文化、消费偏好等外部因素，都会对某个行业市场以及需求市场带来新的机会和威胁。品类管理者需要了解这些外部变化究竟会给自己管理的品类供应市场带来什么样的变化：是促进该行业的规模扩张，还是使得能够继续供应的资源池变小；是倒逼该行业进行技术革新，还是让该行业彻底消亡呢？这些变化无疑会对品类管理战略产生实质性的影响。

从图 4-4 中的右半部分，我们可以看到供应市场分析的主要数据来源有：

- 行业报告 / 刊物 / 展会。
- 与供应商的直接交流。
- 与业内专业人士的交流。
- 业绩公报 / 财务报告。
- 第三方咨询机构。
- 公开的指标指数。
- 内外部对标分析报告。
- 供应商技术路线图 / 技术论坛。
- 各国政策与法律法规。
- 地缘政治新闻与研究文献。
- 自然地理与环境变化著述。
- 供应商反馈（SPR/QBR/SSR）。

综上所述，我们就品类管理战略计划制订过程中所需要的数据以及数据来源给出了定性说明，在后续的章节中，我们会以实例帮助大家更直观地了解这些数据，以及在使用这些数据进行品类管理分析时其所起的作用。

4.2 品类管理数据的整理方法与分析意义

本节介绍获得上述各类数据的方法。

4.2.1 品类支出现状数据的整理方法与分析意义

品类支出现状数据的整理与分析，通常需要从以下几个不同的维度分层分级来进行。

1. 品类划分层级

实施品类管理的企业通常会将所有采购支出划分成 3～5 个层级，每个 SKU 会被划入一个最低一级的品类中，若干个最低级的品类再整合成一个上级品类，如此逐级上升，最终被合并成几个采购大类。至于如何划分品类，这是我们下一章的主题。在这里，我们需要了解的是，支出现状数据的整理应该按照公司既定的品类分层分级体系逐级汇总，而在进行数据分析时，则应该将顺序颠倒过来，首先从最高的那个层级来审查支出现状，然后再逐级下沉，即颗粒度逐次变细。

2. 内部用户部门

尽管企业的组织架构存在差异，按照组织架构层级自上而下地收集和汇总数据仍是典型的做法。由于绝大部分实施品类管理的企业都会存在多个事业部/分公司，而且一个事业部/分公司内通常会设有不同的职能部门，并可能在世界各地设有生产基地或办公场所，故而建议从使用地和使用部门两个维度对支出数据进行收集和整理，再汇总到每个事业部/分公司层面，最后再将具有需求与市场共性的那些品类汇集到总公司层面。

3. 供应来源

在供应来源这个维度上，首先需要将来自某个供应商不同供应基地及交付地点（采购方的使用地）的产品或服务，按照采购方的品类划分体系从 SKU 逐级向上汇总，最后汇总成来自某一家供应商的各个品类及细分品类的供应数量及金额合计。在进行数据分析时，我们需要从以下几个方面解读：

- 从该供应商处采购的总金额（或数量）在采购方总采购金额（或数量）中的占比，这个数据反映了该供应商对采购方总体上的重要性。
- 从该供应商处采购的总金额（或数量）在该供应商总销售额（或数量）中的占比，这个数据反映了采购方对该供应商的重要性。
- 以品类为基准，分析从该供应商处采购的某一品类的总金额（或数量）在采购方某一品类的总采购金额中的占比，分析该供应商在某一品类上对采购方的重要性；再看一下从该供应商处采购的某一品类的总金额（或数量）在该供应商该品类总销售额（或数量）中的占比，分析采购方在该品类上对该供应商的重要性。
- 从该供应商的每个供应基地入手，继续计算上面两个占比，分析该生产基地对采购方的重要性，以及采购方对该生产基地的重要性。
- 从该供应商的每个供应基地与交付地点（采购方的使用地）两方面入手，继续计算上面两个占比，分析该供应商每个供应基地对采购方每个使用地的重要性，以及采购方每个使用地对该供应商每个供应基地的重要性。
- 当供应产能或交付能力存在约束瓶颈时，还需要从该供应商的每个供应基地为起点，分析每个供应基地直至该供应商整体的产能利用率、剩余可利用率、未来 1～3 年的产能提升率，从而为将来的货源策略提供有意义的输入信息。

上述分析维度的颗粒度越来越细，在实际工作中，受限于数据系统及可视性的能力，很多企业暂时可能还没办法快捷高效地完成所有维度的数据分析。因此，品类管理者需要有商业洞察力和决策能力，来判断出恰当的数据分析颗粒度，以保证品类管理决策过程中数据分析的充分性。

4.2.2　供应商数据的整理方法与分析意义

在实施了品类管理的企业中，采购方与供应商之间的合作是以某一个或几个特定品类为标的的,所以,第 4.2.1 节进行采购品类支出现状分析的第三个维度——"供应来源"分析中,实际上就已经涉及一部分供应商数据,比如某个具体供应商有几个供应基地、总销售额等,但那个阶段的大部分分析都是以某个具体品类为基础展开的,分析的对象也仅仅是销售或采购的数量或金额。

在这一小节中,品类管理者会从更多的维度来进行供应商分析。

1. 供应商基本信息分析

从图 4-2 中可以看到,供应商的基本信息包括主营业务范围(产品/服务)、地理分布、销售数据、财务状况、拥有的认证与资质和主要客户及业务占比等方面。

对这些基本信息进行整理与分析的目的是:

- 识别采购方所需要的某个品类是否属于某供应商的主要服务领域,是否其专业或核心所在。
- 审查某个供应商的各个供应基地在地理上的分布,是否能够更好地匹配采购方使用地的分布足迹,从而降低长供应链带来的交付过程中可能发生的风险;是否便于日后实施 JIT、Milk-run 等精益供应链管理模式。
- 判断某个供应商是否会因为财务上的问题对采购方造成供应中断的风险,是否能够满足采购方对更长账期的要求,是否有能力满足采购方采用寄售方式进行交易。
- 判断供应商是否能够进入一些需要特别认证或资质才能进行交易的业务领域。

2. 供应商履约能力与绩效分析

对于那些尚未与采购方进行过正式交易的供应商来说,这里主要看的是供应商的能力;对于业已与采购方进行了正式业务往来的供应商来说,则可同时考察供应商的能力和履约实绩。

根据收集整理的供应商数据与信息，品类管理者在此就可以给供应商从多维度进行画像分类分级，这些维度包括以下几点。

（1）供应商所拥有的资源与技术能力。供应商基于自身所拥有的资源与技术能力，为客户提供经营范围和水平各异的产品供应与服务，往往也被称为"业务模式"，通常可以分为以下几种。

- **通标产品供应商**（standard products supplier）：该类供应商拥有一般性的加工制造能力，主要从事没有专利限制的通用标准类产品，可以进一步分为"生产商""分销商""代理商"等几个类别。
- **外协加工型供应商**（又称代工厂，contract manufacturer，CM）：该类供应商拥有采购方所需要的厂房设施、机台设备和技术员工，能够按照采购方的加工图纸和规格要求代为加工采购方所需要的零部件或产成品。根据加工工艺的复杂度，可以进一步将外协加工型供应商细分为超精密加工商、精密加工商、常规加工商等几个层级。
- **制造专家型供应商**（manufacturing expert）：该类供应商除了拥有采购方所需要的厂房设施、机台设备和技术员工之外，还具备为采购方提供可制造性设计、采购便利性设计、物流便捷性设计、环保友好性设计等统称为"为了某个目的而提出设计改进建议"（design for X，DFx）方面的增值服务。同上，这类供应商通常也可以继续细分为超精密制造专家、精密制造专家、常规制造专家等若干层级。
- **设计服务型供应商**（design service provider）：该类供应商一般不具备加工制造能力，也没有自己公司的专有产品。它们有的是能力充足的产品设计专业人员，能够根据客户的要求，为客户进行产品或零部件的设计，设计完成的产品或零部件的知识产权（IP）一般归客户所拥有。
- **独立设计型供应商**（independent design house）：该类供应商一般不具备加工制造能力，但拥有自己设计、有自主知识产权、通过外协加工厂商或制造专家生产出来的零部件或产品。

- **外协设计加工一体化供应商**（original design manufacturer, ODM）：该类供应商同时拥有能力充足的产品设计专业人员和生产加工所需的厂房设施、机台设备和技术员工。它们能根据采购方提出的产品功能要求及性能指标要求，同时完成产品或零部件的设计与制造，只是生产出来的产品会贴上采购方的商标。这种形式常常被称为"交钥匙"（Turnkey）模式。
- **独立设计制造一体化供应商**（integrated designer & manufacturer, IDM）：这类供应商在能力上与前者相近，唯一的区别就在于，该类供应商做出来的产品打上的是该供应商的自有商标。这类供应商既拥有自主知识产权，又拥有较为完善的自主加工制造能力，它们的产品对于采购方来说，一般都属于"战略类"或"瓶颈类"物资。

（2）供应商成本与价格水平。从供应商的成本结构和利润率入手，一般可以将供应商分为高成本供应商和低成本供应商两大类。

（3）供应商质量水平。获得供应商制程能力（Cpk）数据，可以将供应商分为世界级供应商（$Cpk \geq 1.67$）、高品质供应商（$1.33 \leq Cpk < 1.67$）、普通供应商（$1 \leq Cpk < 1.33$）、低品质供应商（$Cpk < 1$）。

（4）供应商履约绩效水平。对于已经有业务往来的供应商，考察该供应商为本企业服务时的绩效数据；对于尚未开展业务交易的供应商，则考察该供应商为其主要客户服务的绩效数据。根据绩效表现评分，可以将供应商分为若干级别，如卓越供应商、优秀供应商、合格供应商、禁用供应商（待改善后方可恢复业务合作）、待淘汰供应商等。

3. 供应商前瞻性分析

进行供应商前瞻性分析时，主要从以下几个方面考察供应商在未来若干年内与采购方战略发展方向的一致性、对采购方需求的满足与支持能力，以及供应商对采购方可能带来各种风险的概率与后果。

（1）供应商业务发展战略与方向。首先要掌握供应商在未来若干年内的业务聚焦与战略方向是否与采购方具有战略一致性。

（2）供应商产品技术路线图。在业务大方向具有一致性的前提下，还需要考察供应商产品研发的技术方向和市场方向，弄清楚供应商的产品技术是否符合采购方未来的需求，采购方所在的细分市场是不是供应商未来重点服务的目标市场。

（3）供应商的客户关系定位。有了前面两个前提，接下来需要关注的就是，采购方在供应商的客户关系定位中处在什么样的位置。有一个"供应商偏好矩阵"，就常常被用于这个分析目的。通过这种分析，再考虑该供应商提供的产品或服务对采购方的价值与重要性，可以推演出采购方的供应商关系定位与管理策略。

（4）供应商潜在风险分析。从前面三点的分析中，可以通过供应商业务发展战略、供应商组织架构、供应商产品技术路线、供应商客户关系定位、供应商生产供应基地或渠道的变化和调整，觉察到供应商对采购方可能造成的各类供应风险问题，包括：

- 供应连续性风险。
- 供应可得性或价格风险。
- 供应质量风险。
- 合同责任或财务风险。
- 法律合规或社会责任风险。
- 其他风险。

供应商的基本特点以及未来可能发生的各种变化都会成为潜在风险的来源，品类管理者需要定性分析这些变化究竟会给自己的组织带来何种风险后果，还要量化分析这些风险发生的可能性及后果的严重性。"概率/影响风险剖析矩阵"常常被用来进行这类分析，大家在后面的章节中能够看到分析实例与图表。

4.2.3 供应市场数据的整理方法与分析意义

如前所述，对每一家现有或潜在的供应商进行考察分析，就好比对一片树林中的每一棵树进行检查、分类和贴标一样。但仅仅进行供应商分析，可能会陷入"不识庐山真面目，只缘身在此山中"的迷局之中。故而，品类管理者需要居高临下地对整个供应市场进行全局性考察与分析。供应市场分析所需数据及数据来源已经在图4-4中详细罗列了出来，这里我们来介绍供应市场数据整理分析的方法以及分析的意义与启发。

传统上，宏观环境分析方法——"PESTLE分析"和波特五力分析方法在很多管理类教材或书籍中都有基本概念的详细介绍。所以我们这里不再就基本概念做更多的解释，而将注意力集中在这两个工具在品类管理数据分析中的实际应用上。

首先，从品类管理者的角度来说，PESTLE分析就是从政治政策（P）、经济状况（E）、社会文化（S）、科学技术（T）、法律法规（L）和自然环境（E）等几个维度出发，考虑这些外在宏观环境要素对某个品类的供应及需求市场的影响与作用。我们建议使用一张表（见表4-1）罗列出用来考察各个宏观因素特征的主要问题，再来看每个问题的答案会对供应方和需求方产生什么样的影响。

（1）对供应方所在行业的影响：a.没有影响；b.促进扩张；c.规模收缩；d.技术革新；e.迁移别处；f.彻底消亡。

（2）对需求方的影响：a.没有影响；b.需求增加；c.需求减少；d.需求替代；e.需求消失。

从上面的影响分析，品类管理者应该能够清楚地认识到供需双方在整体力量对比上的现状与变化趋势，识别出供应的可得性和重要性水平，从战略高度做好品类管理的全局及前瞻性规划。

另外，波特五力分析方法也是能够让品类管理者从全局视角把握供需双方力量对比及变化的一个实用工具。波特五力分析应用在品类管理上，就是要从以下五个视角来对供需双方博弈力量进行考察。

表 4-1 PESTLE 分析在品类管理分析中的应用

领域	考察问题	行业本身	市场需求	领域	考察问题	行业本身	市场需求
政治政策（P）	国家政府换届或政权发生更替			科学技术（T）	通信技术的发展带来的沟通方式的变化		
	国家或地区新出台的与该行业有关的政策				科技带来的交通出行方式的变化		
	敏感或动荡的地缘政治变化				科技带来的交易、结算和支付方式的变化		
	政府新签订的区域性或国际性贸易协定				创新的制造、管理、办公和沟通技术手段		
经济状况（E）	居民收入、可支配收入发生变化			法律法规（L）	雇用法律的修订		
	货币与财政政策发生变化				反垄断和反不正当竞争法律的修订		
	CPI 的大幅变化				招投标法、合同法、民法等法律的修订		
	PPI 的大幅变化				知识产权保护法律的修订		
社会文化（S）	消费偏好或方式发生变化			自然环境（E）	自然环境发生的变化		
	习俗、价值观、流行文化的变迁				自然地理方面的新发现和新认知		
	宗教信仰的渐变				新近频发的灾害性事件		
	性别角色与地位的改变				与环保有关的新法律和新政策		

- 买方视角，用来考察被买方群体视为资源的、由某供应市场提供的产品或服务的渴求程度，以及采购方自身相对于其他买方而言所具备的采购规模体量和话语权。特别需要提醒的是，对很多基础性资源产品或服务，需求群体十分庞杂，品类管理者在进行买方分析时，

必须要考虑本企业所在细分市场或行业市场之外的其他行业市场或细分市场对同一资源的需求规模与采购话语权，及其对本企业与自身所处行业的冲击和影响。

- 供应市场视角，用来考察供应商之间相互竞争的激烈程度，以及采购方是否能够从供应商之间的竞争中获得有利地位。
- 新进入者视角，用来考察买方是否可能存在新生供应来源的可能性，以及是否可能通过反向营销来扶持出新供应来源，甚或自己可以采用内部自制战略。
- 替代品视角，用来帮助买方识别市场上是否存在替代性的材料、产品、服务、技术、工艺等，甚至是否存在不需要继续采购正在采购的某个产品或服务也能生产、交付或提供客户所需的产品或服务的可能性。比如，通过使用免电镀材料来取消对电镀服务的需求，或是通过3D打印技术来取消对简易模制造服务的需求等。
- 上游市场视角，用来考察构成企业所需产品或服务的上游产品或服务的供应市场状况。最重要的是要识别出那些因市场供需关系或地缘政治因素而可能出现供不应求或供应中断的上游产品或服务，从而筹划出最优管理策略，而不是简单地将上游产品或服务的供应保障视为直接供应商的责任或风险。现实是，供应商、供应商的供应商和采购方实际上常常是拴在一条供应链上的"蚂蚱"。

表4-2为品类管理者提供了一些用于整理分析供应市场数据时所需考虑的五个视角的关键性问题，希望对读者在应用波特五力分析进行品类分析的实际工作中有所帮助。

根据本书几位作者的实战经验，我们在此还要向大家提供一个综合性的供应市场分析方法和工具，我们称之为"供应市场四象限分析法"（见图4-5）。

图4-5中左上部分，提示品类管理者从某品类所处的行业角度来分析。

- 行业整体规模、供应产能及地理分布。

表 4-2　波特五力分析中的关键问题

市场各方	力量	波特五力分析——×××品类 事实与数据
买方 （买方对供应商的议价能力）	H/M/L	• 与买方在供应市场上进行资源竞争的对手数量（行业内与行业外） • 买方及主要竞争对手在供应市场上的支出规模 • 买方的口碑、知名度与品牌影响力 • 买方所采购产品/服务的标准化程度 • 买方切换供应商的难易程度和成本 • 买方进行自制或反向一体化的难易程度 ……
供应市场 （供应商之间的竞争激烈程度）	H/M/L	• 供应商的数量 • 总产能规模及产能利用率 • 整个市场的规模及主要供应商占有的市场份额 • 市场的成长性 • 供应商产品之间的差异化程度 • 现有供应商退出该市场的难易程度 ……
新进入者 （对现有供应商的威胁程度）	H/M/L	• 在供应市场参与竞争的规模重要性 • 进入供应市场的资本投入和技术需求是否很高 • 供应市场的平均利润水平高低 • 进入供应市场是否能够有效利用企业现有资源，如销售网络和分销渠道 • 供应市场的行业协会对市场的影响和控制程度 • 进入供应市场是否有严格的政策限制 ……
替代品 （对现有供应商的威胁程度）	H/M/L	• 是否存在替代产品 • 是否存在替代技术 • 是否存在新的技术或工艺可以取消对现有供应市场上所提供的产品的需求 ……
上游市场 （上游供方对供应商的议价能力）	H/M/L	• 上游供方的数量 • 上游的总产能规模及产能利用率 • 上游市场的规模及主要供应商占有的市场份额 • 产品的差异化程度 • 上游市场的成长性 • 上游供方正向一体化的难易程度 • 供应商反向一体化的难易程度 • 切换上游供应商的难度 ……

注：H/M/L分别对应高/中/低。

- 主要供应商、集中度、竞争态势及竞争力来源。
- 成本结构分析：成本要素、成本动因和定价模式。

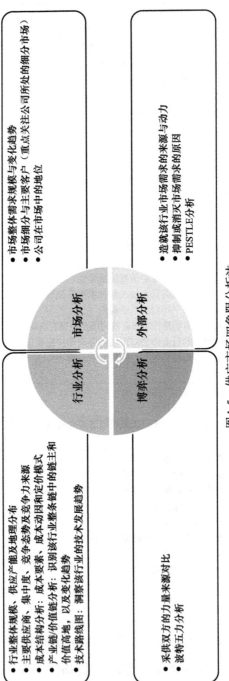

图4-5 供应市场四象限分析法

- 产业链、价值链分析：识别该行业整条链中的链主和价值高地，以及变化趋势。
- 技术路线图：洞察该行业的技术发展趋势。

图 4-5 中右上部分则是从采购方自身及其所处买方市场的角度来进行分析。

- 市场整体需求规模与变化趋势。
- 市场细分与主要客户（重点关注公司所处的细分市场）。
- 公司在市场中的地位。

图 4-5 中左下部分是要进行力量来源分析及波特五力分析。品类管理者可以制作一张类似表 4-3 的表，用来进行供需双方的力量来源识别与力场分析。这个分析的结果则可以作为波特五力分析的输入。通过波特五力分析，品类管理者可以理性地对整体供需关系以及自己的企业进行恰当的定位，从而对战略制定产生启发。

表 4-3　采供双方的力量来源与力场分析表

供方力量来源	力场分析（高/中/低）	需方力量来源	力场分析（高/中/低）
供应商数量的稀缺性		采购方的市场地位	
供应商之间的竞争性		采购方的口碑声誉	
产品差异化程度		采购方的采购规模	
技术独特性		采购方的规格要求	
产能稀缺性程度		采购方的技术领先性	
行业进入门槛		采购方的需求稳定性	
其他		其他	

图 4-5 中右下部分则是要利用前面介绍过的表 4-1 来完成外部宏观环境分析，对供需双方当前及未来的走势做出基本判断，从而对通过双方博弈力量分析得到的战略启发进行适当的调整。

本章中我们就品类管理所需分析的数据、内容及意义给出基础性的阐述，在后续的章节中将会以实际案例来帮助读者更好地理解这一章节中所涉及的内容。

4.3 数据可视化技术与应用

在前面的两节中，我们通过数据和文字的形式采集信息、分析信息，这些内容可以在品类管理战略方面给我们启迪。然而，就像来自美国新罕布什尔大学的科林·威尔（Colin Ware）所说的："眼睛与大脑中的视觉皮质共同构成了并行处理器，为人类的认知中心提供了最高水平的宽带通道"。[⊖]也就是说，最能让人类加以关注与印象深刻的，通常是人眼所见到的图形或图像。尤其是在今天这样一个信息爆炸、追求速度与效率的时代，我们更加需要通过图形或图像来描述事物及其特征。比如在互联网电子商务领域中，常常就把对某个商品或需求特征的描述称为"画像"。

因此，我们在品类管理数据分析与战略推演中，也需要学会使用数据可视化技术来诠释我们对某个品类的"画像"。这一小节，就让我们一起来学习一些最基本、最常见的数据可视化技术及其在品类管理分析中的应用。

4.3.1 数据可视化的基本原理

要想让数据可视化发挥出其应有的效果，我们必须首先了解视觉感知的工作原理，以及进行数据可视化处理时所应遵循的一些基本原则。

人的大脑在感知与处理视觉信息时，一般表现出下列三种特征：

- 人的注意力一般不会放在视野中的所有物体和细节上，而是会特别留意与众不同的地方。
- 在每个人的眼里凸显出来的往往是他所熟悉的图形，每个人都倾向于发现他所知道且期望看到的东西。

⊖ WARE C. Information Visualization: Perception for Design[M]. 2nd ed. San Francisco: Morgan Kaufmann Publishers, 2004.

- 在人类的认知过程中，记忆起到了非常重要的作用。然而，现实中能够发挥作用的记忆又往往十分有限。有医学研究表明，人的视网膜中存在一个很小的但分辨率却最高的部分，被称为"中央凹"（fovea）。而视网膜的其他部分就没有很高的分辨率了，成像清晰度也相对较低。

根据这三个视觉方面的特征，就有了数据可视化处理的三个基本原则。

（1）在进行数据可视化处理时，需要有意识地突出那些有意义的、期望引起受众注意到的部分。比如，使用柱状图来呈现一组过去12个月的预算执行情况时，用鲜艳的红色来填充发生预算超支的那个月的数据柱。

（2）在进行数据可视化处理时，尽可能使用受众所熟悉的图形或形式，且要易于被发现或看见。比如，尽管箱形图（见图4-6）在统计分析中是一种常见的图形，但是在采购管理实践中，相较于折线图、柱状图、条状图、饼图等图示法，使用箱形图的人和理解其图示意义的人并不多，因此建议尽量不要使用这种图形。

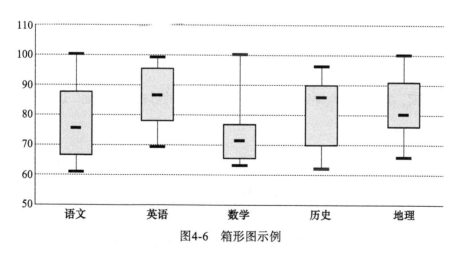

图4-6　箱形图示例

（3）在进行数据可视化处理时，要尽量使用那些让受众印象深刻、能够强化其记忆的图形或表达形式。由于视觉认知中对形状、颜色、空间位置和运动物体存在"下意识属性"（pre-attentive attributes），所以，恰当地使用这四种方式来刺激受众的视觉感官以加深其印象或记忆,是十分有效的。比如,在表达不同类别的对象时,使用颜色和形状来区分通常最为恰当;在对一组定量数据进行比较时,使用长度、空间位置或动画形式来表达往往就更加合适。还是拿"使用柱状图来呈现一组过去 12 个月的预算执行情况"为例,可以使用 PPT 里的"动画"特效来加深受众对"预算超支的那个月的数据柱"的印象。

4.3.2 数据可视化的常用图示法及其应用指南

在进行数据可视化处理时,通常会根据数据的性质以及数据间的关系特征来选择恰当的可视化图形和处理技术。数据分析中的六种典型关系特征是:

- 时间序列关系。
- 分解与排序关系。
- 偏离与差异分析。
- 一维分布关系。
- 多维分布关系。
- 相关关系。

下面,我们对这六种数据关系分析中使用到的可视化技术逐一进行介绍。

1. 时间序列关系

所谓时间序列关系数据,就是如前所述的"过去 12 个月的预算执行情况"这一类的一组以时间轴为横坐标的历史系列数据。在时间序列数据分析中,我们通常会考察某一组时间序列数据中是否存在变化趋势特征、周期性变化特征及其变化的速率、变化的幅度,以及是否存在一些例外性的"异常值"。适用于时间序列数据可视化的图示法主要有以下几种。

(1)折线图。对于时间序列数据,折线图是呈现变化趋势、周期特征、例外值等最有效的一种图示法,也是在工作中最常使用到的一种图示法,从下面的折线图示例（见图 4-7）中，就能较清晰地看出某企业过去 15 年间季度采购总金额的季节性与趋势性变化特征。

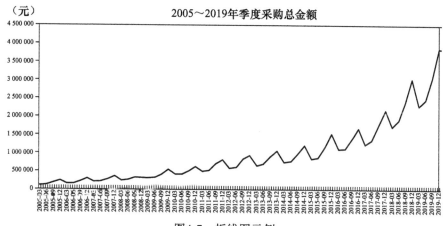

图4-7　折线图示例

（2）**柱状图**。尽管使用柱状图也能够察觉到数据的总体特征，但更多是用来突出和比较个体数值。图 4-8 就用来呈现四个地区在 1～8 月间的趋势线和季节性变化特征，可以更好地看出每个地区在某个特定月份的个体数据对比情况。

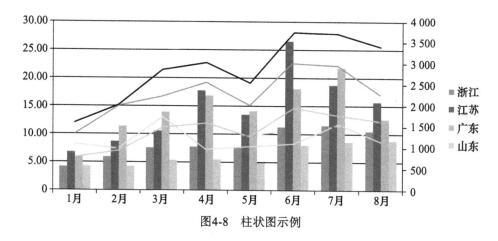

图4-8　柱状图示例

（3）**点状图**。当数据出现的时间间隔呈现出不规则特征时，更适合使用点状图来表达。比如，要用图标示出过去的 12 个月内某个 MRO 零件的使用量时，使用折线图（见图4-9a）就不如使用点状图（见图4-9b）更容易让受众看出使用时间间隔信息。

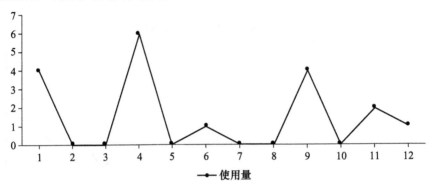

a）12个月某MRO零件使用量折线图示例

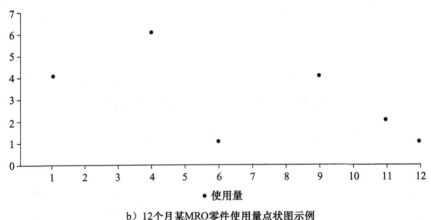

b）12个月某MRO零件使用量点状图示例

图4-9　折线图和点状图的对比

（4）**雷达图**。相信大部分读者使用过雷达图，用来对供应商的能力进行多维度的评估，但使用雷达图来呈现时间序列数据的做法并不多见。在可视化处理时间序列数据时，主要用于展示和比较周期性变化的数据。比如，某企业2015～2017年非生产物资的月度采购金额，就可以使用雷达图（见图4-10，单位万元）来呈现；当然，更多的人会使用折线图或柱状图来呈现。总体来说，使用折线图的情况更普遍，也更有效。

以上是对时间序列数据进行可视化处理最常用的四种图示法，当然，箱形图、散点图、热图等图示法也可以使用，限于本书的主旨与篇幅，我们在这里就不进行详细介绍了。下面我们再给出时间序列数据可视化处理时的三点注意事项：

- 数据为空时，不要将之默认为"0"，在图上要么空着（如点状图的做法），要么用其他线型将前后的数值进行关联。
- 要注意图形的横坐标与纵坐标之间的比例关系。如果横纵坐标比例太小，图形就会显得过于陡峭，让受众模糊了时间间隔，会夸大数据的变化幅度和变化速度；同样，比例也不能太大，否则图形显得太平缓，不容易看出数据的变化幅度和变化速度。有专家建议，图形中两点间连线的斜率尽量保持在 1，使得图形呈现出聚集性的"块状物"，这样最有利于直观地发现数据的各项特征。下面是用同一组数据做出来的、横纵坐标比例各不相同的三张折线图（见图 4-11），读者可以自己感受一下其中的区别。
- 进行较长一段时间内的数据分析时，务必要确认所有数据的定义、基准、单位等方面都保持了一致性。这一点虽然看起来简单明了、容易理解且理所当然，但往往会被忽略。图 4-11 所要展示的是 2005～2009 年间的采购总支出金额变化趋势，如果横坐标相对于纵坐标的比例较小（见图 4-11a），第一个问题是有些月份的数据无法显示出来，第二个问题是支出金额的上升趋势看起来非常陡峭；当横坐标与纵坐标的比例恰当时（见图 4-11b），则可以看到 5 年间的所有数据点，并且可以更恰当地显示出支出上升的趋势性与周期性；如果横坐标与纵坐标的比例过大（见图 4-11c），支出数据的上升趋势则会看起来不那么显著。

2. 分解与排序关系

将价格按照构成要素进行分解与排序，将用于某项服务上的支出金额按不同使用部门或地点进行分解与排序等，都是典型的分解与排序关系数据分析范例。通过分解与排序分析，可以看出解决某个问题的重点所在，或者服务对象的重要性程度等。常用的可视化图示法有以下几种。

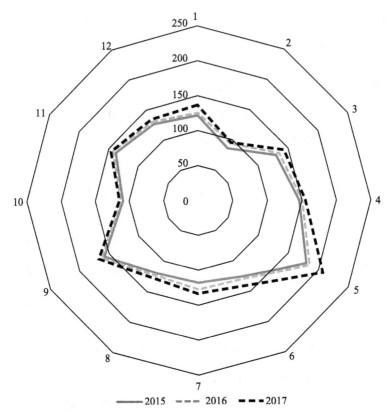

图4-10 2015～2017年非生产物资月度采购金额雷达图示例

（1）雷达图。前面已经介绍了雷达图在时间序列数据可视化中的应用，而实际工作中，也有将雷达图用来表现分解与排序关系数据的做法。但是鉴于这种用法存在人眼识别和分辨方面的不便利性，因此并不十分推荐。

（2）饼状图。这是一种常见的分解关系图示法，如图4-12所示，一块饼被切分成若干小块，分别代表了某类部件的支出金额，用不同颜色来表示，使得分解与排序关系较清晰地呈现出来。

（3）条状图或柱状图。这是工作中另一种非常典型的可视化图示法，读者一定都已经非常了解了。鉴于人眼视觉识别上的特点，相较于柱状图（见图4-13a），我们更推荐使用条状图（见图4-13b），这样可以让具有排序关系的数据差异变得更容易识别出来。

第4章 品类管理中的数据准备与可视化 113

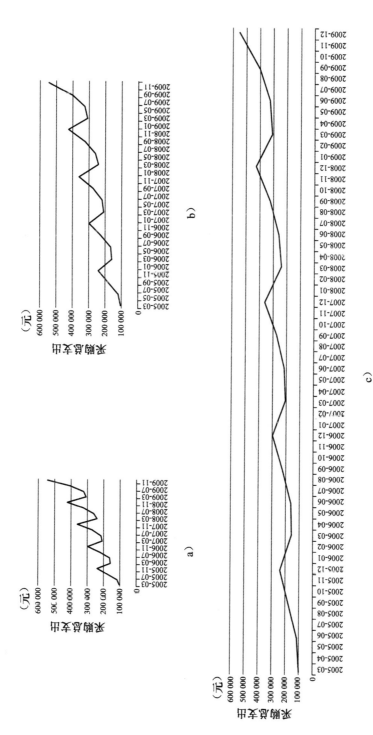

图4-11 用三种不同的横纵坐标比例对一组相同数据做出的三张折线图

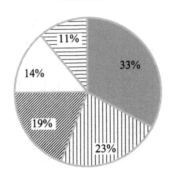

图4-12 反映不同品类采购占比的饼状图示例

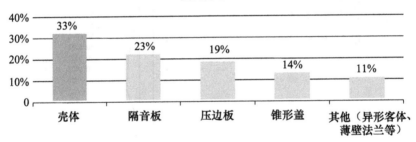

a) 柱状图

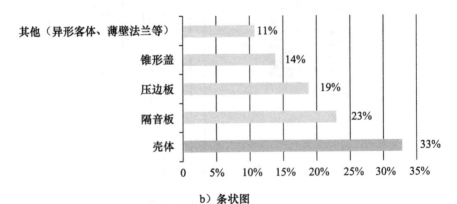

b) 条状图

图4-13 柱状图与条状图示例

（4）帕累托图。这是一种很常用、易于发现重点关注对象的图示法。它通常存在两个纵坐标，左边的纵坐标会用来表现每一个分解要素的绝对值或百分比，右边的纵坐标则用来表示各个要素依次相加后的累计百分比，这样做既可以看到每一个要素的重要性，还可以利用20/80原则识别出前几个需要一道重点解决的问题或要素（见图4-14）。

（5）瀑布图。在价格分解分析、支出分解分析等应用上，我们还推荐使用瀑布图来进行可视化处理（见图4-15）。

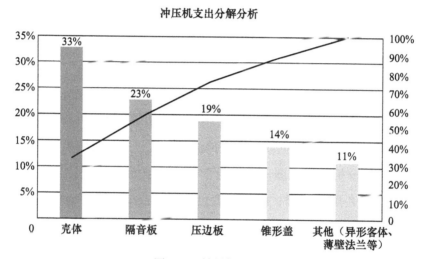

图4-14　帕累托图示例

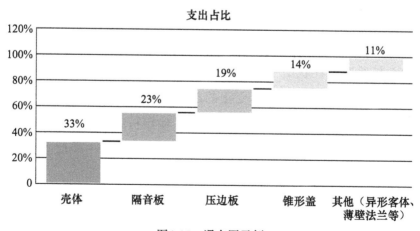

图4-15　瀑布图示例

以上是五种常用的呈现分类分解及排序关系数据的可视化方法，假如尾部数据很小，在图中难以辨识，可以用以下三种方法将数据进行转换后再来作图。

- 平方根法：将所有数据进行开平方处理。
- 对数法：将所有数据取对数处理。
- 倒数法：将所有数据进行倒数转换处理。

上面的三种方法并不难理解，有兴趣的读者可以自行尝试，看看对尾部数据的辨识起到什么样的作用。

3. 偏离与差异分析

采购预算执行情况、供应商绩效考核结果以及反映价格、产能或采购量（采购金额）变化等存在预测值、目标基准或历史数据时，需要将实际数据与预测值、目标基准数据或历史数据进行对比，这就是偏离与差异分析。在偏差与差异分析可视化图形中，通常有一个坐标代表类别或时间，另外一个坐标则代表量化数据，起点刻度可以是 0 或 100%。图示法主要有两种，即柱状图或折线图。

（1）柱状图。柱状图可以用来呈现分类、排序或区间数据的偏离或差异情况。图 4-16 所要表达的是按品类来衡量的、过去 6 个月内采购成本相较于标准成本的偏离与差异分析。对比的基准为 0。从图中可以非常直观地看到过去 6 个月中实际采购成本总体上处在高于标准成本的情况。

（2）折线图。柱状图（见图 4-16a）在偏离与差异化的可视化上，存在一个不足之处，就是对差异变化的趋势不能很好地予以反映，而折线图（见图 4-16b）则刚好可以弥补这一点。使用折线图，可以让决策者将关注点放在差异的变化趋势上，而不是过分关注于每一个时点或期间的差异值上。

关于使用柱状图和折线图来表达存在偏离与差异关系的数据可视化分析方面，我们有以下几点建议：

- 鉴于上面提到的柱状图与折线图的特点，一般建议同时使用柱状图和折线图进行差异分析的可视化处理。

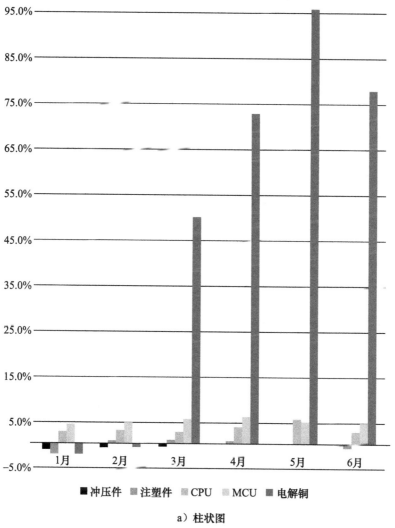

a）柱状图

图4-16 柱状图与折线图结合使用示例

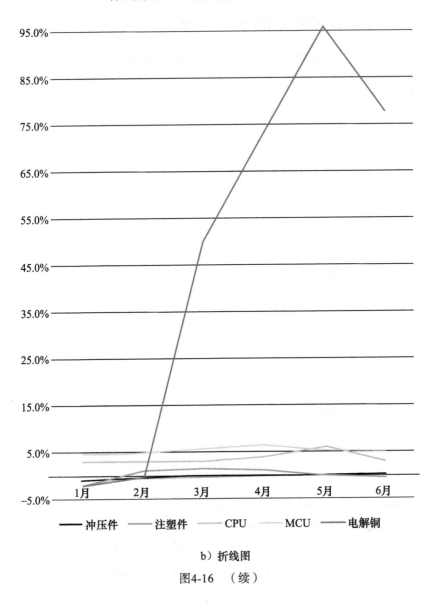

b）折线图

图4-16 （续）

- 尽管可以使用其他度量单位来反映偏离或差异情况，但更建议使用百分比的形式来表示偏离或差异程度，尤其是存在多组数据进行偏离或差异分析比较时，也就是上面示例中呈现的这种情况。当然，如果决策者更关心的是支出超支大小对企业现金流等财务方面的冲击性，则使用货币单位更加合适。
- 在图形中可以增加一些参考基准性，比如 +/-3σ（意思是正负三个标准差，在过程控制图中经常会使用到），从而让图形传递出更多的信息。

4. 一维分布关系

一组数据按照某个特征、类别、区间或区域可能呈现出不同的分布关系。依据分布关系基准的数量，我们将之划分为一维分布关系及多维分布关系。比如：

- 供应商的真实交货周期可能会基于双方约定好的交货提前期（lead-time，LT）呈现出正态或偏态分布特征；供应商在加工某个零件时，一个关键尺寸的实测数据也可能围绕着图纸或标准规定的标称尺寸呈现出正态分布或其他形式的分布特征。这两个例子中的数据分布，通常都是按照一根轴从低到高、从小到大有序排列，不论数据性质是离散型还是连续型的，我们将这种数据分布关系称为"一维分布关系"，并在这一小节中对其可视化技术加以介绍。
- 某个品类及细分品类的供应来源所在地或需求所在地，以及一定期间内的产能和产量或需求量，也会表现出某种分布特征，即在世界各地均匀分布还是集中分布在某一个或某几个区域范围内。而某个企业对产品或服务的需求可能根据卡拉杰克矩阵（这是一个典型的 2×2 的二维矩阵）中四个象限的定义，分布在各个不同象限中。我们将这种分布关系定义为"多维分布关系"，相应的可视化技术将在下一小节中加以讨论。

一维分布数据的主要关键特征有三个：①分布范围；②分布中心；③分布形状。这种分布的统计特征描述方法通常有"三点表征法"和"五点表征法"。所谓"三点表征法"，就是用最大值、中心值和最小值这三个特征值来描述一组数据的分布情况；"五点表征法"则是用最大值、上四分位值、中心值、下四分位值和最小值这五个特征值来描述一组数据的分布情况。

对于具有一维分布关系的数据可视化，主要的图示法有直方图、细条图、茎叶图、箱形图等。考虑到实际应用情况，在这里，我们只简单介绍一下直方图的技术与应用。

直方图在外观上看起来与柱状图有相似之处，都是由一根一根直立着的数据柱构成的，但是，直方图中每根数据柱之间是没有间隔的，并且按照一个维度顺序排布。如果数据是一个区间，那么每个数据区间一般都是相同的，比如1～10、11～20、21～30这样依次排列。在图形中，最好能同时呈现出三点或五点表征。

如图4-17所示就是一个供应商交货周期时间数据的分布示例。

5. 多维分布关系

前面我们已经介绍了多维分布关系的概念。在实际工作中二维分布关系是大家最常见的、相对容易用可视化进行呈现的分布关系；当然，三维分布关系也可以用立体图示法进行体现。在这里我们主要介绍的是二维分布关系的可视化图示法，主要有热图、泡泡图和地图等几种。下面就这三种主要图示法逐一给予介绍。

（1）热图。生活中最常见的热图可能要数天气预报中用到的、显示各个地区气温、降水量、干旱程度等信息的气象地图；另外一个常见的例子就是监控物体（包括人和动物）体温的远红外成像图。如图4-18所示是生活中常用的热图示例。

热图的应用变得越来越广泛。比如很多企业使用热图来呈现所有品类以及每个品类到当前日期为止的总采购金额，即使用横纵两个坐标维度构成的面积表示采购金额，以不同的颜色代表不同的品类（见图4-19）。

还有一种常见的做法，就是以横纵两个坐标分别代表两个不同的考虑维度，而这两个维度相结合构成了一个 $m \times n$ 的矩阵，分割出 $m \times n$ 个象限或区域，再使用不同的颜色及亮度来表示每个象限或区域所对应的特性或某个特征的程度水平。图4-20就是针对某个特定品类，每一列对应某种供应风险，每一行对应某个供应商的矩阵图，矩阵中的颜色从浅到深，标志着某供应商在某项风险方面的高低。

第4章　品类管理中的数据准备与可视化　121

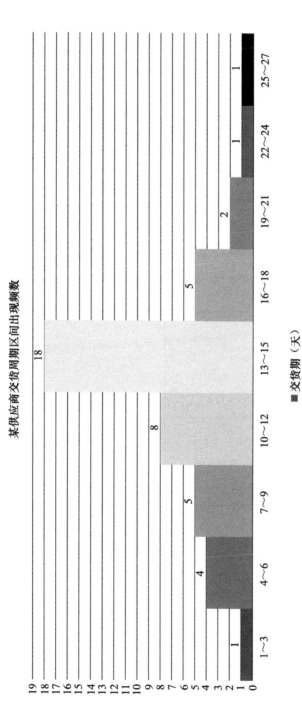

图4-17　反映某供应商交货周期时间分布的直方图示例

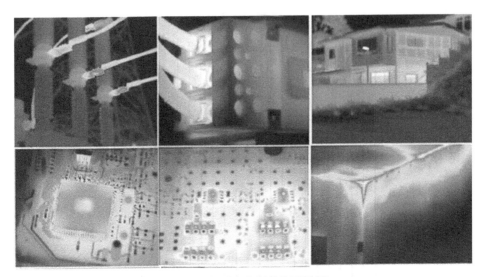

图4-18　生活中常用的热图示例

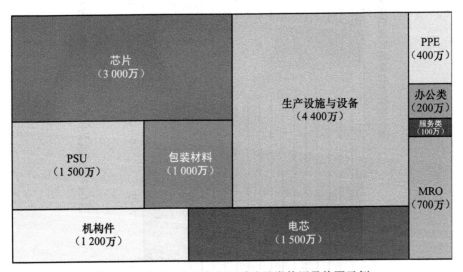

图4-19　过去12个月各主要采购品类使用量热图示例

由于今天的显示器以长方形的平板型显示器为主流,热图因此被认为是利用平板显示器可利用面积最充分的一种图示法。

(2)泡泡图。泡泡图的作用通常是将某个品类或细分品类放进一个矩阵中,然后用颜色来分辨其品类或细分品类名称,再用面积大小来表示该品类或细分品类的支出金额或者用金额或百分比表示的降本机会,等等。

图 4-21 中就是在一个卡拉杰克矩阵中放入几个研究分析中的细分采购品类的实例。图 4-22 中则是利用地图的经纬度作为两个坐标定位出两个子品类使用地所在区域,再用泡泡图来表示每个使用地在每个子品类上的支出金额。

风险类别	断供风险	质量风险	涨价风险	延误风险	社会责任风险	财务风险
供应商A						
供应商B						
供应商C						
供应商D						
供应商E						

图标: | 极低 | 较低 | 中等 | 较高 | 极高 |

图4-20 某公司各供应商各类风险热图示例

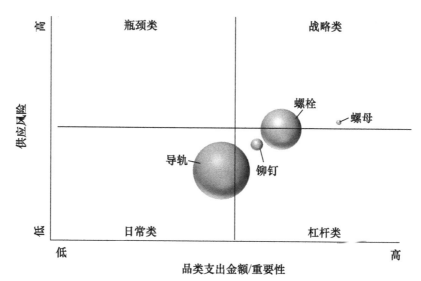

图4-21 用来定位品类所处象限的泡泡图示例

(3) 热图与地图的结合。直接使用地图上的国家或行政区域作为研究范围,再辅之以热图,即用从浅到深的颜色填充方式将某项特征值的分布情况表示出来。这一特征值可能是资源、产能、销量、用量等,也可能代表着某种风险或关系。图 4-23 就是将美国各州某种商品的价格按低、中、高（1=低；2=中；3=高）的分布情况利用地图与热图的结合方式进行呈现的一个示例。

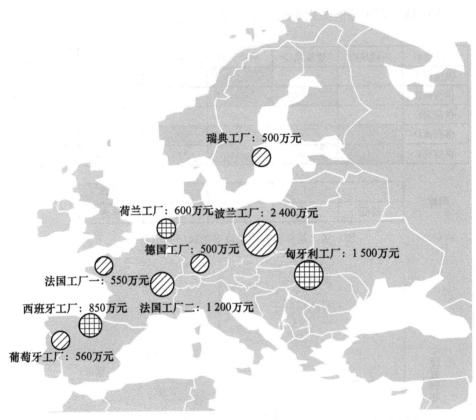

图4-22　两个细分品类在不同地区的支出金额分析地图/泡泡图示例

6. 相关关系

数据间的相关关系主要有四种：

- 一个变量的变化引起另一个变量的变化，即因果关系。
- 两个变量同时受到其他变量的影响而产生同步变化。
- 两个变量之间没有直接因果关系，但同时与另外一个变量有关联。
- 由于数据的不充分或偏倚所造成的假性相关关系。

描述相关关系的关键特征指标有三个：方向、强度和形状（直线或曲线）。

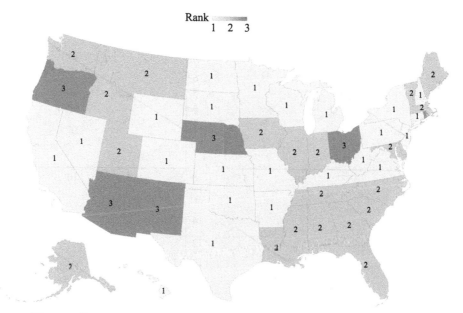

图4-23 使用地图与热图相结合的形式揭示某商品价格在美国的分布情况

注：此处仅为示意，非真实数据。

其中，相关分析的方向和形状都是很好理解的，方向描述的是两组数据是正相关还是负相关；形状则反映出两组数据是线性关系还是非线性关系，线性关系的形状就是直线，非线性关系的形状就是曲线。描述相关关系强度的统计性描述方式主要有两种，即相关系数 r 和判定系数 r^2。虽然这两个系数都可以用来确定线性相关的强度，但需要注意的是，图 4-24 中的四组数据的两个系数完全一样（$r=0.82, r^2=0.67$）[⊖]，图形却完全不同。所以，在相关关系分析中需要同时使用数字与可视化图形来描述。

在进行相关关系可视化时，可以从中直观地观察到以下几个重点问题。

（1）图的形状：直线还是曲线？

（2）图的形状是曲线的话，方向上呈现出什么特征？是单向变动还是双向变动的？

⊖ ANSCOMBE F J. Graphs in Statistical Analysis [J]. American Statistician, 1973(27): 17-21.

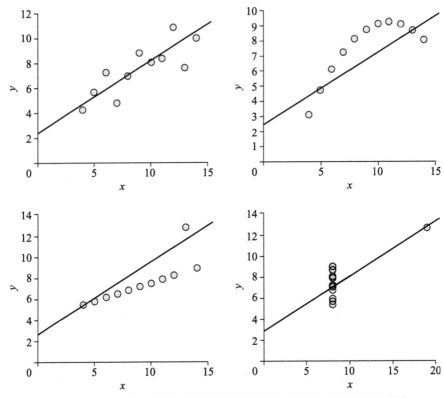

图4-24 相关系数与判定系数相同但图形完全不同的四张相关关系图

（3）如果是单向变动，那么是指数特征还是对数特征，或是其他什么函数特征？这一点可以在 Excel 中通过"添加趋势线"这个操作，将图形的函数特征与内置的各种函数曲线特征进行比对来得到答案。

（4）如果是双向变动，图形是往上凸起还是向下凹呢？抑或是 S 形曲线，比如产品生命周期曲线的左半部分那样？

（5）数据是否存在聚集现象？

（6）数据是否存在空隙现象？

总结下来，就是要看到两个主要特征，即形状和异常值。

相关关系分析可视化中所使用到的图示法，主要就是散点图。图 4-25 描述了某供应商的纸箱报价与纸箱展开面积之间的相关关系，从图中可以看出，大部分价格数据点都围绕着中间的直线有序分布，只有 M 点的价格远离直线，呈现出"异常值"的特征。

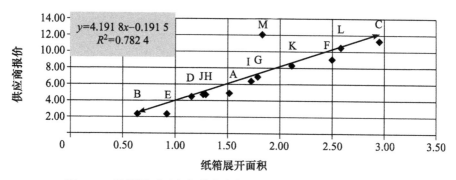

图4-25 纸箱展开面积与供应商报价之间相关关系分析图示例

到这里，我们已经将品类管理分析中所需要收集和整理的数据、对这些数据进行分析的目的与意义，以及根据数据之间的关系特征来选择合适的可视化表现形式（即图示法），做了比较详细的阐述。这样就为我们利用品类管理 5S^2 法进行品类管理所需的各项分析奠定了基础。

03
第三篇

"品类管理"战略计划与实施全流程

———

我们已经用两篇共四章的篇幅对品类管理的定义、起源、意义、品类管理与战略采购之间的关系，品类管理所需数据、数据来源、数据分析的目的与意义，以及可视化技术与应用等基础知识，给出了比较详细的介绍。在接下来的第三篇——本书最核心的部分，我们将用六章的篇幅对品类管理战略与计划的制定和实施全流程，做出更加详尽的阐述，其中会穿插来自不同行业的、大量的真实案例。

首先，我们来到本书的第 5 章，这一章将全面地介绍品类管理 $5S^2$ 法的五大步骤，包括每个步骤的目的、任务、基本工具及表单。

好的，那就让我们一起继续在品类管理的神奇空间遨游吧！

———

第 5 章

品类管理 5S² 法全流程概述

我们虽然已经理解了何为品类、何为品类管理，但是品类管理是一个过程，这个过程中究竟有哪些步骤？每个步骤的目的是什么？主要任务有哪些？会使用到什么工具？有什么可以借鉴的表单呢？

首先，我们为大家准备了一张表（见表 5-1），从这张表中，读者可以对上述问题的答案有一个概括性的认识。

从表 5-1 中可以看出，品类管理 5S² 法一共包括五个步骤，每个步骤里都有两个关键词，这些关键词的英文的首字母都是 S，构成了 S²，因此我们将之命名为"5S² 法"。具体来说，它们是：

- $1S^2$——segmentation & scoping，即"品类划分与范围界定"。
- $2S^2$——stakeholder & specification，即"干系人及品类要求分析"。
- $3S^2$——supplier & supply Market，即"供应商及供应市场分析"。

表 5-1　品类管理 5S^2 法战略制定流程与工具

流程步骤	工作内容	工具与模板
步骤一： 品类划分与 范围界定	● 建立与检讨品类划分体系 ● 构建品类管理团队、敲定 sponsor ● 分析品类支出历史、现状与趋势，发掘品类管理改善机会	● 品类树 ● CMT 团队一览表及 RACI 矩阵 ● (SOP)^2 分析：支出与现状、机会与目标、建议与计划 ● 品类管理章程 / 甘特图
步骤二： 干系人及品 类要求分析	● 检讨内部干系人（及其他品类管理利益相关方）的重要性排序 ● 确定内外部干系人的需求与期望，并进行必要性分析 ● 确定品类的采购要求属性定位	● 利益相关方矩阵与分析图表 ● 干系人沟通计划表 ● 品类需求金字塔 / 品类要求分析表及必要性分析 ● 品类要求属性矩阵
步骤三： 供应商及供 应市场分析	● 分析在用及潜在供应商 ● 分析供应市场（供给侧行业分析及需求侧市场分析） ● 分析外部环境及采供双方之间的博弈力量	● 供应商一览表 /SWOT 分析 / 供应商偏好矩阵 ● 供应市场四象限分析；市场分析概要 ● 成本要素与动因分析 / 价值链图 / 技术路线图 ● PESTLE 分析；波特五力分析
步骤四： 品类管理战 略及实施 计划	● 实施品类风险 / 价值分析，确定品类管理战略大方向 ● 制定品类管理的分项策略，完成品类管理战略组合 ● 分析品类管理潜在风险，制定风险管理战略与计划 ● 拟订品类管理与战略实施计划 ● 战略计划的呈报、沟通与批准	● 品类风险 / 价值矩阵（卡拉杰克矩阵） ● 供应商关系定位矩阵 / 供应商管理（SRM）策略选项表 ● 品类管理战略组合汇总表 ● 供应风险识别矩阵 / 风险后果分析矩阵 / 风险剖析矩阵 ● 品类管理战略简报 ● 战略实施计划表 / 甘特图
步骤五： 品类管理战 略的实施与 优化	● 实施品类管理战略与计划 ● 定期检讨品类管理有效性 ● 适时进行战略调整与更新	● 供应商准入与选择漏斗图 / 供应商准入"几何评估法" ● 品类管理绩效评估 KPI/SPR & SSR 会议 / 供应商状态清单 ● 供应商动态分级管理 / 供应商生命周期管理金字塔 ● 供应风险监控表 ● 重复使用并持续优化前四步中的工具模板

- 4S^2：strategy & schedule，即"品类管理战略及实施计划"。
- 5S^2：sustaining & shaping，即"品类管理战略的实施与优化"。

有了这个基本概念，接下来我们就用 5 节分别介绍每个步骤的目的、主要任务、可用工具及推荐表单。

5.1 1S²：品类划分与范围界定

无论是出于提供品类管理专项辅导，还是出于提供与采购管理相关的其他基础性或专题培训，我们走进过不少家企业。基本上，每家企业都会将本企业所需的材料、物资、产品或服务进行分类，通常也会指定专人负责和管理某个采购分类。

然而，我们在实践中发现，很多企业内部的分类并不能真正称之为品类划分，即使有的品类划分是合理的，也没有进一步对"品类管理中需要基于具体问题具体分析的原则，对业已划分好的品类进行合并或细分管理（通常被称为'聚类或分类分析'）"这一品类管理的核心问题加以深思熟虑。因而，也就没能真正在实践中发挥出品类管理的全部价值和作用。

那么，就让我们一起来了解一下品类划分的目的、基本原则与方法。

5.1.1 品类划分的目的

在实践中，我们常常会遇到这样的场景：一个采购人员从内部收到了某个采购需求申请，假设是一个成本分析培训与辅导方面的服务需求。这个采购人员发现自己之前没有接触过能够满足这个需求的培训服务商，但是他想起来曾经有一家服务提供商为他们公司提供过项目管理认证培训，于是就找到这家培训服务提供商的联系方式，拨通对方的电话，询问对方是否能够提供成本分析培训与辅导服务，往往得到的是肯定的答复；放下电话，他觉得需要货比三家，于是又在几个社交平台上向朋友或其他同人打听有没有接触过做成本分析培训与辅导的专家或机构。当然，他最后又获得了一些资源。接着，他就向这几家服务来源发出了询价请求，获得了报价后，利用自己的专业技能与各方讨价还价一番，最终敲定了其中的一家，签署了培训服务协议。再后来，成本分析培训与辅导如期而至，最终的交付成果可能被内部需求提出者所认可；但是，也常常出现完全不被认可、不得不从头再来的情况。

说到这里，可能不少读者都觉得上面的经历很眼熟，也很正常，这不就是寻源，这不就是采购吗？对！这就是寻源，这就是采购！然而，这只是随机性的寻源与战术性的采购过程，寻源与采购的结果往往无法得到保障。而公司的先期成本、内部客户部门的几十个人的时间成本，以及采购自己的各种劳动成本，都已经发生了。这就造成了"浪费"，也很可能让内部客户对采购职能的作用、效率和专业性产生怀疑！于是，像"采购不就是花钱吗，这谁不会"这样的声音就会不绝于耳。

那么，我们该怎样做才能避免这种尴尬的局面呢？答案就是从"品类"入手，针对品类预先建设完成值得信赖的供应商资源池！做好这件工作的第一步，就是前瞻性地、科学地划分好品类，从而不至于事到临头到处抓瞎。

下面我们就来探究一下，一个企业究竟应该如何科学合理地划分其采购品类。

5.1.2 品类划分的认知误区

几乎所有企业都会根据所需采购的产品或服务与其向客户交付的产品或服务之间的关联程度，将采购标的划分成直接与间接两大类采购范畴，并据此将采购职能划分为直接与间接采购两大职能部门。这是企业的整体组织架构问题，并不符合"品类"的概念。对于品类管理者而言，多数情况下是没有能力，可能也没有十分的必要去打破这种划分体系的。但是，一位合格的品类管理者需要知道，一家企业中直接采购标的与间接采购标的的性质以及供应来源很可能是相似甚至相同的，因此要能够从聚类管理的角度出发，仔细斟酌这些具有共性的，但分属于直接与间接采购职能管理下的产品或服务，是否存在合并管理的可能性，从而发挥品类管理为企业提升价值创造能力的作用。比如，某家系统级企业向客户交付的物品中包括一些通用类的IT设备，而本企业的间接采购中也有功能属性、供应来源相同的IT设备，那么它们是否可以进行聚类管理以获得更大的杠杆效应呢？这是品类管理者需要思考的地方。

除了将采购标的划分为直接材料与间接材料外，还有很多企业根据采购标的的物资属性将之划分为设备、MRO、工装模具、包装物、生产性原材料（常常也称为"BOM 物料"）、生产耗材、服务、软件、工程项目等类别，这些也不符合我们这里正在研究的"品类"，而是笼统的"采购大类"，仅仅是划分品类的一个起点。**真正的"品类"是根据采购标的的内外部属性的相关性与相似性来划分的，简明扼要地来看，只有当内部属性（即需求本身的特征）具有相关相似性，同时外部属性也具备相关相似性（即存在一群产品或服务范围相同、能够满足企业内部需求的外部供应来源）时，才能将这些需求进行整合，并称之为"品类"。**

5.1.3 品类划分的基本原则与方法

到底如何划分品类？本小节我们分两部分进行介绍。

1. 品类划分前的准备流程

首先给出一个笔者推荐的划分前的准备流程，具体如下。

（1）明确本企业所要提供的产品或服务领域，并细分成若干产品线或服务领域。

（2）对产品或服务门类进行分解分析，以确定所需要的、通过采购职能获取的外部资源。

- 在企业所提供的产品或服务基本构成要素的直接采购范畴内的外部资源：将产品或服务进行分解，分析和确定所需外部资源。对于产品而言，所需的外部资源以各类原材料、零组件和子系统为主，但也包括单纯的设计、加工、包装等服务，以及各类软件；对于服务，所需的外部资源既可能有系统和设备等硬件，也可能有各类服务和软件等。
- 企业提供产品或服务所需的其他支持性外部资源，即间接采购范畴：这一范畴的覆盖面通常比直接采购的覆盖范畴要广很多，涉及的行业和门类也要多得多。企业在战略及经营规划层面上，就会形成一张支持企业战略与经营计划所需的资源清单。这张清单（见表 5-2）里会包括各个方面的资源及其获取方式和责任部门等信息。

表 5-2 企业经营所需资源清单表示例

资源属性	资源种类	获取方式	责任部门
人力资源	企业各类管理、技术及操作人员	招聘	HR 部门
财务资源	投融资	发行股票、债券	财务部门
基础设施	生产厂房与设施	自建或租赁	采购与基建部门
	仓储物流	自建或租赁	采购与基建部门
	IT 基础设施	自建或租赁	采购与 IT 部门
设备工装	生产设备与工装	采购或租赁	采购与生产技术部门
	IT 与办公设备	采购或租赁	采购与 IT/行政部门
	物流设备	采购或租赁	采购与物流部门
	检测设备	采购或租赁	采购与质量部门
	其他设备	采购或租赁	采购与用户/分管部门
	设备运维材料与服务	采购或租赁	采购与用户/分管部门
市场营销	广告促销品与礼品	采购	采购与市场部门
	市场研究服务	采购	采购与市场部门
行政采购	办公设备	采购或租赁	采购与行政部门
	办公用品	采购	采购与行政部门
	差旅与会展（MICE）	采购或租赁	采购与行政/用户部门
专业服务	法律、保险、融资、财务、猎头、短期用工、管理咨询与专业培训等	采购外协	采购与用户部门
软件	各类非生产软件	采购或租赁	采购与 IT/用户部门

（3）通过上一步了解了企业所需从外部获得的所有资源信息后，绝大多数企业都会沿着直接和间接两条主线，根据各种需求的基本属性进行采购大类的划分。

- 直接采购大类划分：不同的行业在直接采购大类的划分上的差异通

常比较大。但大多数离散型机电产品制造行业的企业会设有电子电工（EE）、机械机构（ME）、包装辅材、外协服务、软件等几大类，流程性制造行业会设有原辅料类、化工原料类、内包装、外包装、外协服务等几大类。

- 间接采购大类划分：间接采购在大类划分上的行业差异相对小一些。一般来说，会分为基础建设、设备采购与运维、MRO物料、专业服务、软件产品、市场营销与行政采购等几大类。

要特别注意的是，这一步的分类结果，总体而言并非本书中所说的"品类"。企业之所以进行这样的分类，主要目的是便于设置采购组织的高阶部门与岗位。品类管理工作经验丰富的企业，常常会设有一位大类经理，便于从聚类管理角度出发统筹管理采购大类，最大化地发挥企业合并采购的杠杆作用。

2. 品类划分的原则和建议

有了上一步的大类划分，一般来说就可以着手进行"品类"划分了。品类划分的终极目标是："**可以对一个品类或细分品类进行有针对性的品类管理分析，并能够制定出可以落地且行之有效的，包括货源策略、供应商关系管理策略和采购实施方法策略等在内的品类管理组合战略。**"要达成这个终极目标，在品类划分和品类范围界定时就需要遵循一个基本原则，这个基本原则包括两方面内容：

- 一方面，要从产品或服务在功能、结构、材料、服务内容等几个需求属性方面来考察需求的相关相似性。
- 另一方面，要从生产设施设备、工艺流程、加工材料、产品标准、制程精度、目标客户等供应属性方面来考察供应市场的结构性和可得性，从而确保采购方将一组具有需求属性相关相似的产品或服务整合为一个"品类"时，存在一个与之相呼应、专门供应这些需求属性相近的品类的供应商群体。

为了实现这个终极目标和符合这个基本原则，我们需要将采购大类划分成若干个层级（可以称为"n 阶品类"）。首先，在进行一阶品类的划分时，多数企业会在一阶品类的层面上设置"品类经理"岗位；在考虑到一阶品类之间的相关性以及人力资源的利用效率时，企业也可能任命一位"品类经理"同时负责管理若干个一阶品类；同时，也有可能因为一阶品类范围过于宽泛，而根据用途、技术和供应市场细分情况，继续细分成更加聚焦的二阶品类，并在二阶品类层面上设置专职"品类经理"。当二阶品类依然过于宽泛时，就需要继续细分出三阶品类、四阶品类或五阶品类。在多数情况下，划分出 3～5 阶品类，就足以实现品类划分的终极目标。

对于品类划分的方法，我们给出如下几条基本建议。

- 对于直接采购范畴中的电子电工件，通常按照功能来划分，比如先分为一阶品类，如功能性 IC 芯片、存储器件、被动类电子元器件、连接器件等；接着再将功能性 IC 芯片继续细分为 CPU、GPU、功率半导体、射频器件、传感器、光器件等，存储器件下的半导体存储器件继续细分为易失性存储半导体（如 DRAM）和非易失性存储半导体（如 NAND、NOR 等）。如此逐一推演。

- 对于直接采购范畴中的机械机构件，通常可以首先根据材料来划分成金属类、塑料类、橡胶类等几个一阶品类，再按照结构与工艺制程将金属类划分成金属原材料、冲压件、钣金件、铸造件、切削件等。同样的原则，可以将塑料类细分为塑料原材料、注塑件、吹塑件、挤塑件等。

- 对于直接采购范畴中的包装辅材，一般会根据材料、结构和工艺划分成纸箱类、托盘类、彩盒类、瓶管类、特殊容器类、发泡类、包装袋、包装膜、捆扎类等。由于多数企业花费在包装辅材上的采购支出金额，相较于企业全部直接采购金额（更不用说相比企业的所有采购支出总金额）占比很低，因而很多企业可能就以包装辅料大类为对象，而不会在真正的品类层级上设置一位专职"品类经理"，甚至有可能将直接采购中的包装辅料与间接采购中其他类似物料（很可能包括 MRO）全部合并在一起，由一位专职"品类经理"来管理。这样做在实践中"存在即合理"，但不能因为存在这种情况就扭曲对品类的理解，忽略其中一些对企业的产品竞争力和市场口碑具有重大影响的、属于真正意义上的"品类"的专业管理。

- 对于直接采购范畴中的外协服务，一般会根据服务的内容分成产品设计服务、制造代工服务、物流服务等。与包装辅料类似，很多企业也会将这一直接采购大类与间接采购范畴中的相似服务合并管理；另外，由于服务的专业性与特殊性，采购在诸如产品设计服务、物流服务等方面的专业管理能力可能有所欠缺，因此研发部门、物流部门常常会介入，甚至主动承担这些服务采购的管理工作。

- 对于直接采购范畴中的软件，一般是指作为最终交付的产品或服务中的组成部分的软件，与大多数企业中采购的用于企业管理及商业决策的辅助软件是存在区别的，后者多数归属于间接采购范畴。但在管理方面，此处的软件与包装辅材、外协服务都非常相似，也会与间接采购中的软件需求及采购合并管理，并需要 IT 专业人员的高度参与。

- 对于间接采购范畴中的各个大类，多数企业会像前述表 5-2 "企业经营所需资源清单表示例"中的资源种类来划分一阶品类。但是由于间接采购范畴实在过于宽泛，想要对这样分出来的一阶品类进行品类管理，往往是无效的。这就势必需要继续细分出二阶品类，甚至三阶品类。比如对于芯片制造企业而言，如果将"生产设备"定义为一阶品类的话，那么至少要继续细分成"光刻机、刻蚀机、气相沉积设备、抛光设备、显影设备、清洗设备"等二阶品类，才可能进行有针对性的品类管理分析，必要时还要继续将品类拆分成若干个"细分品类"来制定可以落地、行之有效的品类管理战略。当然，对于非重复性的、价值不高的设备，管理颗粒度上并不需要这么细。

由于企业的采购标的各种各样、纷繁复杂,我们很难一次性地给出更加翔实细致的品类划分描述,而且品类的划分、聚合与细分,也会随着企业业务范围的调整、供应端商业模式及产品技术和工艺制程的发展而不断发生变化。我们在这里给出的一般性原则与方法,只是给读者参考与启迪,每家企业的品类划分都需要读者在实践中反复思索、对标、检讨和调整,才能够日趋合理与完善。

按照上述方法划分好品类体系后,多数企业会使用"品类树"来勾勒品类体系的全貌。表5-3中给出了以某直接采购大类为分析对象的"品类树"简化示例,供读者参考。

表5-3 某直接采购大类的"品类树"简化示例

采购大类	一阶品类	二阶品类	代码
机械机构类	金属件	金属机箱组装件	MCA
		金属机架组装件	MRA
		金属组件	MAS
		金属铸造件	MC
		金属挤出件	ME
		金属冷墩件	MCF
		金属切削件	MA
		金属压力成型件	MM
		金属螺杆车削件	MT
		金属预制件	MF
		金属冲压件	MS
		金属原材料	MR
	塑料件	塑料组装件	AP
		塑料浇铸件	PC
		塑料挤出件	PE
		塑料成型件	PF
		塑料切削件	PA
		注塑成型件	PM
		塑料原材料	PR

(续)

采购大类	一阶品类	二阶品类	代码
机械机构类	模切件	贴装胶	DC
		密封垫	
		橡胶模切件	
		塑料模切件	
		其他	
	五金标准件	紧固件	HF
		管件	HP
	泵		PU
	镜头		LN
	键盘		KP
	散热器		HS
	光伏玻璃	有抗反射涂层	SG
		无抗反射涂层	
	涂料	涂料	PT
		稀释剂	
		油墨	

5.1.4 品类支出与现状分析

划分好品类，画出品类树，就可以着手对品类支出及现状进行分析了。品类支出与现状分析的内容和意义在第4章中介绍过，在第6章中我们还要以真实案例向大家展示支出与现状分析的可视化方法等内容，这里我们所要强调的是，进行品类支出与现状分析是品类管理团队的重要工作任务之一，因此，首先我们需要构建好品类管理团队（见表5-4）。

从表5-4中，可以看到14个一级品类，以及每个品类的重要性排序（从1到14）。再往下看，就可以看到包括品类经理、研发工程师、供应商

表 5-4 分品类构建的品类管理团队示例

品类团队	中央处理器	电源供应器	非易失性存储	易失性存储	印制线路板	开关转换器	总线适配器	线缆	网络接口卡	机柜	机构件	包材	电池	被动元器件
重要性排序	1	2	3	4	5	6	7	8	9	10	11	12	13	14
品类经理	×××	×××	×××	×××	×××	×××	×××	×××	×××	×××	×××	×××	×××	×××
研发工程师 (R&D)	×××	×××	×××	×××	×××	×××	×××	×××	×××	×××	×××	×××	×××	×××
供应商质量工程师 (SQE)	×××	×××	×××	×××	×××	×××	×××	×××	×××	×××	×××	×××	×××	×××
测试工程师 (TE)	×××	×××	×××	×××	×××	×××	×××	×××	×××	×××	×××	×××	×××	×××
产品经理 (PM)	×××	×××	×××	×××	×××	×××	×××	×××	×××	×××	×××	×××	×××	×××
商务总负责人	×××	×××	×××	×××	×××	×××	×××	×××	×××	×××	×××	×××	×××	×××
技术总负责人	×××	×××	×××	×××	×××	×××	×××	×××	×××	×××	×××	×××	×××	×××

质量工程师、测试工程师和产品经理在内的品类管理核心团队成员，以及为品类管理团队提供资源支持和协调，并对某个品类管理团队的最终成果负有终极责任的商务总负责人和技术总负责人（成员名字都以"×××"代替）。图5-1展示了品类管理团队与各方之间的关系，其中包括总负责人、与品类管理有利害关系的内外部干系人，以及作为"润滑剂"来化解品类管理团队与其他各干系人之间冲突的"助推者"。

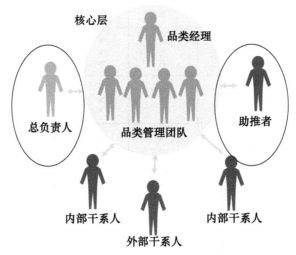

图5-1 品类管理团队与各方之间的关系示意图

确定品类管理团队后，还要列出品类管理过程中的各项任务，并就每项任务进行责任分配，这就形成了如表5-5所示的RACI（责任分配矩阵）。

表5-5 RACI（责任分配矩阵）

任务	项目采购	品类经理	项目经理	财务	供应商	采购总监	研发	供应商质量
1. 询价文件包集成			A			I	R	R
2. 询价文件包发布	I		A			R		
3. 首轮报价——发放与反馈	R	C			I	A		
3.1 技术规范沟通与确认/招标前会议	A	C	I		R	I	R	R

(续)

任务	项目采购	品类经理	项目经理	财务	供应商	采购总监	研发	供应商质量
3.2 供应商报价评估	A	I/C			I/C			
3.3（可选）针对机械物料的规格评估	R	C			R	A	C	C
4. 价格谈判与确定	A/R	R			R			
5. 定点决策委员会	R	R	R	R		A	R	R
6. 发包决策与合同审批						A		

所谓 RACI，其实就是四个英文单词 responsible、accountable、consulted 和 informed 的首字母缩写，对应的中文意思分别是职责、担责、支持和告知。前文已有提及，此处再稍作介绍。

- **职责（R）**：每项任务中被标识为"R"的部门或个人，都是这项任务的直接工作部门或成员之一，共同完成这项任务是其职责所在。
- **担责（A）**：每项任务中一般只有一个部门或个人被标识为"A"，意思是这项任务是否按照计划完成及完成的结果怎么样，最终应该由这个部门或个人担责。
- **支持（C）**：每项任务中被标识为"C"的部门或个人，都有义务在被咨询时，向咨询者提供他们需要的、与完成他们所负责任务有关的情报和数据等输入信息。
- **告知（I）**：被标识为"I"的部门或个人，都应该被告知该项任务完成后的结果或输出信息。

分配好品类管理职责后，就可以按照第 4 章及第 6 章里的支出及现状分析方法，着手完成各项分析内容，最后会形成如图 5-2 所示的"(SOP)^2"总结，以及如表 5-6 所示的"品类管理章程"。

```
                    (SOP)² ——品类A
              S²：支出及现状分析（Spend & Situation）
• 公司所有采购年总支出金额200亿元，品类A年采购金额10亿元，占比达5%；在硅片生产主材总采购支出中占比大于80%；生产
  用切割液、塑料板，以及拉晶用石墨、C/C、氩气等材料在硅片生产主材总采购支出中占比不到20%
• 品类A的使用部门一共有四个，使用量占比分别为：A，50%；B，30%；C，10%；D，10%
• 目前月耗用量为80万千米，未来三年（2020～2022年）年均复合增长率超过50%，2020年预估月耗用量150万千米
• 在用供应商有三家，采购分配分别为：A，80%；B，8%；C，12%
• 在用供应商产能利用率普遍较低，毛利率较高，大于30%
• A供应商在公司的采购配额中占比最高，但曾经由于交付延误问题，给公司造成较大停产损失

              O²：机会与目标（Opportunities & Objectives）
• 公司对品类A需求巨大，且未来增幅接近90%，存在较大降本机会：
    • 优化货源，保障供应
    • 促进竞争，降低采购成本
    • 与在用供应商进行成本要素分析和谈判，获得成本削减

              P²：建议与计划（Proposal & Plan）
• 启动品类管理战略规划流程，制定面向2020～2022年的品类A管理战略
• 收集最新货源及供应市场资讯，引入2～3家新货源
• 运用招标采购和谈判采购方式，获得最优采购价格
• 在满足最优采购价格要求的货源之间，重新合理分配采购份额
```

图5-2 "（SOP）²" 总结

表 5-6 品类管理章程

品类管理章程——采购品类 A			
品类范围（确定品类范围及边界）：品类 A			
目的（为什么建立该品类管理团队）： ● 优化货源，保障供应 ● 促进竞争，降低采购成本		团队成员、角色与职责	
^		姓名	角色
^		总负责人的姓名	总负责人
^		推动经理负责为整个项目提供帮助和协调，帮助消除项目进程中的各种障碍，批准各个阶段的交付成果，确保获得高层管理者的支持，协助与关键利害关系人进行有效沟通，以及其他所需支持	
目标（该品类管理团队有哪些量化管理目标）： ● 增加 2～3 家新货源 ● 降本 10%		品类小组组长的姓名	品类小组组长
^		品类小组组长负责协调推进具体项目的进度，确保按时完成交付成果，以及各成员职能部门的有效参与	
^		核心小组成员的姓名与部门	核心小组成员角色与作用
^		核心小组成员的姓名与部门	核心小组成员角色与作用
关键交付成果与时间：		核心小组成员的姓名与部门	核心小组成员角色与作用
阶段一：供应商调查与准入评估（5～6家）	计划交付时间：2019.10.20	核心小组成员的姓名与部门	核心小组成员角色与作用
阶段二：供应商竞标、谈判与选择（3～4家）	计划交付时间：2019.11.15	核心小组成员的姓名与部门	核心小组成员角色与作用

(续)

品类管理章程——采购品类 A			
阶段三：新供应商过程与产品验证	计划交付时间：2019.12.31	扩展小组成员的姓名与部门	核心小组成员角色与作用
阶段四：供应商正式批准（AVL）	计划交付时间：2020.6.30	扩展小组成员的姓名与部门	核心小组成员角色与作用
项目完成：项目后评估	计划交付时间：2020.7.15	扩展小组成员的姓名与部门	核心小组成员角色与作用
约束与限制： ● 研发与生产部门的配合程度 ● 品类小组成员的可参与时间		核心小组成员须积极参与小组研讨会（workshops），准时完成所承诺的工作，积极推动小组项目的进展与成果交付	
		扩展小组成员是应邀临时参与小组项目某个具体研讨会，提供信息或咨询的人员，无须参加所有项目会议	
		沟通负责人姓名	沟通负责人
		沟通负责人须按照一致同意的《沟通计划》，与所有小组成员、利害关系人进行有效沟通，帮助项目得以顺利推进	

5.2 2S^2：干系人及品类要求分析

按照 5S^2 法来进行品类管理分析并推演出采购战略与计划的过程中，一旦明确了所要管理和分析的品类，就可以着手分析与该具体品类采购及管理活动具有利害关系的内外部干系人，以及他们对该品类在采购供应方面的各种要求。

从企业实体的边界来划分，可以将干系人划分为内部干系人和外部干系人两大类。内部干系人是指对某一具体品类的管理战略的制定会产生影响，或者会受到品类管理战略和计划影响的、与品类管理存在利害关系的、受雇于该组织的内部部门和员工；外部干系人是指对某一具体品类的管理战略的制定会产生影响或者会受到品类管理战略和计划影响的、与品类管理存在利害关系的，但在人事关系上不隶属于该组织的外部组织或个人。

5.2.1 内部干系人的分类与分析

从上面对干系人的定义出发，我们在这里将内部干系人划分成两大类：

- 对品类管理战略制定具有影响力的内部干系人。这一类干系人主要包括公司管理层、营销部门、研发部门、生产部门、财务部门、计划部门、物流部门和使用部门。
- 会受到品类管理战略和计划影响的内部干系人。这一类干系人主要包括营销部门、研发部门、生产部门、财务部门、计划部门、物流部门、人力资源部门和使用部门。

从两类干系人的构成来看，他们常常是存在交集的，也就是说，影响战略制定的干系人往往也是会受到战略和计划影响的干系人。一个典型例子就是：某一品类的内部用户部门，它们对品类的需求不可避免地会影响品类管理团队所要制定的品类管理战略；同时，在品类管理战略与计划制定后的实施过程中，它们又毫无疑问地会受到既定战略和计划的正面或负面的影响。比如，在货源策略的指导下，品类管理团队选择了来自东亚某个地方的供应商，那么运输距离过远的某个工厂就可能要储备更多的库存，以应对供应链被拉长而带来的不确定性，这种不确定性包括但不限于运输时间的延长，供应商交付准时率的下降或者进出口流程复杂化等。

虽然两类干系人往往是同一个部门或同一个群体，但是他们在战略制定中的影响力却不完全一样，受战略和计划影响的程度也不一样。比如同为使用部门，由于可能存在使用量上的悬殊，使用量大的部门往往具有更大的影响力；虽然研发部门和生产部门都是战略制定的影响者，同时也是战略和计划的被影响者，但是对于高科技行业来说，往往研发部门的影响力更大，而对于生产制造型企业来说，生产部门则可能具有更大的影响力。

因为存在着影响力和被影响程度上的差异，使得干系人分析变得意义重大。在现实世界中，我们能做到的是，尽可能地兼顾各方关系人的需求和利益，但很难做到让所有相关方同样满意。所以，我们必须"两利相权取其重,两害相权取其轻"地首先满足更重要的、更有影响力的内部干系人的采购需求和利益诉求。而其他可能没能得到充分满足的内部干系人,也要令其能够理解:任何一个决策都很难面面俱到,在这种情况下,全局最优是比局部最优更恰当的选择。

5.2.2 外部干系人的分类与分析

对于外部干系人,我们不从影响力和受影响程度这两个方面去区分,而是从外部干系人的角色对其加以划分,主要划分为以下五类。

1. 外部客户群体

这里的外部客户就是大家最常见的字面意义上的客户,是那些购买或可能购买一家企业所提供的产品或服务的组织或个人。

没有人会否认外部客户的重要性,我们都对"客户是上帝"这种说法耳熟能详了。但是,还是会有人认为,客户通常并非采购职能部门所要直接面对或服务的对象,他们能对采购品类管理战略有什么影响呢?为了直观地理解客户对品类管理战略的影响,我们举两个真实的例子供读者参考。

☞ 实例一

某美国手机巨头使用某家巨型代工厂作为手机生产服务的供应商,而这家代工厂被大众质疑是"血汗工厂",并有很多潜在客户抵制购买这个手机巨头的产品。结果,这个手机巨头不得不公布供应链名单,加入美国公平劳工协会(FLA)并支付六位数级的美元费用来接受FLA的调查,以确认该代工厂并非"血汗工厂"。如果结果刚好相反,那么势必会影响这个手机巨头的代工来源策略。

☞ 实例二

几年前一个手机巨头在其旗舰机型上官宣使用了读取速度在500MB/s以上的闪存芯片,而一些消费者在购买后发现,实测读取速度只能达到

200MB/s，拆机后才知道机器使用的是另一种闪存芯片。虽然都是闪存芯片，但基于技术性能的不同，供应来源也大相径庭。前者具有唯一供应来源的供应市场特征，而后者则具有供应来源充分、竞争较为激烈的另外一种市场特征。所以，即使是同一个品类，由于细分品类在供应市场上的属性完全不同，品类管理战略必然不完全一样，对客户的影响也是显而易见的；反过来，客户的消费诉求对品类管理战略也产生作用。结果，该企业的CEO亲自在微博上发文"深刻自省，迅速改进"，并发送邮件给全体内部员工，要求大家集体反思。凭借这样的反省和道歉的公共危机处理方式，这家公司最终获得了消费者的原谅。否则，这家公司的存储品类战略很可能就要重新进行调整。

上面的两个实例，应该足以让企业的高管与品类管理者感同身受地体会到，在品类管理战略制定中，对外部客户这一重要干系人进行分析的重要性。

2. 供应商

供应商群体的数量、供应商之间的竞争程度、供应商的技术能力、供应商眼中客户的重要性、供应商的配合意愿和配合度……这一切都会直接影响品类管理战略的制定。

因此，品类管理者必须对供应商以及由供应商组成的供应市场进行详尽的分析，这一点在第4章中已经给出了比较详细的阐述，这里不再赘述。

3. 政府部门及第三方非政府组织

政府部门往往会通过出台各种政策法规对行业和企业发挥约束和监管作用。企业如何经营，供应链如何布局，供应来源来自哪里，与供应商保持何种关系，以及采购方式的选择等，都会受到各种政策法规的影响。

例如，企业某品类的采购可能要满足招投标法的要求，包括要给予更广泛来源的供应商公平的投标机会，可能不得使用某些受限供应来源，给予供应商足够的时间准备标书等；另外一些品类的采购行为必须符合环保法律及政策的规定,包括不得使用含有某些重金属、化学品的产品货源,某些地区可能无法获得一些特定的对环境存在负面影响的表面处理供应来源等;还有一些采购需要符合某些第三方非政府组织(NGO)所倡导的自愿性标准,比如符合IATF16949标准、各类ISO标准等,才能顺利进入某个地区的市场。如此,林林总总。

因此,品类管理和战略采购管理者必须了解政府部门以及第三方非政府组织(NGO)对采购的各种活动所存在的约束、监管、指导和规范作用,再进一步去熟悉那些具体的法律法规、政策指令、规范标准等,从而制定出具有合规性、可实施的品类管理战略。

4. 投资人

投资人是一家企业生存所必需的资金"血液"的重要来源。投资人对企业进行投资,理所当然地期望获得经济上的合理回报率。回报率来源于企业所提供的产品或服务在市场上的竞争力、利润率和市场占有率等多项指标,而这些指标的达成无疑会受到供应保障的影响。因此,作为外部干系人之一的投资人也会对品类管理战略发挥间接的影响作用,而在被影响程度上则会更加直接和直观些。

在内外部干系人定性分析的基础上,可以用下面几张图表来记录和呈现分析结果。

(1)干系人定性分析表(见表5-7)。从干系人受品类管理战略及计划的影响程度、对战略制定的影响力,以及对品类管理团队的支持程度这三个维度来定性分析干系人的属性分类。

表5-7 干系人定性分析表

干系人定性分析表——采购品类A							
利益相关方姓名	所属部门	受影响程度	影响力	支持程度	利益相关方类型判定	备注
×××	市场部	1	2	1	非关键干系人	
×××	物流部	3	1	1	非重点关注对象,适时沟通即可	

(续)

干系人定性分析表——采购品类 A

利益相关方姓名	所属部门	受影响程度	影响力	支持程度	利益相关方类型判定	备注
×××	品质部	3	2	3	变革伙伴，维护关系，适时借力	
×××	生产部	3	3	1	重点关注对象，建议制订沟通计划	
×××	研发部	2	2	2	重点关注对象，建议制订沟通计划	

注：受影响程度，1——没有影响或影响轻微；2——有影响，但不触动利益；3——具有实质性影响。影响力，1——对决策缺乏影响力；2——对决策有影响力；3——参与决策。支持程度，1——明确表示反对；2——未置可否；3——明确表示支持。

（2）干系人分析图（见图5-3）。这是一张二维图，只从受影响程度和影响力两个角度将各个干系人在 5×5 矩阵里进行标识，让品类管理团队能够更直观地看出不同干系人的属性定位。

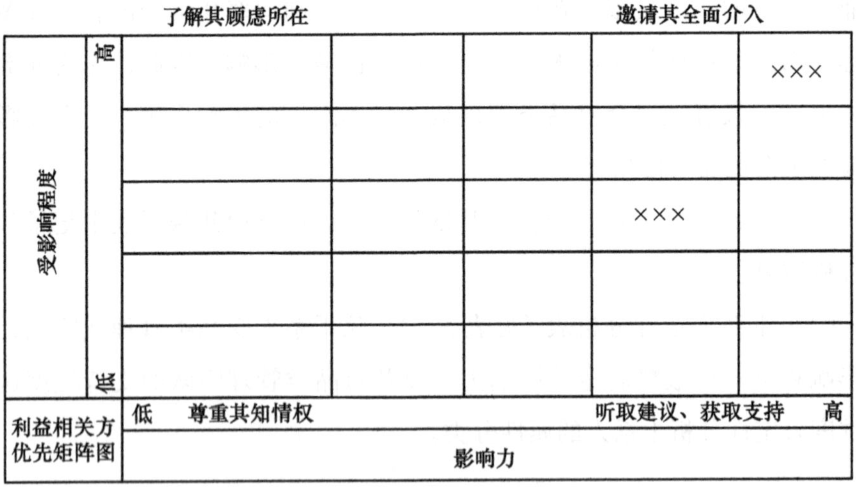

图5-3　干系人分析图

（3）干系人沟通计划表（见表5-8）。制作这张表的目的是，明确不同干系人对品类管理存在异议的原因后（转化成沟通目的），然后找出化解其异议的恰当方法（即要与之沟通的"信息内容"），再确定沟通媒介、沟通责任人和沟通时机。

表 5-8　干系人沟通计划表

干系人沟通计划表——采购品类 A						
沟通对象	沟通目的	信息内容	沟通媒介	沟通责任人	沟通时机
利益相关方/部门	如获得技术、人员、资金等支持，减少阻力，不再反对等	说服对方的具体理由、行为方法等	如面对面、电话等	谁去沟通	如每周例常、不定时
×××	澄清技术规格要求，提供产品认证支持	公司管理层指令引入新供应商，以便降低成本	电子邮件	品类经理	周会
×××	打消顾虑、减少阻力	供应商质量稳定性与一致性，对生产制程良率没有负面影响	面对面	供应商质量工程师/总负责人	周会

第 7 章会就这三张表背后的逻辑及应用方法给出更多的阐述。

5.2.3　品类要求分析

如前所述，对每一类内部或外部干系人进行识别和分析，就能识别和确定他们对某个品类存在的种种要求。我们尝试着把来自各方面的要求，参考马斯洛需求层次理论，总结出一个品类要求金字塔模型，如图 5-4 所示。

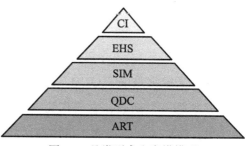

图 5-4　品类要求金字塔模型

我们来简述一下品类要求五个层次里的基本内容。

1. 第一层级（ART）

ART 是英文 availability of resource & technology 的首字母缩写。这一层级是分析企业为了保障某品类的供应对供应来源在基础资源和技术能力方面的要求。

这里所说的基础资源和技术能力主要包括：

- 研发、生产、质量管理、项目管理、客户服务等方面的人力资源。
- 可靠的融资渠道、充裕的现金流、稳定的收益与盈利渠道等财务性资源。
- 具有适合的机型规格、制程能力、数量规模、产能规模等设施设备资源。
- 具备研发、生产工艺、加工规格与精度、信息系统及数字化等方面的技术能力。

上述的这些方面都是获得某个品类供应保障的一些根本性要求。

2. 第二层级（QDC）

QDC 是英文"quality，delivery & cost"这三个关键词的首字母缩写，对应着中文的"质量、交付和成本"这三个采购管理中的关键性绩效指标要求。

质量通常可以用可接受质量水平（acceptable quality level，AQL）、批次检验合格率（%）和百万分之不良率（PPM）来表征。

交付通常可以用交付提前期、最小订单量（minimum order quantity，MOQ）、按承诺交期计算的准时交付率（on-time delivery to promise，OTTP）、按客户要求日期计算的准时交付率（on-time delivery to request，OTTR）等指标来衡量。

成本则常用"高、中、低"这样的定性表征，或年度降本百分比（%）、目标成本达成率（%）等指标来评估。

通常大家都是说"QCD"，这里我们特别说成"QDC"，是因为我们认为，成本是一个函数，它与作为变量的质量和交付要求有关。秉持着这样的认知，我们才更有可能与供应商之间形成一种良性双赢的合作模式。

3. 第三层级（SIM）

SIM 是英文"service，innovation & management"这三个关键词的首字母缩写，对应着中文"服务、创新和管理"这三层意思。

在供应商满足了采购方 QDC 的前提下，我们会期待供应商为采购方提供具有增值效应的服务，包括供应商在采购方产品或服务研发的早期参与服务、DFx 服务、响应快速的维护维修服务、短时间内完成并提交报价等。

创新是期望供应商能够主动为采购方提供交易模式、产品生产工艺、材料与选型等方面的创新建议与实践，从而可以降低交付周期时间、制程不良率、采购成本等，助力采购方提升对客户的响应性、性价比、服务能力，以及在市场上的整体竞争力。

管理是希望供应商能够为采购方分担供应链管理方面的一些责任，包括供应商管理库存（VMI），协同计划、预测与补货（CPFR），上游（Tier2、Tier3 等）供应商管理，客供物资管理等各方面的管理责任。

4. 第四层级（EHS）

EHS 是英文"environment, health & safety"这三个关键词的首字母缩写，对应着中文"环境、健康和安全"这三个词语。我们用这三个字母来囊括工作场所安全、环境保护、社会责任等多方面的可持续性发展的要求。这些要求看似超出了对某一个品类的具体要求，但就像我们在第 4.2.2 节中所提及的，一个企业想要进入某些国家、某些区域或某些市场，就必须要有可持续性及合规方面的意识与要求。随着时代的发展，以及中国经济的发展，与社会责任、可持续性等方面有关的法律法规、政策指令、标准规范一定会变得越来越重要。

5. 第五层级（CI）

CI 是英文"continuous improvement"的首字母缩写，中文的意思是"持续改善"。没有尽善尽美，只有"更上一层楼"。所以，在品类要求的金字塔尖上，就是要针对某个具体品类向现有及潜在的供应商群体提出不断提高和改善的要求。比如：

- 如何改善能够提高产能利用率？
- 如何改善可以让交期做到更短？
- 如何改善让制程良率变得更高？
- 如何改善能够让成本降得更低？

我们在制定品类管理战略时，并不是即刻让供应商给出具体的答案，而是要首先了解该品类在哪个方面的改善更有急迫性，后面在搜寻供应商和发展供应来源时，就可以有的放矢地去考察供应来源在这个改善需求方面的历史纪录与成果收效，这样有助于提高品类管理战略的实施有效性。

基于上面的品类要求，我们可以得到一个品类要求属性矩阵（见图 5-5）。

这个品类要求属性矩阵有两个维度，一个是采购方数量，另一个是供应商数量。从这两个维度出发，我们得到以下四个象限。

（1）通用标准类。很多供应商可以供应，同时有很多采购方都可以用到的，被归为"通用标准类"。这种情况下，买方与卖方的话语权通常取决于市场上的供需关系。所以需要进行更加具体的供应市场分析，以便制定出合理的品类管理战略。

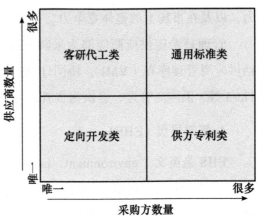

图5-5 品类要求属性矩阵

（2）供方专利类。这意味着供方拥有某个产品或服务的专利，面对很多采购方，供应商往往拥有更大的话语权。这种情况下，采购方的管理难度极大，需要采购方的品类管理战略更加具有创造性，从而增加自身的博弈力量。

（3）客研代工类。这意味着作为客户的采购方拥有某个产品或服务的知识产权，供应商则是按照采购方的设计提供代工服务。这时需要进一步分析市场上存在多少供应商有能力提供服务，从而决定品类管理战略方向。

（4）定向开发类或供方开发类。这里又细分成两种情况：

- 采购方与供应商联合开发，由供应商独家供应。
- 供应商为采购方进行定制并独家供应。

无论供应商是部分、全部还是不拥有产品或服务的知识产权，如果双方签订的都是独家供应协议，这时采购方的品类管理战略方向通常是要与供应商建立并维护紧密协同、互信共赢的战略伙伴关系。这肯定不是一件简单的事，同时从根本上限制了采购方在供应来源选择上的灵活性，形成了对采购方而言最为头大的"唯一来源"的局面。

所以,品类管理团队要对品类要求进行必要性分析,即分析是否有必要提出十分苛刻或独特的要求,从而导致一个品类具有增加采购方管理难度的市场属性。要想使这种分析落地,我们就要使用一些工具和表单,比如品类要求分析表和必要性分析表单等。我们将在第 7 章中详细介绍这些表单。

品类要求金字塔模型是一个概括性的架构,其中的具体内容需要品类管理团队在进行品类管理分析时具体识别并用书面形式加以明确,从而对品类管理战略的制定发挥启发作用,在品类管理战略的实施过程中发挥指南作用。

5.3 $3S^2$:供应商及供应市场分析

在我们明确了内外部干系人以及他们对某个具体品类的要求、期望,以及品类管理团队自身识别出来的品类要求和期望后,我们接下来就要对现有及潜在供应商以及整个供应市场进行客观性分析。

在供应商及供应市场分析中,我们既要收集整理与供应商及供应市场有关的客观数据,帮助我们正确认识每个供应商及整体供应市场,也需要以品类要求为基准,识别出有能力满足这些要求的供应商,以及供应商能满足到何种程度。

5.3.1 供应商分析的方法与意义

在第 4.1.2 节中,我们给了一张图(见图 4-2),其中列出了供应商分析所需数据以及数据来源。在第 4.2.2 节中,我们讲述了一些供应商分析的方法与意义。在这一节中,我们主要介绍供应商分析中使用的表单及其目的。

1. 供应商一览表

对于已经有过合作经历的现有供应商,我们分析的重点主要有以下几个方面。

- 供应商简介：简明扼要地介绍现有供应商的能力、资质、为采购方提供的产品和服务品类等基础信息。
- 历史合作关系：明确与供应商之间目前处于何种合作关系，是单纯的交易型关系、代工关系、单一来源关系、长期协议合作关系、战略伙伴关系还是唯一来源关系。
- 履约绩效：对于大多数供应商，采购方都会定期考核它们的履约绩效，从而形成一份历史履约绩效记录，将这份记录提炼总结一下，放在供应商一览表中。
- 履约中的合同与协议：有些供应商一定还有当前正在履行中的合同协议，这个信息也是非常重要的。从采购方的角度来说，既要保证供应商能够如约履行合同协议，也要确保己方不发生不必要的违约行为和后果。
- 问题或机会：任何供应商都可能存在需要解决的问题，或改善发展的机会，这些信息通常可以从采购方与供应商的定期业务回顾会议记录中获得。
- 该供应商的潜能：对于那些合作顺利、绩效良好的供应商，采购方常常需要考虑进一步发掘这类供应商的潜能，在风险可控的前提下，扩大与这类供应商的合作范围，这也是增加采购方对供应商的重要性的机会。
- 该供应商的发展重点：供应商的能力组合可能具有多样性，为采购方提供的产品或服务也会表现出业务多元性，采购方需要明确供应商的关键能力与重点合作业务范围，从而有针对性地提升供应商为采购组织创造的价值。

对于已知的潜在供应商，也需要单独制作一份潜在供应商一览表，关注的重点包括：存在潜在合作机会的主要产品或服务品类；供应商主要生产/供应基地的地理分布概括；供应商的总体销售额体量以及每项主营业务的规模与产能（如果存在明显的产能制约性的话）；供应商每项主营业务的主要目标市场及客户群体；从第三方获得的与该供应商的能力、绩效、信用、口碑、潜在风险有关的评价摘要等。

2. SWOT 分析

基于前一步所收集到的供应商信息，可以进一步总结成供应商的 SWOT 分析（见表 5-9），也就是每家供应商具有的优势、劣势、机会与威胁分析。SWOT 这个工具应用广泛，在战略战术分析中都可以使用。在品类管理中运用它进行供应商分析时，我们有一个具有实操意义的建议，就是：以明确了的、与内外部干系人已经达成一致的品类要求为基准，逐一评估每家供应商相对于每一个要求点，是拥有优势还是处于劣势？外部环境的变化，对供应商与采购方的合作是具有促进作用（即机会）还是阻碍作用（即威胁）呢？这样来分析会更聚焦、更有针对性。

表 5-9 SWOT 分析表

	有利的	不利的
内部属性	优势（S）： 资源，如财务、知识产权、地理位置 客户服务 效率 竞争优势 基础设施 质量 人力资本 价格/成本 交付 服务	劣势（W）： 资源，如财务、知识产权、地理位置 客户服务 效率 竞争优势 基础设施 质量 人力资本 价格/成本 交付 服务
外部环境	机会（O）： 政府、立法的 市场力量 全球的 技术的 新兴供应管理实践	威胁（T）： 政府、立法的 市场力量 全球的 技术的 新兴供应管理实践

3. 供应商偏好矩阵

单单了解供应商的 SWOT 是不够的，还要看供应商的长处能否为采购方所用。这时就需要使用供应商偏好矩阵（见图5-6），从定性（纵坐标）和定量（横坐标）两个维度，量化分析（把定性评估项用分值来表示）供应商把作为客户的采购方放在什么样的位置上。

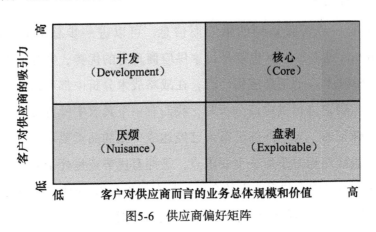

图5-6　供应商偏好矩阵

如图 5-6 所示，横坐标通常以采购方就某个品类在供应商那里发生的采购额占该供应商该品类销售额的百分比来表示，这是一个定量数据分析，相对客观；纵坐标反映的是采购方对供应商的吸引力这种定性的指标。我们建议可以从 10 个方面来考察所谓的"吸引力"，每一个方面可以给予 1～10 分的评估，再计算出 10 个方面的总分，也可以计算简单或加权平均分，从而量化出这个坐标的数值。考察"吸引力"的 10 个方面是：

- "支付是否准时"形成的信用等级。
- 品牌形象与美誉度。
- 需求的稳定性。
- 需求的可预见性。
- 合作带来的利润水平。
- 未来业务的成长预期。
- 采购方的技术领先性。
- 采购方对供应商的帮扶与管理输出。
- 双方合作流程是否简明与顺畅。

- 采购方对供应商的尊重程度。

在这一章中，我们就对工具介绍到这里，让读者有基本的认知；至于这个矩阵分析方法的具体应用，我们将在第8章中给出更加详细的阐述，并辅之以实例说明。

5.3.2 供应市场分析的方法与意义

在第4章中，我们已经介绍了三个全局性的市场分析方法在品类管理分析中的应用，即PESTLE分析、波特五力分析和供应市场四象限分析法。

在这一节中，我们要介绍的是对于品类而言更加有针对性的分析工具，包括成本要素与动因分析、价值链图分析和技术路线图分析。

1. 成本要素与动因分析

在品类支出与现状分析以及供应商分析中，我们无疑也会从品类整体视角来对某个品类或细分品类的价格进行组成要素的分解，或者从某个供应商的视角来分解该供应商的价格构成中的各个成本要素。但是，在这两类分析中，我们往往尚未深入到成本动因这一个层面。这并不是说我们在前面两类分析中不能进行成本动因分析，而是成本动因中的外部动因与市场具有密不可分的关系，因此在我们的流程中，我们将成本动因分析放在供应市场分析中来阐述。那么，成本要素和成本动因的内容分别是什么？两者之间有什么差异呢？

成本要素分析所要揭示的是：价格构成中有哪些成本或费用类别？绝大多数读者对图5-7中将价格构成要素进行分解的方式都很熟悉，即将含税到厂价分解成直接材料、直接人工、制造费用、期间费用（俗称"三项费用"，包括销售费用、管理费用和财务费用）、利润、包装运输费、增值税费（即增值税与各类附加费）等。

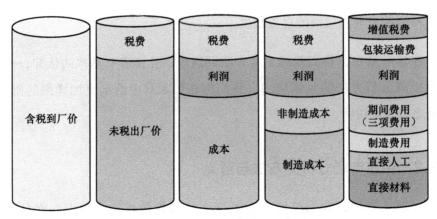

图5-7　价格构成要素分解示意图

通过成本要素分析可以看出每项要素在整个价格中的占比即重要性，可以帮助分析者得到有助于整体成本优化所需要关注和管理的重点方面，但是由于分解的颗粒度还不够细，也就不容易看出成本要素背后真正的推手。成本动因分析就是需要将成本要素分解得更细致，以便分析者清楚地认识到哪些才是成本增加或降低的真正要因。关于成本动因分析的详细做法，我们留待第8章阐述。

2. 价值链图分析

供应链是一条价值链，这个观点早在20世纪80年代就已经被管理大师迈克尔·波特认识和揭示。作为一个具有战略管理属性的品类管理者，在制定品类管理战略时，最好能够描绘比较完整的价值链，从而发现这条链上的价值重点所在。图5-8就是笔者在曾经服务过的企业中绘制的一个价值链图分析的实例。

在这张价值链图中，我们可以看到，先将为客户代工的一个系统级产品往上游供应方向延伸，然后通过对每一个环节所创造的价值进行分析，认识到钣金件的经济价值使其在零部件层面上［在图5-8中处在T2层级，因为电子代工厂（EMS）和原始设备代工厂这两列显示的是该企业自己内部的制造环节］属于最重要的一个上游供应品类，因此它的战略导向是：要想做好供应保障与成本管理，不能简单地关注直接采购品项——机箱和分立

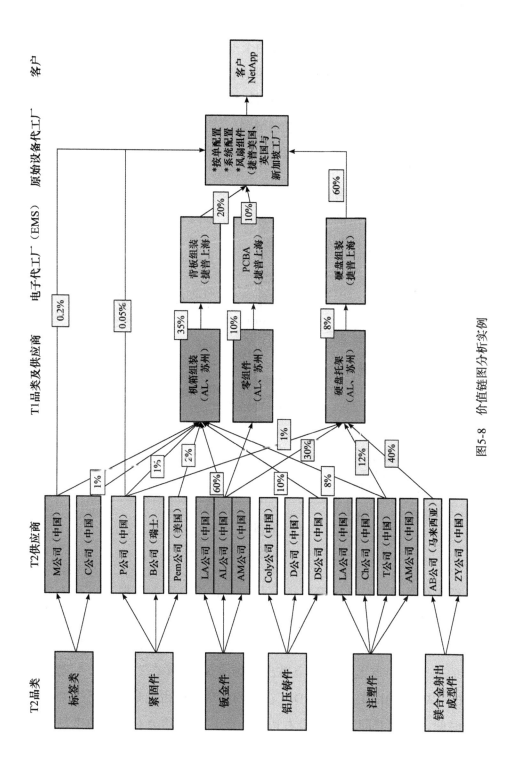

图5-8 价值链图分析实例

零件（图 5-8 中央机箱组装、零组件两个框里的物料）的供应，还需要向上延伸，直接参与或接管上游钣金件的供应管理。

从上面的图例解释中我们应该能够理解价值链分析对品类管理的战略指导意义。第 8 章还会给出更详细的解释。

3. 技术路线图分析

品类管理战略需要有前瞻性，这就要求品类管理者要对品类未来的技术发展趋势有一定程度的了解和认知。为了实现这个目的，我们推荐使用技术路线图这一分析工具（见图 5-9）。

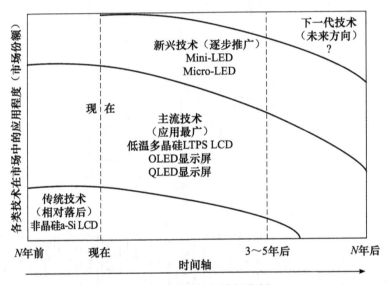

图5-9　技术路线图分析实例

图 5-9 展示的是显示面板这一品类在技术方面的发展历史及未来趋势展望的技术路线图。时间轴最左边反映的是 N 年前的主流显示技术，可以看到这种技术的市场应用占比不断减少，预期在 3～5 年及 N 年后之间的某个时间点上，会完全退出市场应用；"现在"的三大主流技术"LTPS LCD、OLED 及 QLED"在市场应用中的占比最高，且会维持较长的时间，直到时间点到达最右边 "N 年后" 依然会有不低的市场应用份额占比，而新兴技术（Mini-LED 和 Micro-LED）正在攫取市场应用份

额，不久后的某个时间点上肯定还会有下一代显示技术出现，它们是什么技术呢？

很显然，这样的技术发展趋势路线图分析，对品类管理者的指导意义非常清晰，不仅要关注一个品类当前的主流供应商，还要去看未来技术升级后，现有的供应商是否还能够成为主要供应来源，或者是否要发现和发展新的供应来源？

另外，技术落后与成熟的产品市场竞争一般会更激烈，价格也会持续走低，供应商倾向于开拓新的用途，现有买方倾向于将这些产品用在自己的低端或通用标准型产品上；使用新兴技术的产品市场通常利润更好，竞争压力小，买方的成本相对较高，主要用于高端、创新类等附加值更高的终端产品上。当然，这两年，相对落后的 LED 显示技术"回光返照"，这种外部事件造成的特殊性影响，更多地会放在风险分析中加以考虑，毕竟这不具有典型代表性。

这样，我们就将供应市场分析的主要内容、工具与分析意义给大家介绍完了。接下来我们来了解 $4S^2$ 的内容。

5.4　$4S^2$：品类管理战略及实施计划

了解了前三节中所介绍的各项基础分析后，我们就可以使用一些结构化的工具来制定品类管理战略及实施计划了，整个过程中主要有四项工作内容：

- 制定品类管理战略组合。涉及使用风险/价值矩阵（卡拉杰克矩阵）进行供应定位分析，再将之与供应商偏好矩阵结合，制作供应商关系管理矩阵，最后整合推导出品类管理战略组合。
- 战略风险分析。就第一步得到的品类管理组织战略进行风险识别，制作分析剖析矩阵，制定出风险化解措施与应急预案。
- 战略报批。利用战略选择决策矩阵，敲定最终上呈报批的推荐战略，并进行呈报、沟通、完善直至被最终批准。

- 制订战略实施计划。将战略进行分解，制定出战略实施计划表。

5.4.1 制定品类管理战略组合

首先，利用前三步的分析结果，进行品类定位分析，这就涉及采购领域非常有名的"价值/风险矩阵"（见图5-10）。这个矩阵最早是由哈佛大学的彼得·卡拉杰克（Peter Kraljic）教授在1983年发表的《采购必须纳入供应管理》（*Purchasing Must Become Supply Management*）⊖这篇著名的文章中提出来的。

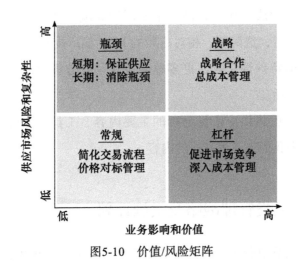

图5-10 价值/风险矩阵

1. 价值/分析矩阵

这个矩阵有两个维度，一个是"业务影响和价值"维度，是从支出分析中得到的某个品类的支出金额在采购方所有品类采购金额中的占比，推导出这一品类的价值；在实际应用中，我们还需要从品类要求分析中考察到的该品类对采购方市场竞争力的重要性来做出这个维度的定位。

⊖ KRALJIC P. Purchasing Must Become Supply Management[J]. Harvard Business Review, September-October 1983, 109-117.

因此，在实操中，将某一品类定位在"业务影响和价值"维度上的哪个刻度上，是需要进行综合评估和量化处理的。这一点在第 9 章中会给予详细说明。另外一个是"供应市场风险和复杂性"维度，这是从供应市场的复杂性、供应来源的稀缺性、供应产能的紧缺性等供应风险水平上来判断的。

从两个维度将品类定位在四个象限里，分别称为"战略""瓶颈""杠杆"和"常规"品类，每个象限内的品类都存在一个主导性的品类管理战略方向。

- 对战略品类，主导方向是努力与供应商结成战略合作伙伴关系，聚焦总成本管理。
- 对瓶颈品类，主导方向在短期内是保证供应，长期则是消除瓶颈。
- 对杠杆品类，主要是促进供应商之间的竞争，并且进行详细深入的成本分析管理。
- 对常规品类，关注点是简化与供应商之间的交易流程，做好价格对标管理。

需要注意的是，这些主导性的战略方向并非死板的教条，品类管理者必须根据各项品类管理分析推演出来的战略启发，综合考虑后给出某一特定品类或细分品类的战略组合。这也是第 9 章的主要任务。

2. 供应商关系管理分析

当我们通过价值 / 风险矩阵更加清晰地明确了某一品类对自己的价值以及供应方面的风险，回过头再结合供应商分析中了解到的不同供应商对我们（作为其客户之一）的定位，我们就可以推导出供应商关系定位管理矩阵（见图 5-11）。这个矩阵会给出供应商关系定位以及推荐的典型管理手段。这也是一个热图的应用实例，4×4 形成的 16 个象限中的每个象限都标示了从浅到深的系列灰色，越深的灰色表示越需要进行积极的供应商关系管理，反之则不那么需要。

品类市场属性 \ 供应商偏好	通用标准类	供方专利类	客研代工类	定向开发类
盘剥	交易型关系 普通供应商 适时替换	交易型关系 普通供应商 适时替换	合同型关系 关键供应商 目标成本管理	合同型关系 关键供应商 保证供应
烦心	交易型关系 普通供应商 尝试改善/准备替换	交易型关系 普通供应商 尝试改善/准备替换	合同型关系 关键供应商 保证供应与开发备选	合同型关系 关键供应商 保证供应与开发备选
开发	合作型关系 伙伴供应商 增强话语权	合作型关系 伙伴供应商 全面改善	战略型关系 首选供应商 全面改善	战略型关系 首选供应商 风险管理
核心	战略型关系 首选供应商 开拓合作领域	合作型关系 伙伴供应商 全面改善	战略型关系 首选供应商 创新管理	战略型关系 首选供应商 开拓合作领域

消极管理 ←——————→ 积极管理

图5-11 供应商关系定位管理矩阵

3. 品类管理战略组合

到这里，品类管理战略已经呼之欲出了。我们建议，品类管理战略至少要包括寻源策略（包括来源数量和来源性质）、关系策略（包括关系定位与关系管理策略）和供应管理策略（包括管理杠杆和采购方法）（见图 5-12）。

寻源策略		关系策略 (SRM)	供应管理策略	
来源数量	来源性质		管理杠杆	采购方法
• 增加还是减少 • 唯一来源 • 单一来源 • 双来源 • 多来源（≥3）	• 内部的/外部的（自制与外购） • 合资/合作 • 在用供应商/新供应商 • 专利型/通用标准类 • 研发型（ODM）/代工型（OEM） • 制造商/分销商 • 大企业/小企业 • 本地的/全国的 • 国内的/国际的 • 客户指定/逆向营销	关系定位： • 交易型 • 合同型 • 合作型 • 战略型 关系管理策略： • 无须管理 • 被动响应 • 绩效导向 • 运营协作 • 战略协同	• 价格分析/目标价格 • 采购成本分析建模 • 总拥有成本管理 • 供应商绩效与分级 • 流程简化与优化 • 需求与消耗管理 • 规格标准化与简化 • 供应商帮扶与发展 • 供应商创新管理 • 早期参与/协同开发 • 供应商风险管理 • 供应商停用与淘汰	• 集中采购/平行采购 • 打包采购/延伸采购 • 招标/谈判 • 在线竞标/表意招标 • 生命周期采购 • 长期协议/框架协议 • 按需批量采购/JIT看板 • 现用现买/提前采购 • 采购选择权/套期保值 • 寄售/VMI • 定量/定期采购 • 联盟采购/联合采购

图5-12 品类管理战略组合

图 5-12 针对上面的三大策略，给出了可以使用的各种备选项。品类管理者基于之前的各项分析以及所获得的启发，来合理选择每一类策略中的具体做法。这些做法的含义在采购管理的经典教材中都有介绍，比如中国物流与采购联合会组织编写的供应链管理专家职业水平认证指定教材第一模块《供应链运作管理》（改版后，同样的内容将被放在系列教材之一的《采购》这本书中），就对各种管理方法给出了详尽的解释。本书第 9 章也会对其中的主要做法给出定义。

5.4.2 战略风险分析

品类战略制定完成后，为品类管理指出了战略大方向，并为货源、供应商关系和采购管理等给出了适宜的策略。但是"百密一疏"，即使有了战略与策略，依然会存在交期延误、供应中断、价格上涨、技术泄密等各种防不胜防的供应风险。因此，我们必须要进行风险管理，即针对可能发生的风险进行识别和量化分析，并提前做出风险化解计划及风险发生后的应急对策措施。

经典的风险管理过程一般包括识别风险类别和诱因、识别风险后果、风险等级量化分析、制订风险管理战略与计划、实施风险管理战略与计划这五个步骤。我们将在第9章中详细地介绍这五个步骤的工作内容与分析方法。这里，我们先简单介绍给大家一种最近流行起来、逐渐被广泛使用的"风险识别热图"（见图5-13）。

图5-13最上面一行是可能发生的各种事件，这些事件往往就是风险来源；最左列是各种事件对采购方可能造成的后果，其余各列包括从浅到深的一个个区块，代表了某个事件发生造成某种后果的可能性，颜色越深，可能性越大。我们认为，在进行战略性风险管理分析时，这张图更简明易用。

5.4.3　战略报批

品类管理战略及相关风险分析都完成之后，在付诸实施之前，通常需要完成以下几个环节：

（1）与关键干系人进行沟通，以达成战略的横向一致性。

（2）向战略采购管理层呈报，供其批准，从而实现战略的纵向一致性。

（3）制订更为详细的战略实施计划，从而保证战略的可落地执行性。

首先为了完成前两个步骤，品类管理团队必须将战略做成简报，以便让关键干系人和管理层易于识读和理解品类管理战略。这个战略简报通常包括两张重点图表：基于图5-12制作的品类管理战略组合（见表5-10）和战略推荐说明（见图5-14）。

使用上面两张图表与关键干系人及管理层沟通完善后，最后可以用表5-11的形式给管理层呈报，供其签章批准。

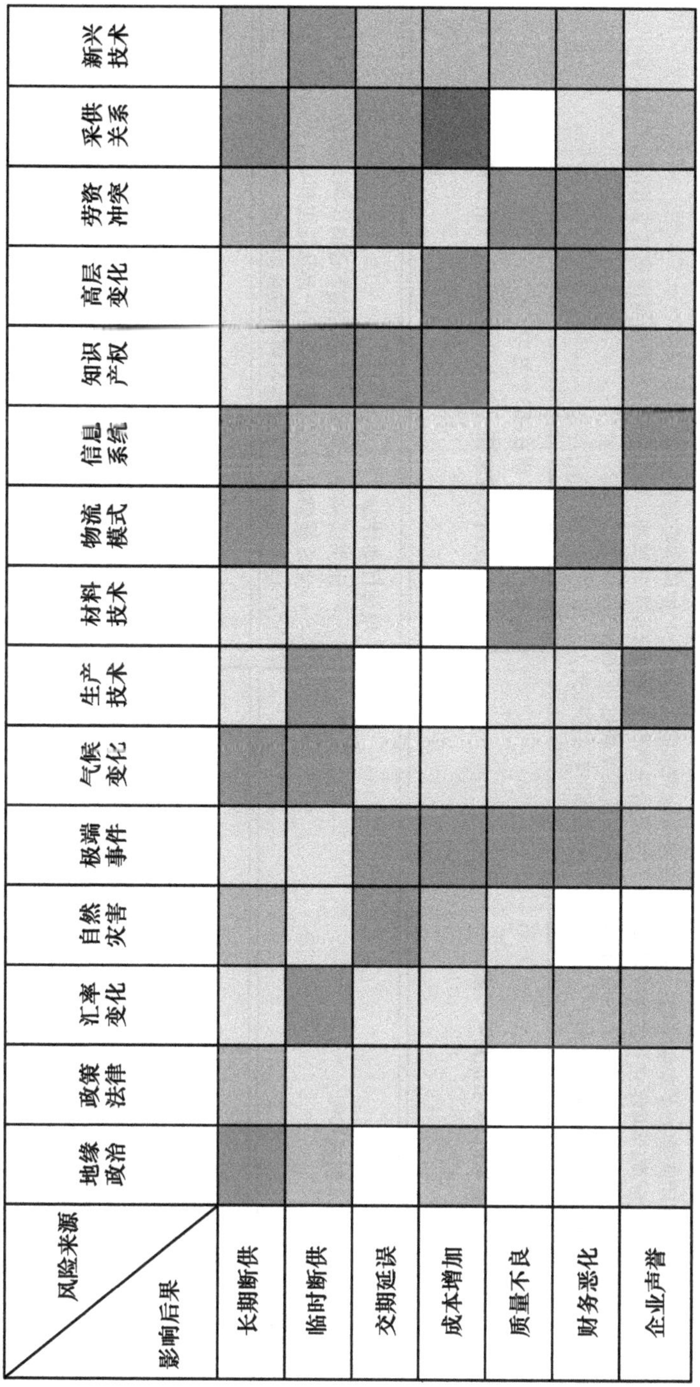

风险来源 影响后果	地缘政治	政策法律	汇率变化	自然灾害	极端事件	气候变化	生产技术	材料技术	物流模式	信息系统	知识产权	高层变化	劳资冲突	采供关系	新兴技术
长期断供	■	■	■	■	■	■	■	■	■	■	■	■	■	■	■
临时断供	■	■	■	■	■	■	■	■	■	■	■	■	■	■	■
交期延误	■	■	■	■	■	■	■	■	■	■	■	■	■	■	■
成本增加	■	■	■	■	■	■	■	■	■	■	■	■	■	■	■
质量不良	■	■	■	■	■	■	■	■	■	■	■	■	■	■	■
财务恶化	■	■	■	■	■	■	■	■	■	■	■	■	■	■	■
企业声誉	■	■	■	■	■	■	■	■	■	■	■	■	■	■	■

图5-13 风险识别热图示例

推荐战略：战略描述
- 品类管理团队秉持多来源策略，为了响应将来采购需求的大幅增长，扩增供应商数量
- 与应用供应商B&C建立并发展战略型关系，积极给予它们商务和管理上的扶持；与供应商A及新增供应商建立长期合作型关系
- 采用在线竞标为主、非竞争性谈判为辅的策略，获得采购价格及总成本双优
- 在传统的定期定量采购基础上，逐步导入VMI和/或JIT采购模式

关键特征：
- 供应商数量由3家增加到4~5家

主要收益：
- 预期成本削减10%

风险来源与对策：
- 主要风险来自上游原材料方面
- 管理团队将采取与上游供应商直接合作、与品类A供应商签订固定价格协议、辅导供应商进行"锁汇"等措施，进行风险管理

即期行动计划（现在起3个月内）：
- 开发新供应来源，完成供应商准入评估工作

短期行动计划（3~6个月）：
- 组织实施在线竞标，并完成线下合同谈判与签约
- 完成新供应商的过程确认及产品认证工作
- 启动并建立与上游原材料供应商的直接合作关系

长期行动计划（9~18个月）：
- 制订并实施一轮供应商辅导计划（主要针对B&C）
- 与1~2家供应商先行建立VMI/JIT采购补货模式
- 回顾供应商履约绩效，更新供应商分级管理状态
- 回归新品类管理的效果，并进行必要的战略变更

图5-14 某品类的战略推荐说明

表 5-10 某品类的品类管理战略组合

寻源策略		关系策略（SRM）	供应管理策略	
来源数量	来源性质		管理杠杆	采购方法
• 增加供应商 • 多来源（≥3）	• 在用供应商 +1～2 个新供应商（代工型 & 制造商 & 小企业 & 本地的） • 备选项：与在用供应商或新开发的供应商进行合资/合作	• 关系定位： • A& 新：合作型 • B&C：战略型 • 关系管理策略： • A& 新：绩效导向→运营协作 • B&C：运营协作→战略协同	• 价格分析/目标价格 • 供应商绩效与分级 • 规格标准化与简化 • 供应商帮扶与发展 • 供应商风险管理	• 在线竞标 & 谈判 & 长期采购协议 • 定量/定期采购 • 备选项：寄售 VMI +JIT

表 5-11 某品类管理战略概要系列

	××× 品类管理战略概要		2020 年 × 月 × 日	
品类管理团队	团队成员与角色描述			
品类管理 SOP	品类现状概要（S）			
	品类机会与目标（O）			
	品类管理计划（P）			
品类关键需求	商务要求与期望			
	技术要求与期望			
供应市场分析	行业分析概要			
	市场分析概要			
	博弈分析概要			
	外部分析概要			
品类战略概要	管理定位（风险/价值定位、关系定位）			
	管理战略			
	主要风险与对策			
实施计划	序号	任务里程碑	主要交付成果	预期完成时间

(续)

×××品类管理战略概要		2020年×月×日	
实施计划			
批准：		日期：	

5.4.4 制订战略实施计划

基于品类管理战略，采购方可能需要着手实施的一些主要工作包括：

- 开发或淘汰供应来源，建立和优化供应商资源池，做好供应商资源池的动态管理。
- 与不同供应商建立、发展和维护不同的关系，保障供应的连续性。
- 为新产品/服务项目选定供应来源。
- 帮助某些选定的供应商进行管理改善与优化。
- 针对某个细分品类或具体品种型号的产品或服务进行成本优化等。

这里给出的每一项工作，通常就是一个项目，战略制定与批准过程实际上就可以视为这些项目的启动与立项批准过程。所以，制订战略实施计划完全可以按照项目管理中的计划方法和步骤（见图5-15）来进行。制订出来的计划多数会使用甘特图来呈现，图5-16就是一个供应商库优化项目的计划甘特图。

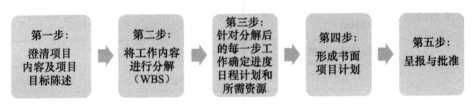

图5-15 项目计划方法与步骤

第5章 品类管理5S²法全流程概述

分阶段品类管理实施计划		项目编号:		项目名称	供应商库优化	拟订日期:		批准日期:	
阶段性目标	时间计划 任务描述	图例:		进度计划		× 里程碑		2022年1月	
		2021年8月 WK32 WK33 WK34 WK35	2021年9月 WK36 WK37 WK38 WK39	2021年10月 WK40 WK41 WK42 WK43	2021年11月 WK44 WK45 WK46 WK47	计划完成状态 WK48	2021年12月 WK49 WK50 WK51 WK52	WK53	WK1 WK2 WK3 WK4
引入新供应商,替换不合格供应商A(6个月)	1. 收集整理图纸及样品,提供给潜在供应商	■■■							
	2. 与潜在供应商沟通澄清图纸及规格要求		■■■						
	3. 做好在线电子竞价准备工作		×						
	4. 实施在线电子竞价(至少有3家潜在供应商参加)			×					
	5. 竞价结果评估并选择出新供应商				×				
	6. 新供应商样品认证					×			
	7. 新供应商过程审核与验证						×		
	8. 在系统中将新供应商状态进行更新,完成供应商库优化项目								×

图5-16 供应商库优化项目计划甘特图

5.5 5S²：品类管理战略的实施与优化

有了品类管理战略和实施计划，最后一步就是遵循战略与计划来实施品类管理战略中的各个策略、方法与步骤了。需要注意的是，戴明的PDCA（计划、实施、检查和改进）原则同样适用于品类管理这个主题。在品类战略及计划的实施中，必然会涉及战略与计划有效性的检查和改进这两个重要环节，这就是我们这一节名中包含"实施"与"优化"的用意。基于 PDCA 这个基本原则，我们在 5S² 中主要的工作内容有如下几个方面：

- 实施品类管理战略与计划。
- 定期检讨品类管理有效性。
- 适时进行品类管理战略调整与优化。

下面我们就依次简单介绍这三个方面的工作内容和推荐使用的工具表单。

5.5.1 实施品类管理战略与计划

在品类管理战略与计划的实施中，首要之务就是按照计划进行供应商寻源、对寻到的供应来源进行准入审核，并与通过审核的预审合格供应商签署通用性的供应服务协议。

供应商寻源的方法和渠道有很多，我们在这里给出一张简表（见表 5-12），表中列出了典型的供应商寻源渠道。这张表并没有打算穷尽所有可能的寻源方法和渠道，仅仅是想给读者一些启发。

有了供应来源，通常就要对这些潜在供应商进行准入审核。图 5-17 中漏斗的上 1/3 部分描述的就是供应商准入资格审核的主要步骤与内容。

这些步骤的详细内容留待第 10 章介绍，在这里就供应商准入审核，向读者提供一个笔者自己总结出来的"几何评估法"（见图 5-18）供应商准入评估体系，供大家参考。

表 5-12　供应商寻源的主要渠道

1. 公司现有 AVL	10. 纸质版或电子版行业期刊
2. 兄弟公司的 AVL	11. 行业展会/博览会
3. 自建潜在供应来源数据库	12. 银行机构
4. 网上搜索	13. 各级商会
5. 黄页电话	14. 第三方采购中介
6. 社交媒体同行推荐	15. 第三方咨询机构的行业报告
7. 使用部门推荐	16. 公开招标公告
8. 客户介绍或指定	17. 反向营销
9. 专业协会/大会	18. 内部自制

从图 5-18 中可以看出，我们从"体、面、线、点"这四个层面着手来开展供应商准入评估，而"体、面、线、点"恰好是几何学中的基本元素，这就是这个准入评估体系名称的来源。

如果供应商最终通过了准入审核，则可以被纳入采购方的"批准供应商清单"（AVL）中。但是这里有一个细节需要注意：刚刚进入 AVL 的供应商尚未与采购方有任何实质性的业务往来，因此需要在 AVL 中设有"清单状态"（见表 5-13）这样一个属性来加以标识。这个"清单状态"在品类管理中是一个很重要的工具，它对采购方识别供应商的业务匹配度、绩效实绩、新项目中的供应商选择和规避供应风险都提供了有价值的判断依据。

新供应来源被开发并纳入采购方的供应商资源池后，就需要与现有供应商"同台竞技"了。这个"舞台"就是新产品/服务开发项目。这一阶段，常常可能经由"项目采购"团队依据品类管理战略和计划主导实施过程。这一过程中可能会用到询比价、招投标、谈判采购等方式来选定供应商，其间会涉及供应商选择评估工作，确定供应来源时会借助供应商选择/定点委员会或评标专家组的组织方式。在完成供应商选择/定点并将具体的供应合同授予供应商（即完成业务发包工作）后，通常还要像图 5-17 中下 1/3 部分中所描述的那样，对供应商进行样品验证和过程审核（在汽车、电子等行业通常使用标准的"生产件批准程序"（PPAP）），直至最后以一种书面形式（在

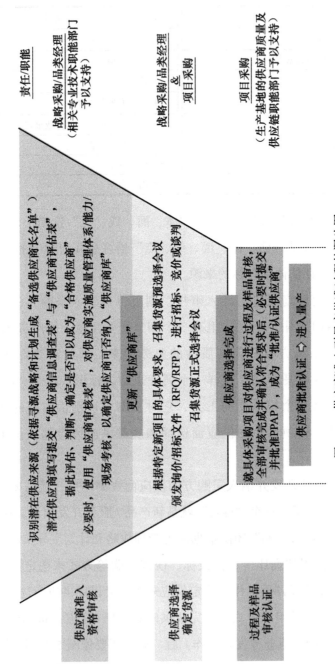

图5-17 供应商准入到量产批准过程的漏斗图

体 体系
- 企业治理/内控
- 人力资源
- 质量体系
- 项目管理
- 生产管理计划
- 财务/定价
- 环境安全
- 信息系统（ERP、BI）

面 形象
- 行业经验/地位
- 企业声誉/形象
- 企业实力/信用
- 客户反馈/推荐
- 合同纠纷/法律诉讼
- 地域分布
- 现场5S
- 员工士气

点 要点
- 客户关系定位与管理
- 沟通联络层级/对接窗口
- 供应商早期参与/同地开发
- 专属客户经理/授权水平
- 信息分享范围/程度
- 持续降本能力（如生产率、VAVE）
- 风险管理能力（如业务连续性、供应连续性、应急计划、灾难恢复）

线 流程
- 客户订单处理
- 新品服务/开发
- 供应资源/进货管控
- 生产制造/过程管理
- 异常/例外管理
- 产品交付/出货管控
- 客户投诉处理
- 维保/退货

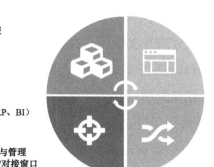

图5-18　"几何评估法"供应商准入评估体系

表5-13　批准供应商清单状态

批准供应商状态	P	完全批准状态：战略伙伴 / 首选 / 批准
	I	受控状态： 1. 可以在品类经理的控制下授予新业务的有条件批准供应商，以及新开发完成的供应商 2. 由客户等指定的供应商
	H	整改状态（业务暂停）：发生严重绩效问题，正在进行整改、不能授予新业务的供应商（副总裁以上级别高管特批除外）
	E	淘汰状态（退出合作关系）：公司决定不再继续与之进行业务往来的供应商
	Pre	预备状态（预审合格）：通过了公司的初步审核、尚未被系统性认证、未被纳入供应商清单中的供应商
	S	压制状态：被解除业务合作关系的供应商，或是未通过公司初审的新供应商

汽车、电子等行业就以PPAP正式提交为依据）来确认所有审核批准已经顺利完成，之后即进入正式量产阶段，以及需要批准的供应商正常进行产品或服务交付的阶段。

上面这一段是制造业为某个具体项目选择和批准供应商的典型流程。服务业有其特殊性，比如不一定存在产品验证或过程审核阶段，但管理思想大同小异。

5.5.2 定期检讨品类管理有效性

品类管理有效性可以通过新开发供应商在新项目中的中选率,以及某一品类所有供应商在日常履约过程中的绩效表现来加以度量。

首先,将新产品/服务开发项目作为"试金石",考察新供应商在新项目中报盘的积极性、早期参与度、合作性,直到最后供应商选择中的胜出率,还可以继续对选中的供应商在新项目过程中的配合性、提交样品的符合性、过程审核的得分、产品设计开发能力、时效性和质量等方面加以衡量。

其次,我们可以从供应商在日常履约过程中的绩效表现来评价品类管理的有效性。

最后,我们还可以从风险管理有效性的角度来评价品类管理战略和计划的有效性。

对于品类管理有效性的评估,我们从以上三个方面出发,制定了一个考核指标体系(见表5-14),供读者参考。

表5-14 品类管理有效性考核指标参考体系

考核领域	考核指标	指标含义	计算方法(分品类)
寻源管理	供应商开发达成率	衡量供应商开发与导入的执行完成情况	采购战略实施计划期间按品类战略与计划开发导入公司供应商库的供应商数量达成比例
寻源管理	货源定点计划达成率	衡量品类管理团队在新项目开发中,做出货源定点决策的时效性及有效性,侧重衡量时效性,即效率	每个项目的计划达成率,按照该项目计划完成产品/服务货源定点的数量占所有零部件/服务总数量的百分比;一定时期内的计划达成率,则为所有项目的计划达成率的算术平均值
寻源管理	定点成功率	从新产品开发项目QCT(质量、成本和时间)等维度,侧重衡量货源定点决策的有效性,即效果	因供应商的问题造成项目存在质量、成本、上市时间无法按计划完成的项目数量占所有项目数量的百分比
履约绩效	供应保证率	衡量战略供应商动态管理的有效性	1-(供应商自身原因造成的、无法在约定交付提前期内完成交付并造成公司停线的订单总金额占该品类期间总采购金额的百分比)

(续)

考核领域	考核指标	指标含义	计算方法（分品类）
履约绩效	绩效指标达标率	衡量战略供应商动态管理的有效性	期间供应商绩效考核指标达标的战略供应商数量占战略供应商库中全部供应商数量的比例
风险管理	风险计划达成率	衡量风险应对计划的执行效率	1-（未能按期完成的风险计划数量与总风险计划数量的比例）
	风险计划有效性	衡量制订的风险计划是否有效遏制、规避或降低了风险发生带来的不利后果	实施风险计划后未产生严重后果（严重后果指大规模停线或影响客户交付）的次数占风险发生次数的比例
	逐级上报比例	衡量CM及团队管理风险的能力与效力	发生逐级上报的案例数占总风险计划数量的比例

品类管理的一个重要使命就是通过建立和优化供应商资源池来实现供应商绩效提升，保证企业在产品和服务的日常供应上维持一种良好正面的绩效表现。因此供应商绩效考核与改善就势必成为品类管理战略和计划实施过程中的一项重要工作内容。在构建供应商绩效指标体系时，应该"不忘初心"，以品类管理与计划制订过程中协商一致的品类要求为绩效考核指标的风向标，从如图5-19所示的绩效考核项目中选择恰当的指标，并赋予合适的权重。

如果供应商绩效不能达到预期标准，需要及时反馈给供应商，让供应商进行原因分析并改善。很多管理有序的企业，会采用定期供应商业务绩效检讨会议（很多外企会称之为"季度业务回顾"，英文为quarterly business review（QBR））的形式，与供应商沟通业务合作的现状以及过程中出现的、需要供应商进行改善的各类问题。图5-20给出了定期供应商业务绩效检讨会议（我们将之定义为一般性的SPR（supplier performance review））会前、会中和会后三个阶段中，需要完成的各项关键工作。图5-21呈现的是一个SPR会议中所要沟通的问题列表以及沟通目的的会议模板。

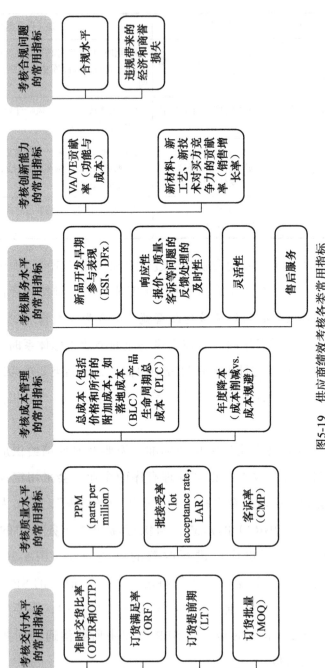

图5-19 供应商绩效考核各类常用指标

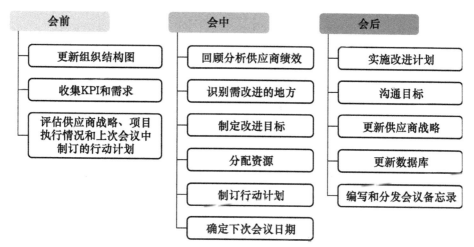

图5-20 SPR会议会前、会中和会后三个阶段需要完成的各项关键工作

在必要时，采购方可能主动帮助供应商进行绩效改善。有的企业会采用如图 5-22 中的流程，来决定究竟是让供应商自主进行绩效改善，还是采购方出面帮助供应商一起改善。

对于绩效考核优异的重要供应商，采购方可能会给予各种激励和发展机会，诸如：

- 利用供应商大会、公开信等形式对供应商进行公开奖励，如授予"优秀供应商""金牌供应商"的称谓、奖杯、奖状等。
- 给予供应商更多的业务份额。
- 将供应商推荐给新客户。
- 给予供应商更好的合作条件，比如账期等。
- 帮助供应商进行持续改善活动（注意：这与绩效不良时的改善性质不同）。
- 考察并给予供应商更大范围内的业务合作机会（增加双方的合作品类）等。

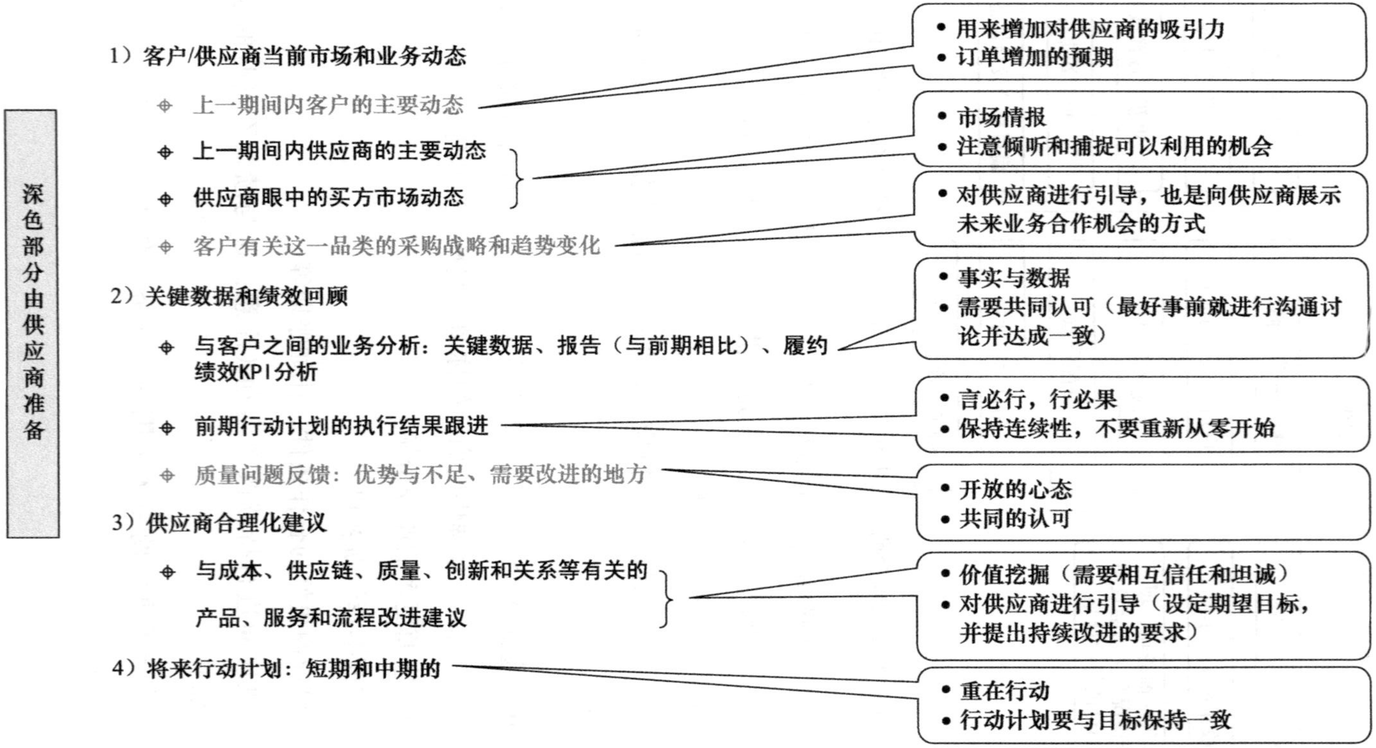

1) 客户/供应商当前市场和业务动态
   ◆ 上一期间内客户的主要动态 — 市场情报
   ◆ 上一期间内供应商的主要动态 — 注意倾听和捕捉可以利用的机会
   ◆ 供应商眼中的买方市场动态 — 对供应商进行引导,也是向供应商展示未来业务合作机会的方式
   ◆ 客户有关这一品类的采购战略和趋势变化 — 用来增加对供应商的吸引力 / 订单增加的预期

2) 关键数据和绩效回顾
   ◆ 与客户之间的业务分析:关键数据、报告(与前期相比)、履约绩效KPI分析 — 事实与数据 / 需要共同认可 / 讨论共同达成一致(最好事前就进行沟通)
   ◆ 前期行动计划的执行结果跟进 — 言必行,行必果 / 保持连续性,不要重新从零开始
   ◆ 质量问题反馈:优势与不足、需要改进的地方 — 开放的心态 / 共同的认可

3) 供应商合理化建议
   ◆ 与成本、供应链、质量、创新和关系等等有关的产品、服务和流程改进建议 — 价值挖掘(需要相互信任和坦诚)/ 对供应商进行引导(设定期望目标,并提出持续改进的要求)

4) 将来行动计划:短期和中期的 — 重在行动 / 行动计划要与目标保持一致

深色部分由供应商准备

图5-21 SPR会议模板

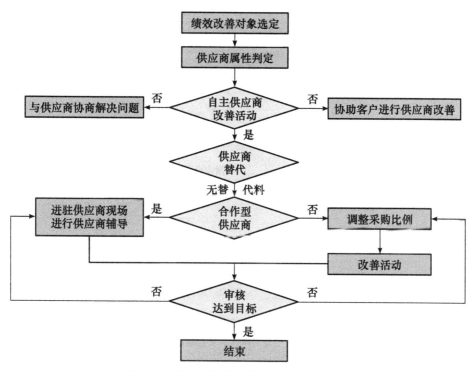

图5-22 供应商绩效改善帮扶对象选择流程

5.5.3 品类管理战略调整与优化

采购方通常会根据供应商绩效表现的得分对供应商进行分级管理,这种供应商分级管理与供应商关系定位矩阵相结合,就可以得到一个如图 5-23 中所呈现的供应商动态管理机制(供应商生命周期管理金字塔),这种动态变化的结果也要在表 5-13 中的"清单状态"中反映出来。

配合年度品类管理战略调整与优化的需要,战略采购或品类管理者还会与重要供应商举行年度战略检讨会议(supplier strategy review,SSR)。图 5-24 给出了 SSR 会前、会中和会后三个阶段需要完成的各项关键工作,图 5-25 呈现的是一个 SSR 会议所要沟通的问题列表以及沟通目的的会议模板。

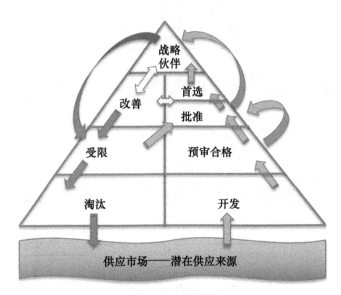

图5-23 供应商生命周期管理金字塔

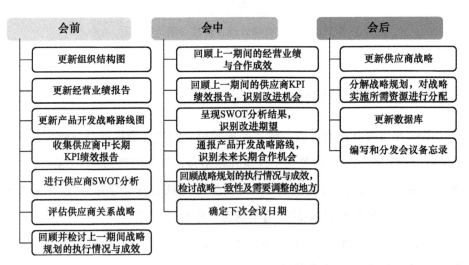

图5-24 SSR会议会前、会中和会后三个阶段需要完成的各项关键工作

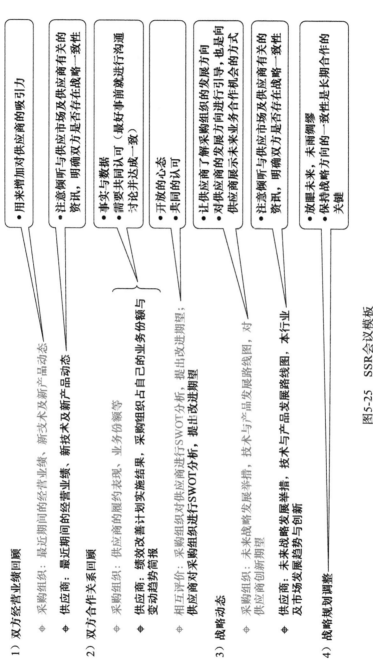

图5-25 SSR会议模板

当然，用来进行品类管理的战略调整与优化流程和工具——5S^{2}法依然是我们这本书的核心内容。这就是一个周而复始，不断因时制宜、因地制宜的具体问题具体分析的闭环方法论。

接下来，我们将用5章的篇幅，全面细致地阐述本章概述到的制定并实施品类管理战略与计划的各个步骤。

第 6 章

1S^2
品类划分与范围界定

俗话说：万事开头难。多年的培训与咨询经验表明，品类管理的第一步"品类划分与范围界定"向来都是品类管理的难点。在第 5 章中，我们根据采购标的的市场属性、应用场景等原则对企业所有的采购支出按照品类的形式进行了划分。有效的划分使得站在品类这一高度上进行采购管理的优化成为可能。

站在整个组织（集团公司）的高度上看，将所有的采购物资及服务按照既定的准则进行划分并整理，便可以形成集团层面的采购品类树。

品类树的梳理与构建是推行采购品类管理中非常关键的一步。在构建的时候，往往需要战略采购总监（经理）与各品类经理一起对最初设定的每个品类的范围进行反复的推敲与修订，以求最大程度地形成品类的优势或避免劣势。这也是花费时间和精力非常多的一项工作。2014 年 S 集团的采购品类树就是各分、子公司采购总监和品类经理一起通过工作坊的形式制定的，并最终由集团采购 VP 批准才形成了如表 6-1 所示的采购品类树。从表中可以看出，该集团生产物料的采购共分为 34 个一级品类，大多数品类下面还会有不同的二级品类，如塑料颗粒这个品类就又分成了 PA6、PA66、PP 和 POM 四个二级品类。

表 6-1　S 集团采购品类树（简化版）

序号	一级品类	二级品类
1	OEM 整机代工	F 平台产品
		H 平台产品
		M 平台产品
		P 平台产品
2	电动机	电机总成
		定子
		转子
		碳刷及其他
3	锂电池及充电器	锂电池
		充电器
4	电子电控	电控模块
		电容
		传感器
5	线束	线束总成
		导线
6	发动机	发动机
7	活塞气缸	总成
		气缸
		活塞
8	曲轴	曲轴总成
9	化油器	化油器总成
		化油器备件
10	火花塞	火花塞
11	滤清器	油滤器
		空滤器
		滤芯

（续）

序号	一级品类	二级品类
12	拉线	油门控制线
13	齿轮箱	齿轮箱
		齿轮配件
14	驱动轴	硬轴
		软轴
15	铝管	直管
		弯管
16	刀具	导板
		刀具
17	轮子	轮子
18	轴承	球轴承
19	密封件	密封垫
		密封圈
20	紧固件	非标螺钉
		非标螺母
		标准件
21	包装材料	纸箱
		薄膜
		填充物
22	锻件	热锻件
		冷挤压件
23	折弯件	回转弹簧
		弯管
		制动带
24	冲压件	传统冲压件
		深拉件
25	精冲件	精冲件

(续)

序号	一级品类	二级品类
26	粉末冶金件	离合器
		摩擦片
27	机加工件	车削件
		铣削件
28	焊接件	焊接件
29	压铸件	铝压铸件
		镁压铸件
30	压铸原材料	铝合金
		镁合金
31	塑料件	热固件
		吹塑件
		注塑件
32	塑料颗粒	PA6
		PA66
		PP
		POM
33	橡胶件	注射软管
		挤出管
34	纺织品	背带
		集草袋

在梳理品类树的时候，需要按照MECE（mutually exclusive collectively exhaustive，互斥穷尽）分析法，力求相互独立，完全穷尽。也就是说，在采购品类树上会涵盖所有的采购支出，不遗漏；与此同时各品类之间无交叉、重叠区域。实践中会根据需要进行调整，如表6-1中S集团的品类树中第7项活塞气缸，尽管从加工工艺上它属于第29项压铸件的一部分，但是基于S集团所在的工具行业中活塞气缸有其区别于普通铝压铸

件的供应市场，而且支出金额非常大（占到总支出的 7.7%），在进行梳理的时候便将其从压铸件这个品类中拿出，单独定义成了活塞气缸这一一级品类。

对于品类经理以及品类管理团队来讲，还需要针对表 6-1 中品类树上的每个枝干如电子料、机构件、备品备件等进行分析、规划并优化。以轴承这一在机电、汽车、装备制造等行业被广泛使用的品类为例，每个企业需要根据其供应市场和自身需求的相似性进行进一步划分，如图 6-1 所示，某公司根据自己的实际使用情况，将轴承这一品类又划分为球轴承、滚针轴承、轴瓦式轴承和含油轴承。至于需不需要进一步细分，在采购管理实践中并无统一做法，还要看购买的数量、金额、实际用途的差异化程度等来决定。如果量足够大，那有可能需要继续细分，比方说球轴承还可以细分成深沟球轴承、角接触球轴承、调心球轴承等。如果采购金额并没有那么大，细分的意义也就不大了。因为品类管理的终极目标是在规模效益和管理精益性之间取得最佳平衡。

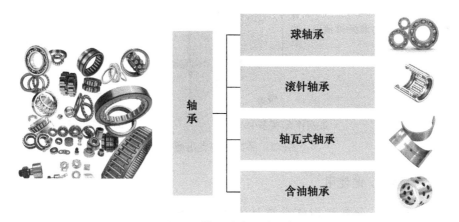

图6-1　轴承品类细分示例

当品类的定义阐述明了、界限划分清楚以后，我们就来探寻一下具体品类的现状。接下来的分析和阐述，我们将沿用 S 集团品类管理的分析，从实践者的角度跟大家一起研究如何进行某个品类采购策略的（SOP）[2]。

6.1 从品类支出到现状分析：S^2

6.1.1 支出分析

要进行现状分析，首先便要对该品类的支出进行分析。那么该如何对采购支出进行分析呢？有什么方法、工具可以协助采购品类管理人员对采购支出进行分析呢？

品类采购支出魔方（spend cube）就是进行支出分析非常好的方法和工具。如图 6-2 所示就是一个品类采购支出魔方，它展示了一个从为谁买/谁使用、买什么/买多少以及在哪儿买这三个维度对（品类的）采购支出进行分解、展示、分析的过程。因其通俗易懂被很多企业广泛使用。下面我们就对构成品类采购支出魔方的三个维度进行简明扼要的介绍。

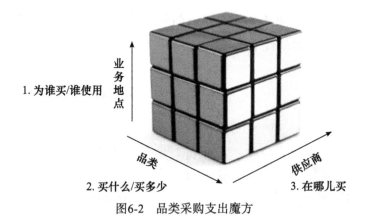

图6-2　品类采购支出魔方

1. 为谁买/谁使用

"为谁买"通常是指该品类是为哪个业务单元或部门买的。例如同样是买办公用品，是给生产部、财务部买的还是给人力资源部买的？对于集团公司而言，同样是买机加工零部件或电子零部件，是给哪个事业部或哪个分、子公司买的？通过为谁买的分析，在一定程度上反映出该品类在集团公司的影响面。如图 6-3 所示，S 集团公司轴承品类的采购数据显示，该集团共有欧洲、北美、亚太和拉美四个生产基地需要使用轴承,从需求数量占比上看,欧洲基地占到近50%,北美和亚太基地各占20%左右,拉美基地占10%左右。

年度-使用者 (地理区域/基地 /部门)	需求数量 (万件)	数量占比 (%)
2020-欧洲基地	1 610	47
2020-北美基地	743	22
2020-亚太基地	714	21
2020-拉美基地	345	10
合计	3 412	100

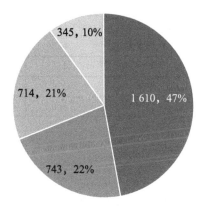

■ 2020-欧洲基地　■ 2020-北美基地　■ 2020-亚太基地　■ 2020-拉美基地

图6-3　S集团公司2020年轴承需求数量占比

针对"谁使用",除了从绝对数量分析以外,还要看支出金额的占比(图6-4所示为该集团公司轴承这一品类的采购支出)。在2020年的总支出中,欧洲基地占49%,在制定采购品类策略的时候应该有很大的话语权,相较而言其他基地就要差很多。例如只占12%的拉美基地其影响力就会弱很多。当然,各基地在采购品类战略制定过程中的话语权与影响力除了看2020年的支出占比,还要看未来的发展趋势,这些在下文"买什么/买多少"环节将进一步阐述。

对比上述两图可以发现,采购金额与数量在总量上的占比并不是完全呈线性关系的,如欧洲基地的需求数量占比为47%,而支出金额则占比为49%;对比其他三个基地也会发现同样的问题,这也就是说不同的生产基地每只轴承的平均单价是不同的。究竟是因为使用的细分品类或品种型号的差异造成的,还是因为每个使用地的采购价格不同造成的,这需要后续更深一步的挖掘。

年度-使用者（地理区域/基地/部门）	金额（万美元）	金额占比（%）
2020-欧洲基地	1 127	49
2020-北美基地	483	21
2020-亚太基地	414	18
2020-拉美基地	276	12
合计	2 300	100

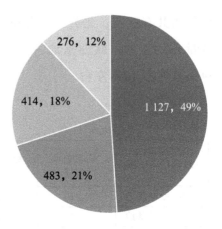

■ 2020-欧洲基地　■ 2020-北美基地　■ 2020-亚太基地　■ 2020-拉美基地

图6-4　S集团公司2020年轴承采购金额占比

2. 买什么/买多少

"买什么"从另一个角度映射出采购品类及子品类划分的结果。当然在表明"买什么"的同时，买了多少量、花了多少钱、占比是多少等信息也必不可少。这里需要按照品类树把每个子品类的支出分析清楚。如果一家企业轴承类的支出正好涵盖了如图6-1所示的球轴承、滚针轴承、轴瓦式轴承、含油轴承，则需要把这四个子品类支出的金额、占比及趋势等逐一细化。因为上述轴承采购案例中，只有球轴承中的深沟球轴承这一类，所以就没有继续细分成次级子品类，最终形成的该品类的细分如图6-5所示。

图6-5　S集团公司轴承支出（子品类维度）

在实际工作中，品类经理需要根据自己所负责品类的实际情况进行详细的分析，充分利用聚类和分类的方法，将散落在物料层面上的支出聚类形成子品类、品类的支出，再根据情况进行动态调整。

"买多少"，尤其是当下（2020年）"买多少"，在上述"为谁买"的环节已经将数量及支出金额通过数据表与饼状图呈现给大家。然而这些对于采购品类的战略来讲还不够，因为品类战略的制定不仅要立足当下，还要回顾过去，展望未来，尤其是展望未来。

接下来，我们就来看一下轴承这一品类沿时间线变化的情况。如图6-6所示，在过去5年（2016～2020年）里，采购金额的年增长幅度稳定在4%左右，而从2021年开始则有一个大的跃迁，年增长幅度下增长到17%左右，2023年的预估采购金额相较于2020年增长接近60%。需要注意的是，凡大幅变化，事出必有因。所以品类管理团队一定要弄清楚这些增长的构成及其背后的原因，而这需要更深层次的分析。

我们将S集团公司2021～2023年轴承采购支出预测的数据进行拆解，便会发现后续在不同的生产基地，增长幅度相差迥异。

从图6-7中可以看出，拉美基地需求稳中有升，未来3年欧洲基地需求开始下降，而北美基地和亚太基地则猛增。究其原因，是集团的发展战略调整，将亚太和北美等市场定为未来市场份额提升的重要突破口。而这两个市场对于价格极为敏感，本着local for local（当地生产基地满足当地市场需求的"区域平行采购"策略）原则，亚太和北美基地对于低成本轴承的需求会增大。从图6-7中不难看出，到2023年预估北美基地的轴承采购额将从2020年的483万美元增至1 150万美元；亚太基地年采购额则将从2020年的414万美元增至1 350万美元。这将在很大程度上改变需求的格局。在图6-8中给出的2020年与2023年预估的各基地的采购金额与占比分析中，外圈为2023年预估采购金额及占比，内圈为2020年采购金额及占比。其中逗号前面的数据为采购金额，后面的数据为该基地采购金额在当年集团轴承采购总支出中的占比。例如2023年欧洲基地采购金额为900万美元，在该年轴承总支出中的占比为24%。从图中我们可以看出：亚太基

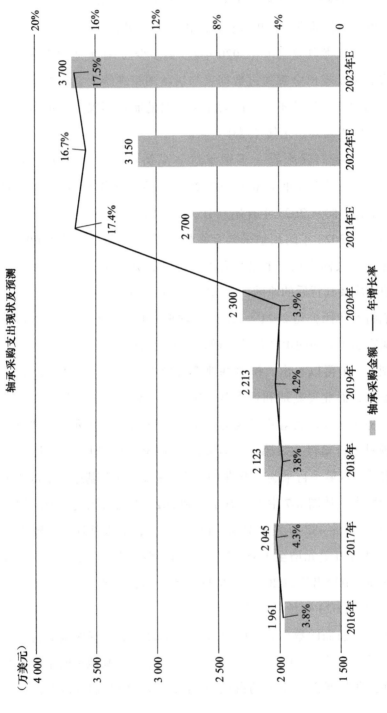

图6-6 S集团公司轴承采购金额现状及预测图

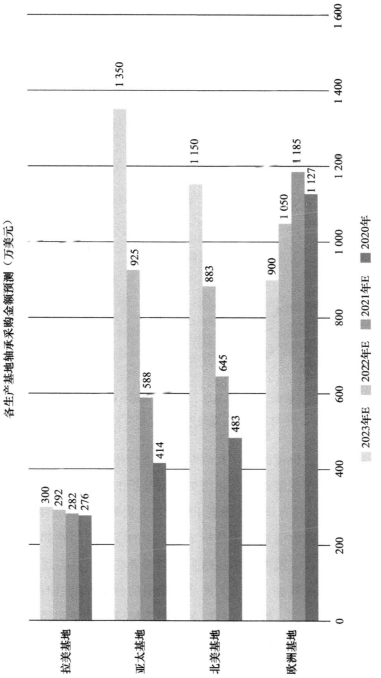

图6-7 S集团各基地轴承采购金额预测细分图

地的采购占比将从18%增至37%，而北美基地则从21%增至31%；亚太和北美基地影响力上升的同时，欧洲基地的影响力在悄然下降，占比从接近半壁江山的49%降至24%。

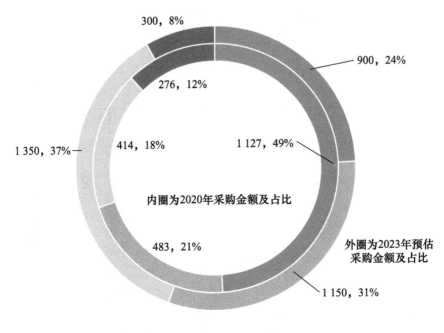

图6-8　2020年与2023年各基地采购额（万美元）及占比对比

需求格局的变化促使品类采购战略也要进行相应的调整。这充分说明在进行现状分析时不仅要站在过往历史数据分析的基础上，更为重要的是要基于未来的需求，只有这样才能真正做到前文提到的"前瞻性"采购。至于要前瞻多久，经验表明最少要分析未来3年的需求，当然如果能有更长的预测会更有价值。实践中很多战略采购管理者在进行品类现状分析时只有历史数据及当年的数据，对于采购品类策略的分析与制定而言，这些显然是不够的。总而言之：**做品类策略的分析与梳理不仅要回顾昨天、剖析今天，更重要的是要前瞻明天。**

3. 在哪儿买

"在哪儿买",主要是用于分析该品类的支出花到了哪些供应商处。如果该品类支出金额较大,供应商数量众多,通过这一分析可以快速掌握主要的支出(例如 80% 的支出)分布在哪几家供应商,以利于抓住重点,将有限的精力投入到需要重点关注的供应商那里。这里常用的工具是在第 4 章中介绍的帕累托图。

如图 6-9 所示,S 集团公司球轴承这一品类一共有 9 家供应商,其中前 3 家的采购额占到总采购额的 80%;前 5 家占到了近 93%。这些将会是品类战略管理的重中之重。

通过支出分析,我们对所要分析和研究的品类有了初步的印象。但仅仅停留在支出这个维度是远远不够的,还需要从更多、更广、更全的视角来看问题。

6.1.2 立足支出,眺望全景

要想对品类现状有一个更全面的了解,眺望全景,还需要看哪些方面呢?下面我们就来一探究竟。

1. 业务占比

作为支出分析的拓展与延伸,分析品类支出在不同供应商处的分布状况时,一般会向前一步,调换角色,站在供应商的角度来看我们的业务。当我们调换角色后,其实不难发现,现在做采购,已经不能再用过去的老方法了,传统的"甲方思维"很多情况下已经行不通了。有些物资对采购方来讲,可能属于战略物资,但是战略物资的供应商会把其当战略客户来对待吗?很多情况下,真不一定。比方说表 6-2 所示的 S 集团公司的轴承采购案例中,尽管总的采购金额 2 300 万美元不是一个小数目,但是当分到 9 家供应商,供应商又是一些"巨无霸"的全球大公司的时候,就会出现采购额在某供应商业务中的占比仅为 0.07% 的情况(如供应商 A)。双方博弈

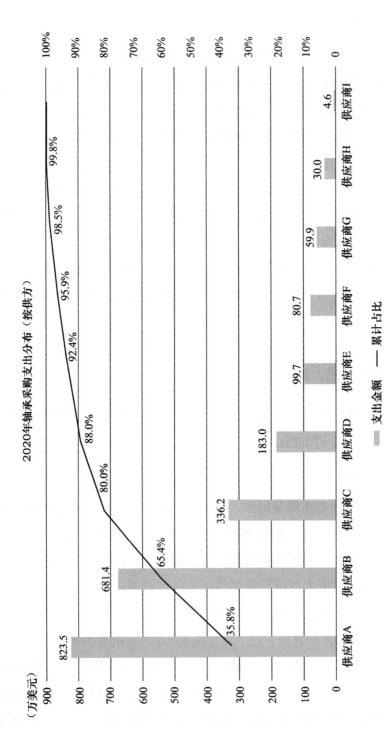

图6-9 S集团公司轴承采购帕累托图

力量对比，一目了然。要想获得相对优势，这一品类的采购策略必须进行相应的调整。

表 6-2 S 集团公司 2020 年轴承供应商合作现状

供应商	数量（万件）	金额（万美元）	采购金额占比（%）	累计金额占比（%）	供应商总销售额（万美元）	S 集团的业务占比（%）
供应商 A	1 267	823.5	35.8	35.8	1 240 000	0.07
供应商 B	774	681.4	29.6	65.4	1 310 000	0.05
供应商 C	659	336.2	14.6	80.0	17 000	1.98
供应商 D	352	183.0	8.0	88.0	27 764	0.66
供应商 E	119	99.7	4.4	92.4	100 000	0.10
供应商 F	126	80.7	3.5	95.9	160 000	0.05
供应商 G	71	59.9	2.6	98.5	11 600	0.52
供应商 H	37	30.0	1.3	99.8	2 000	1.50
供应商 I	6	4.6	0.2	100.0	1 430	0.32
合计	3 411	2 299	100			

注：表中数据单位较大，百分比是以实际数据计算得出的，故存在细微差异。

表 6-2 给予品类管理团队一个启发：如果没有不得不在某一特定供应商那里采购某个具体品种的约束性，是否可以将 D～I 这 6 家供应商的采购量向前 3 家尤其是供应商 C 进行集中，其可行性有多少？这种策略调整是否恰当，还有待后续更多的分析做完后，才能得出结论，比如供应商履约绩效及能力分析、产能利用率分析、供应商偏好矩阵分析等。

在进行供应商现状分析时，了解和分析现有供应商及潜在供应商的产能利用率的状况是非常重要的。产能利用率高，则供应商订单应该相对比较充足；反之，则缺乏订单。根据这一重要信息，采购可以分析是否需要要求供应商投资增加产能，以及通过增加订单量来分担产能利用率过低造成的过高的固定成本摊销。

2. 采购管理集中化程度

采购管理集中化程度或者说谁买则可反映出该品类目前采购管理的方式是集团公司统一协调的集中采购还是各分、子公司（事业部）各自为政的分散采购，也就是说，公司是采用由集团采购部统一计划管理下的全球采购或平行采购策略，还是采用由各部门自行安排（如差旅、办公用品等由后勤管理部门采购，猎头服务由人事行政部门采购）的自主采购模式。结合上述案例，在现实工作中，就要先弄清这四个基地是自行计划、自主采购，还是由总部统一管理，由集团统一完成供应商的选择、准入和合同谈判，基地只负责根据需求下单买料。这在很大程度上会影响这家公司能否采出优势，购出效率。S集团公司在推行采购品类管理之前，就是由四个基地自行采购的，彼此之间缺乏统一管理和有效的沟通协调，没有形成集团层面的数量的优势，这正是促使其推行采购管理变革的主要因素之一。

随着采购管理精细化程度的提高，品类采购经理很多时候还会沿着供应链向上延伸，把发包给众多供应商的需求打包整合，形成更大的量的优势。就拿球轴承这一品类为例，用在汽车发动机、变速箱、起动机、电动机、空调压缩机等处的轴承，主机厂、发动机厂以及各零部件厂各自使用各自的供应来源，至于要不要对这些供应来源进行分类或整合，一定程度上取决于采购管理精细化程度以及供需双方博弈力的强弱。如果买方强势（如汽车主机厂），那有可能为生产发电机的供应商指定轴承供应商，甚至代为采购。

3. 前瞻需求

这一点前文刚刚阐述过，其意义在此不再赘述。这里主要介绍数据从哪里来。不同的公司有不同的渠道。这些渠道包括但不限于公司宏观战略规划、市场战略规划、区域销售预测等。而要想能够及时有效地获取这些数据，则需要在机制上给予保证。某世界知名的通信行业的制造商H公司就在其采购团队中设置了旨在代表采购部与各产品线产品经理及时进行沟通的"采购代表"这一角色,其主要任务就是与各产品线的市场与研发人员沟通现在及未来的产品对于具体品类(如芯片等)的需求的数量及技术等动向,并传递到品类管理团队,以制定相应的采购策略来满足企业经营和战略的需要。而在 S 集团公司,原本并没有这样的机制,所以在第三方给出的采购绩效评估报告中就明确指出这是需要改进的项目,作为优化措施,其采用的则是品类经理通过定期会议的形式与市场人员和研发人员进行沟通,以获取这些未来的需求。

4. 价格/成本剖析

在采购品类管理中,如果能对某品类的价格与成本构成及其动因进行分析,那无疑将对后续的机会挖掘带来巨大帮助。如图 6-10 所示,某轴承公司将某品类的价格分解为原材料、制造费用、人工成本、厂房折旧、包装运输、三项费用(管理费用、销售费用、财务费用)和利润。

一旦价格模板形成了,就可以要求几家供应商在具体报价时按照同样的模板进行拆解报价,假以时日便可以整合成某品类的价格模型。当然如果某品类的供应商中有上市公司,在其财报和行业分析报告中也可以获取相关的成本数据。需要指出的是,在此阶段进行的是价格分析,如果要进行详细的成本分析,尤其是基于工艺流程的作业成本法分析,则需要后续到某个供应商的特定产品的生产现场去收集、测算和分析。

在采购管理实践中,供应商价格及成本分析的数据,对很多公司的采购人员来讲可以说是梦寐以求却又求之不得的关键情报。在培训咨询中,经常会有学员问如何获取这些信息。其实这关键取决于双方的关系和获取这些情报的目的。通常情况下,战略和合作型的供应商是比较适合通过公开数据进行分析的,而对于合同和交易型的供应商,往往就不适合也很难实现数据的公开,此时可以将收集和分析得到的行业平均数据作为基准。对于采购方来讲,也要把获取数据的目的摆正。如果目的是将供方提供的成本分析的数据用于价格谈判,那对方就不愿意提供;如果把数据用于改善辅导,与供方联合进行成本降低,然后将收益进行分享,信息公开的大

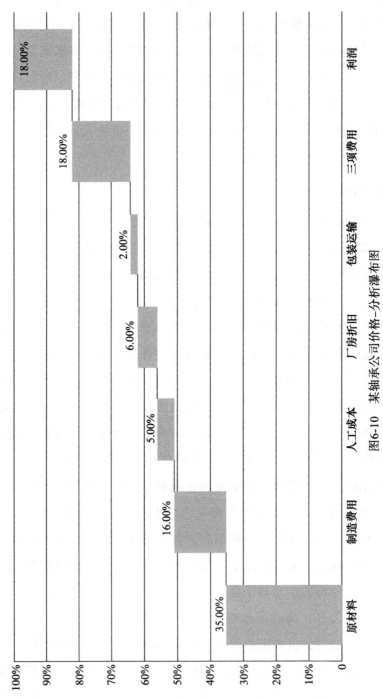

图6-10 某轴承公司价格-分析瀑布图

门或许就能敞开。S集团公司就是通过开展供应商改善项目的形式，帮助供应商建立了成本分析的模型，并有针对性地进行辅导与改进，真正形成了与供方互利的合作关系。长此以往，各品类的成本分析的数据库也就建立起来了，之后构建成本模型便是水到渠成的事情。

6.2 识别优化机会，确定优化目标：O^2

支出和现状分析就像给采购品类管理拍了张全景照片。接下来我们要做的事是面对照片仔细分析，找出优化机会（opportunities），并确定优化目标（objectives）。下面我们就继续以S集团公司线材品类采购的案例进行探讨。

6.2.1 机会的识别

识别机会是品类策略的一个重要环节。识别机会时通常要考虑多方面的因素，例如当下业务的需求以及未来发展的趋势，外部市场及其发展趋势，采购组织在市场中地位的变化，行业最佳实践的评估，特殊物料、特殊渠道、特殊规格等"三特"情况分析与评估等。接下来我们就从这几个方面进行详细的阐述。

站在品类的高度上，对原本采购管理过程中做得还不太尽如人意或者没有那么完美的地方进行梳理，其中隐藏着的改善机会可能就显现出来了。比方说，如果某品类的物资分布在不同的基地或分、子公司，在没有实行集中采购的情况下，各分、子公司采购各自为政，也都有自己就该品类的一些管理优化的措施，当品类管理团队站在集团的层面，打破分、子公司、事业部的物理或者行政上的约束，拉通集团层面对品类产品或服务的需求时，很多机会自然就"冒出来了"。例如通过集团层面的集中采购，可以更大程度上发挥"以量换价"带来的好处。再者，有些情况下各分、子公司或事业部对某些供应商的关系或策略并不完全一致，甚至出现分、子公司之间在供应商那里抢产能的不协调的局面。所以将原本分布在不同分、子公司和事业部的针对该品类物资或服务的优化措施整合到一起，进行求同合并、找异分析应对，这本身就是巨大的机会。

1. 需求的现状及趋势是否会带来机会

S集团公司轴承品类的需求中，虽然在过去20年的复合增长率只有5%左右，但是基于新兴市场需求的猛增，未来3年的需求递增在17%左右，需求的急剧增加势必会增加采购方的博弈力。

（1）**规模降本**。一方面，稳定上升的需求，更加有利于供应商按其经济生产批量安排生产，减少中途换产带来的损失；另一方面，产量的增加，进一步使得制造成本分摊进入相关产品其他费用，从而使供应商的总成本更低，如图6-11所示。

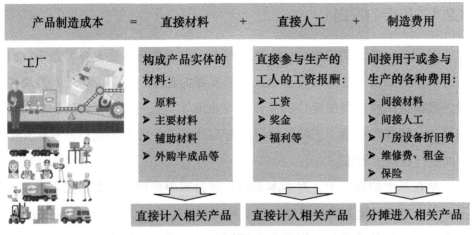

图6-11 产品制造成本的构成

通过规模效应，图6-10中所示的占价格16%的制造费用、占价格18%的三项费用在单位产品上的分摊都会降低，这无疑是很好的成本优化的"快赢"机会。在采购实践中，集中采购是一种常见的利用规模来降本的手段。集中采购可以分为横向集中和纵向集中两种。横向集中就是集中集团内部各分、子公司的量，统一进行采购；纵向集中是将分散在一年或几年当中的多次采购，集中到一次进行年度甚至 3～5 年采购量的统一谈判或招标，签订框架协议锁定供方和定价机制以便供应商规模化生产从而降低总成本。

（2）**效率降本**。随着需求量的持续稳定增加，操作人员的经验日益丰富，速度提高，材料利用率提升，不良率降低，甚至采用更先进的技术，如图 6-12 所示的学习曲线（学习曲线也称生产进步函数，广义上讲是用来描述产品生命周期内融合技术进步、管理水平提高等众多因素下，单位产品的生产时间与所生产的产品总数量之间的关系的曲线）效果显现，效率提高，制造成本进一步降低。效率降本在采购管理实践中已经得到广泛应用，例如在汽车行业很多主机厂跟供应商签订的 5% 的年度成本降低指标，正是基于效率提升带来的成本下降这一考虑而设定的。

（3）**政策降本**。当下在很多行业，国家会基于各种考虑给予相应的补贴，例如新冠疫情期间就对很多类型的企业进行保险等减免，对于光伏、新能源汽车等行业也会有相应的补贴等，这些都是很好的机会。S 集团公司在中国的基地位于出口加工区内，其供应商都不同程度享受到了国家鼓励出口而提供的出口退税政策的红利，S 集团公司也很巧妙地运用政策降本这一方法降低了其采购成本。当然要想用好政策降本，就需要在公司内部由专人收集并整理国内外政策的变化情况，并及时向管理层汇报，以便为管理层及时正确地做出决策提供信息输入。从内外部主动收集并分析和利用各项政策，是品类经理的工作内容中重要的一环。

（4）**结构降本**。结构降本就是通过调整企业输入端的供应商结构、内部的组织结构以及输出端的客户结构来实现成本的降低。这里我们主要强调的是供应商结构调整带来的成本优化。通常情况下我们会根据供应商所能提供的产品或服务的类型（亦称"业务模式"）将其分为通标产品供应商、制造型供应商、设计型供应商和设计加工一体化供应商四类，如图 6-13 所示。如果将每一类再进行细分，则可形成在第 4 章所提到的"业务模式"七分法：我们将供应商分为通标产品供应商、外协加工型供

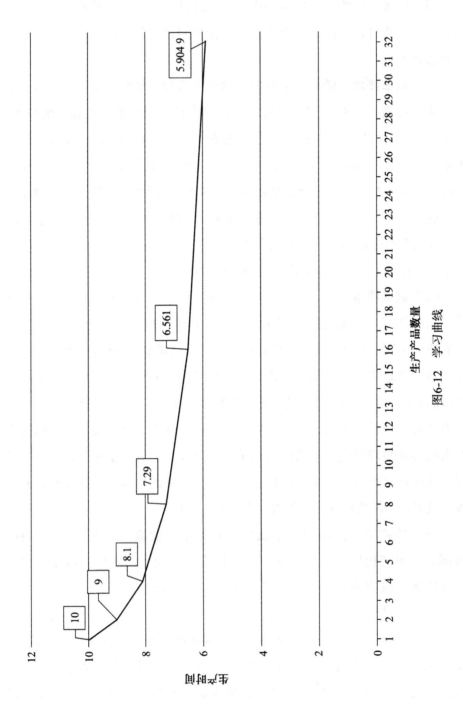

图6-12 学习曲线

应商、制造专家型供应商、设计服务型供应商、独立设计型供应商、外协设计加工一体化供应商、独立设计制造一体化供应商7种类型。一般情况下这7类供应商的成本构成会有所差异，例如独立设计制造一体化供应商的研发和管理费用的比例可能会比对设计要求不高的外协加工型供应商的要高。

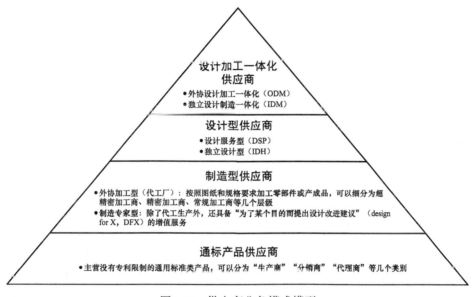

图6-13　供应商业务模式模型

不同类型的供应商成本结构的不同暗示我们在进行供应商选择的时候，要秉承"匹配比能力更重要"的原则，首先要问自己，我们到底要这个供应商来帮我们解决什么问题：是通标产品供应商就能满足我们的要求，还是必须独立设计制造一体化供应商才能满足我们的需求。基于这些前提，就要对前文提到的分散在D到I这6家供应商的采购是否可以集中、整合进行分析。从表6-3给出的信息中我们发现供应商H是独立的设计加工一体化的公司，如果确有需要则保留，其他几家如没优势则可适当进行整合。

表 6-3　S 集团公司轴承供应商业务模式一览表

供应商	数量（万件）	金额（万美元）	采购占比（%）	供应商业务模式	供应区域（2020）
供应商 A	1 267	823.5	35.8	制造专家型	全球
供应商 B	774	681.4	29.6	独立设计制造一体型	全球
供应商 C	659	336.2	14.6	外协加工型	亚太
供应商 D	352	183.0	8.0	外协加工型	全球
供应商 E	119	99.7	4.4	外协加工型	欧洲
供应商 F	126	80.7	3.5	制造专家型	欧洲
供应商 G	71	59.9	2.6	外协加工型	南美
供应商 H	37	30.0	1.3	独立设计制造一体型	北美
供应商 I	6	4.6	0.2	外协加工型	北美
合计	3 411	2 299	100		

（5）**技术降本**。技术降本本质上是通过标准化、通用化、模块化的设计运用价值分析/价值工程（VA/VE）等手段来提升产品性价比的活动。

一方面，标准化、通用化设计实现以后，前文提到的规模效应就完全体现出来了。例如某知名汽车制造商就曾通过标准化设计将其车门把手从 35 种降为 3 种，这在很大程度上提升了每种门把手的量，让供应商具备了规模生产的优势，进而实现了成本的降低。再比如国内某知名白电企业，运用标准化、通用化设计的方法将其电源线从颜色、粗细、长度等方面进行整合，由原来的 150 余种整合成 50 种左右，实现了超过 5% 的成本的降低。S 集团公司，对其球轴承的规格进行梳理，也不失为一个不错的优化方向。

另一方面，通过 VA/VE 即对产品、服务或流程等进行功能和全生命周期成本分析，以独有的多学科跨部门团队工作方式和严谨的工作计划来谋求创新的改进方案，进而提升价值。VA/VE 的目的就是提升价值，其核心公式是：

$$V = \frac{F}{C}$$

式中，V 表示价值，F 表示功能，C 表示成本。

基于此，衍生出 5 种提升价值的途径：

- 提升功能，降低成本。通常是通过新技术、新材料、新工艺的应用降低成本，改进设计或增加用户的期望功能。例如轴承行业自动化的生产及检验设备的应用以及焊接工艺的改进都会带来可靠性的提高及成本的降低。
- 提高功能，成本不变。这里主要是通过改进设计来提高使用功能。
- 大幅提高功能，略微提高成本。
- 功能不变，降低成本。这里需要找出现有产品中过剩、不必要的功能，采用各种方法降低其成本。
- 功能略微下降，成本大幅下降。在满足客户需要的基础上，通过适当降低功能，来大大降低成本。例如将远远超出行业通用规格的轴承钢球的硬度进行调整，使原本远远超出整机寿命及功能的要求略微降低，但是会带来零部件成本的大幅降低。

（6）**流程降本**。例如通过供需双方共同努力改变原有的预测加订单的传统采购方式，采用协同计划、预测与补货（CPFR）或供应商管理库存（VMI）等形式，去除中间的操作环节实现成本的优化。在很多行业，对于一些标准轴承等商品，已经出现由供应商在客户生产现场的自动贩卖机上进行管理的方式，生产时使用部门自行到放置于车间的贩卖机上进行取货，月底统一进行结算。流程降本的本质就是识别并消除存在于各业务环节中的转运、库存、多余动作、等待、过度加工、过量生产等浪费，实现成本的降低。因其关注的是浪费的消除，而不是简单地压榨供应商的利润，所以具备很强的可持续性。

（7）**其他降本**。除此之外还有很多其他降本的方式和方法，例如通过采购联盟进行联合采购、线上电子竞价、反向拍卖等，在品类采购策略制定的章节中将会有相关分析和介绍，在此就不再一一阐述。

2. 支出分布中是否可以解读出优化的机会

在 S 集团公司轴承采购案例的支出分析中，我们可以看出，当下 80% 的支出被 A、B、C 三家供应商瓜分，而这三家供应商中只有 C 属于低成本国家供应商。未来需求增长的驱动因素又为对价格极度敏感的来自亚洲和北美的新兴市场，所以增加供应商 C 的应用范围对于实现公司战略发展就至关重要。

与此同时我们不难发现，供应商太多（9 家）导致支出分布太散，从而使企业丧失在谈判中"以量换价"的优势，所以在支出分布过于分散时（例如像办公用品等日常类物资）进行供应商数量的整合也是获取竞争优势的有效手段。同时非常有必要重新评估现有供应商资源池中供应商存在的必要性，例如对于单价成本过高又没有额外附加值的供应商 E 逐步用低成本国家供应商替代，也是一个有效的优化手段。

3. 从价格及成本分析中寻求机会

价格及成本分析往往是另外一个优化机会的源泉。通过价格分析、横向纵向对比等可以找出成本中不合理的地方，从而有的放矢地进行优化。

在图 6-10 所示的某轴承公司价格构成中，原材料成本已经占到 35%，是各成本要素中占比最高的。作为采购非常有必要将自己的关注范围向前延伸一步，跟供应商一起分析研究原材料的供应渠道、潜在供应来源、定价机制以及替代材料等以找出更多优化的机会。

由管理费用、销售费用和财务费用组成的三项费用是企业管理效率高低的晴雨表。18% 的占比，很难说好与坏，因为这个数字对于不同规模、不同类型的企业来讲会差异很大。到底有没有机会，机会多大，需要采购人员根据供方企业的规模对比同等规模类似企业的水平，以便判断合理与否。三项费用与利润的占比在 36% 左右，这个数据告诉我们，只要采购方找到足够的谈判筹码，价格降低的空间还是不小的。

正如前文提到的，如果有机会在后期跟供应商的长期合作中获得其生产成本分析的数据，尤其是当有两家以上供应商成本分析的数据时，则可以进行横向比较，从而帮助供应商找到成本优化的机会。如图 6-14 所示，

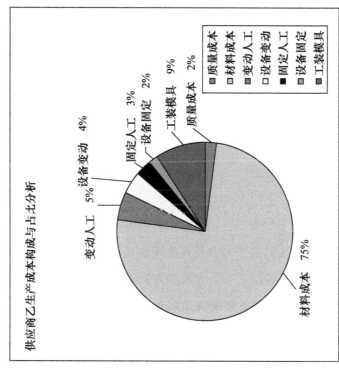
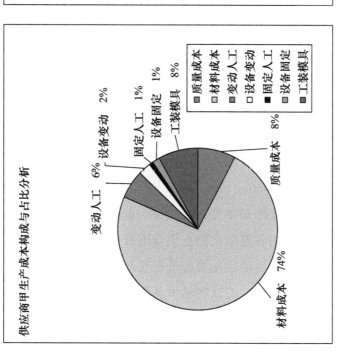

图6-14 同品类供应商生产成本对比分析图

同样是生产注塑件的两家供应商的成本分析中，材料成本占比分别为74%和75%，并无明显差异。而报废成本的占比则存在巨大差异，供应商乙的质量成本仅占2%，供应商甲那里，则占到了8%。通过提升过程保障能力来降低质量成本，将会是该品类优化的良好机会。

鉴于并没有拿到轴承供应商详细的生产成本分析数据，在此只是提供一个方法和思路，供应商生产成本分析在S集团公司轴承采购战略的优化措施中尚未得以应用。

6.2.2 目标的设定

通过机会分析，我们基于支出及其他现状从不同维度推导出了进行品类优化的机会。这帮我们提供了一个大致的方向。方向正确，保证我们不误入歧途、不迷失方向。接下来就要研究走多远、什么时间出发等，把这些理念性、方向性的机会具象成可以追随并为之奋斗的目标。换言之，就是在量化将来要达到的状态的同时，定义清楚为了实现这些目标需要做哪些事情。

回到S集团公司轴承品类管理的案例中，我们从以下几个维度分析并挖掘出机会，如整合优化，重启商务谈判，调整配额，引入新供方以增加竞争，建立物料优选库等措施。

（1）整合优化分散在各基地的措施。正如前文现状分析部分对采购管理集中化程度的分析中所提到的，当前S集团公司的轴承这一品类的采购是由分散在各基地的采购管理人员自行管理的，尽管每个基地都有自己的成本降低项目（cost reduction program，CRP），但是缺乏集团层面全盘规划。将分散在四个生产基地的CRP措施整合到一起充分利用1+1>2的优势，将那些不协调的1+1<2的各基地之间在供应商处抢资源的措施进行合并甚至删除，站在集团层面对各项优化措施进行重新排序。这是一项需要协调但没有太多技术难度的措施，应该在轴承品类经理的协调下快速完成。根据统计，该项措施预计会有80万美元的节约，虽然总金额不大，但是对于通过"快赢"机会以鼓舞团队士气意义重大。例如，基于合作历史以及供应

半径的考虑，欧洲基地希望维持供应商 E 的份额，但是站在集团层面来看，与其竞争对手尤其是同为外协加工型供应商（参照表 6-3）的 C 相比，其成本劣势明显，这将会触发大家将其淘汰的想法，而一旦实现，仅这一项就有 40 万美元的节约。

（2）重启商务谈判。将原来分散在各分、子公司的采购集中起来，由品类经理统筹组织新一轮的商务谈判可能会撬动原本难以撼动的供方的强势地位。这原本也属于整合优化里要考虑的内容，但是基于谈判准备时其他方面的考虑，例如采购占比在供应商处采购占比过小的状况，需要重新对现有采购渠道及采购方式的合理性进行评估优化的情况，我们把重启商务谈判作为一项单独的机会进行分析，以挖掘更多的谈判筹码，增加 S 集团在谈判中的博弈力。当我们横向集中集团的采购量，纵向集中未来的采购量时，尤其是基于未来 3 年近 60% 的采购额增长时，机会会大大增加。经团队评估，预计会有 3% 也就是 70 万美元左右的节约。这也需要在短期即 3～6 个月内完成。

（3）综合评估，扩大供应商 C 的份额。调整供应商的配额是另外一个常见的优化手段。一方面，在 S 集团公司轴承采购中扩大供应商 C 的应用范围，将其产品逐步从入门级产品推广至半专业机型。随着供应商 C 研发及生产制造能力的提升，其产品在 S 集团竞争对手的半专业机型甚至少数专业机型上的成功应用，为这项改变打下了良好的基础。经综合分析，其带来的降本大约有被替代轴承总采购额的 10%，总收益大约为 60 万美元。另一方面，亚太和北美等成本敏感型市场需求的急剧增加也正好给以低成本为核心竞争力的供应商 C 带来更多的机会，而将其从供应亚太基地的区域供应商发展为供应全球的集团供应商也势在必行。这两项措施的实施都需要协调利益相关方的要求，进行大量的验证与沟通，所以需要一定的时间来完成，将会是一项中期任务。

（4）引入货源增加竞争。切换货源，是常见的采购降本手段之一。在过去几十年中，很多跨国企业将其供应源由欧美转到东欧、亚洲等低成本地区，节约了大量的成本。S集团公司成本敏感的新兴市场需求的暴增，呼唤低成本国家的供应商更多地参与到竞争中来。市场的需求，也会助力叩开研发对来自这些区域的供应商原本紧闭的大门。如果再引入1~2家低成本国家的供应商，势必对现有的来自低成本国家的供应商C带来压力，从而出现更大的成本降低机会。经综合评估，此项措施带来的成本降低大约会有10%，预估有120万美元的节约。市场需求的变化降低了该措施推行的内部阻力，可以说是天时地利。新供应商的导入需要针对供应市场做全面的调查分析、现场访问评估、样品开发与验证、转量产爬坡等，流程复杂，短则几个月，长则一两年，保险起见，我们将其定位为中长期的措施。

（5）借推广供应商C的产品的东风，组织研发对现有轴承的要求必要性重新进行评估，输出物料优选库。物料优选库建设是指采购、研发、质量等部门根据性能、质量、供应商的交期与服务等条件对现有的物料进行综合评估并将其划分为优选、慎选、禁选物料，后续在新项目开发的过程中自动导入优选的更具竞争力的物料，禁选负面影响严重的物料，从而提升整个项目和产品生命周期竞争力的活动。这是一项耗费人力、物力的巨大"工程"，需要管理层的大力支持，以及促使研发团队主动推动难题的逐一破解，对品类管理团队来讲着实是个挑战。但是一旦建成，对公司的意义非凡。无疑这也是一项长期活动。

综合上述分析，便会形成如表6-4所示的品类优化的机会与目标。必须要澄清的一点是，品类管理的五个措施都有具体的目标，当这五项完全达成的时候，其给公司带来的总价值并不是五项任务价值简单的累加，例如淘汰供应商E带来的收益跟扩大供应商C的应用范围带来的收益会有部分重合。表中措施的收益累加是490万美元，实际带来的综合收益在230万美元左右。

有人可能会问，表6-4中的内部阻力、外部难度以及机会优先级顺序是怎么来的呢？首先内部阻力和外部难度两项都是团队成员集体进行评估

表 6-4 S 集团公司轴承品类采购机会与目标分析

品类/细分品类	支出金额（万美元）	品类知识水平	成本灵活性	优化机会	降本比率	降本金额（万美元）	内部压力	外部难度	优化项目类型	机会优先级
轴承	2 300	低－中	中	整合实施各基地已有优化措施	3%	80	高	中	短期项目	1
				导入新的低成本国家供应商	10%	120	由高变低	中	中期项目	5
				扩大供应商 C 的应用范围（由入门级扩展至半专业级机型），并将其发展为全球供应商	10%	60	高	低	中期项目	4
				建立品类物料优选库，提高可获得性，缩短新产品上市时间（TTM），改善交付	5%	120	高	高	长期项目	6
				重新启动商务谈判	3%	70	中	中	短期项目	2
				逐步淘汰供应商 E、I	45%	40	中	中	中期项目	3

判定出来的，例如内部阻力会分为高、中、低三档。品类管理团队可根据实际情况来区分定义，如有的团队将需要动用公司最高层资源才能消除的阻力定位为高，通过品类管理团队成员通力协作可以消除的阻力定位为中，采购或 SQE 等某个职能通过努力可以解决的阻力定位为低。外部阻力高、中、低的界定可以类推。

要想使项目能够有效推行，还需要把定义好的机会按优先级排序。因为品类管理战略的建立是一个变革的过程，发掘并充分利用快赢的机会对于项目的开展会产生重大的影响，例如表 6-4 中的第一项，尽管金额不是最大的，难度也不是最低的，但是对于项目的有效推行来讲，这是个首要的任务，所以优先级排在第一位。实际工作中会将每一项措施按照其收益大小和实施难易程度这两个维度形成的矩阵来排序：价值高又容易的，优先做；价值低又难的，则最后做甚至不做。

6.3 建议整合与计划制订：P^2

如前文所述，品类管理策略的建立，尤其是从无到有的构建，本质上是一个项目。在明晰现状、具体化目标以后，接下来要考虑的便是制订品类管理项目的建议（方案）和计划的问题。这个过程一般分为两步：品类管理（项目）建议及计划的制订、品类管理（项目）章程的建立。

6.3.1 品类管理（项目）建议书和计划的制定

品类管理（项目）建议通常包含开展这项活动的必要性和可能性、针对现状和目标的分析提出的概略性的建议，以便为后续获取资源和审批提供参考依据，旨在勾勒出整体概况、资源的需求及来源、进度安排等。前期在进行现状和机会分析的时候，已经对当前可见的机会进行了分析，预估出了可能带来的收益，并根据其收益和难易程度进行了优先级的排序。正如前文提到的，如果要想更加充分、详尽地挖掘品类优化的机会，就需要启动品类采购战略规划流程（项目），来制定集团层面面向 2021～2023 年的轴承品类采购战略。那么这个用以立项审批、获取资源的项目建议书该如何来写呢？

一般来讲，这个建议书首先要对支出及现状做高度概括的总结，正如前文所分析的，S 集团公司轴承采购支出和现状可概括为：

（1）2020 年轴承总支出为 2 300 万美元，占生产物料支出的 3.3%；历史降本 3% 左右。

（2）轴承为共用物料，全球四个生产基地均有需求，2020 年支出中欧洲基地约占 50%，北美和亚太基地各占 20% 左右；后续需求增长主要由亚太等新兴市场驱动；由于新兴市场需求的激增，年复合增长率由过去的 4%，增至 17% 左右；北美、亚太基地的采购金额未来 3 年内增长幅度巨大，由于该市场对产品价格极为敏感，因而对成本降低的需求明显。

（3）目前共有 9 家供应商，其中前 3 家的采购额占总数的约 80%，前 5 家的采购额占约 92%；鉴于轴承对于整机寿命及功能的影响，技术规格及质量要求比较高，目前合作的供应商如供应商 A、B 等大部分来自全球前 8 大轴承公司。

（4）采购额在供应商业务中占比很小（<1%），采购博弈力低；采购模式为传统的预测＋订单的模式。

（5）基于轴承本身的特点，以及进入的壁垒，行业毛利率较高，为 30% 以上。

（6）轴承制造、检测自动化程度日益提高；随着低成本国家轴承制造水平提高，供应商（如供应商 C）竞争力逐渐提高，成本有明显优势。

（7）R＆D 部门没有轴承设计能力，基本依赖供应商的研发。但是基于公司原有的差异化策略，现有产品中存在很多定制（如钢球硬度）的情况，比市场标准产品价格高，且缺货时很难找到替代品。

（8）轴承质量会影响整机寿命，替代或更换供应商需要大量的可靠性和寿命试验，周期长，不确定性大。如无市场特殊需求等契机，已量产产品切换供应商的难度很大。

接下来是对机会与目标的概括性阐述。这里只需简明扼要地将重点内容突出呈现即可，无须将前文的分析照搬过来。

（1）整合分散在各基地的 CRP 优化措施，快速实施。

（2）重新谈判，利用规模优势降低采购总成本。

（3）充分利用低成本国家技术进步带来的优势，并将其发展为集团供应商，改变配额，降低采购成本。

（4）针对定制化的轴承中的"特殊要求"的必要性重新进行评估。

（5）优化货源，引入 2 家新供应商，保障供应，尤其是满足成本敏感的新兴市场激增的需求。

（6）综合上述措施预计降本 10% 约 230 万美元。

在支出与现状、机会与目标分析的基础上，把建议呈现出来就是水到渠成的事了，让这些建议看起来有理有据，所有的改变都事出有因，让人对未来充满期待：

（1）启动品类采购策略规划流程，制定面向 2021～2023 年的轴承品类策略。

（2）立即整合各生产基地的优化措施，准备进行商务谈判，并择机调整配额。

（3）收集最新的市场资讯，充分利用新兴市场价格敏感度高的特点，再引入 2～3 家低成本国家供应商；整合淘汰没有优势的供应商 E、I。

（4）针对物料级开展单一来源供应风险的评估与管理。

到此，我们便可以对支出与现状、机会与目标以及建议计划进行有机整合，形成如表 6-5 所示的轴承这一品类采购策略的（SOP)^2 了。

在此我们需要再次强调的是，在这一阶段定义的（SOP)^2 中识别的机会及制订的计划更多的是基于初步分析而做出的一些即期或者称为短期的快赢措施的计划。

表 6-5　S 集团公司轴承品类采购策略（SOP）^{2}

(SOP)^2——轴承
支出及现状分析（Spend & Situation）
1. 2020 年轴承总支出为 2 300 万美元，占生产物料支出的 3.3%；历史降本 3% 左右
2. 轴承为共用物料，全球四个生产基地均有需求，2020 年支出中欧洲基地约占 50%，北美和亚太基地各占 20% 左右，后续需求增长主要由亚太等新兴市场驱动；由于新兴市场需求的激增，年复合增长率由过去的 4% 增至 17% 左右；北美、亚太基地的采购金额未来 3 年内增长幅度巨大，由于该市场对产品价格极为敏感，因而对成本降低的需求明显
3. 目前共有 9 家供应商，其中前 3 家供应商占总数的 80%，前 5 家的采购额占约 92%；鉴于轴承对于整机寿命及功能的影响，技术规格及质量要求比较高，目前合作的供应商如供应商 A、B 等大部分来自全球前 8 大轴承公司
4. 采购额在供应商业务中占比很小（<1%），采购博弈力低，行业毛利率较高，为 30% 以上
5. 基于轴承本身的特点以及进入的壁垒
6. 轴承制造、检测自动化程度日益提高；随着低成本国家轴承制造水平提高，供应商（如供应商 C）竞争力逐渐提高，成本有明显优势
7. R & D 部门没有轴承设计能力，基本依赖供应商的研发。但基于子公司原有的差异化策略，现在产品中存在很多定制（如钢球硬度）的情况，比市场标准产品价格高，且缺货时很难找到替代品
8. 轴承质量会影响整机的可靠性和寿命需大量的可靠性试验，替代或更换供应商周期长，不确定性大，已量产产品切换供应商的难度很大
机会与目标（Opportunities & Objects）
1. 整合分散在各基地的 CRP 优化措施，快速实施
2. 重新谈判，利用规模优势降低采购总成本
3. 充分利用低成本技术进步带来的优势，并将其发展为集团供应商，并进行重新评估
4. 针对定制化的轴承产品中的 "特殊要求" 的必要性重新进行评估
5. 优化货源，引入 2 家新供应商，保障供应，尤其是满足成本敏感的新兴市场激增的需求
6. 综合上述措施预计降本 10%，约 230 万美元
建议与计划（Proposal & Plan）
1. 启动品类采购策略规划流程，制定面向 2021～2023 年的轴承品类策略
2. 立即整合各生产基地的优化措施，准备进行商务谈判，并择机调整配额
3. 收集最新的市场资讯，充分利用新兴市场价格敏感度高的特点，再引入 2～3 家低成本国家供应商 E、I
4. 针对物料架开展单一来源供应风险的评估与管理；整合淘汰没有优势的供应商

6.3.2 品类采购战略构建（项目）章程

项目章程是一个项目开始后第一份正式的文件，是由高层签署的规定项目要求和实施者的责权利，用于证明项目存在的正式说明，是组织中对项目的开始实施赋予合法地位的载体。它通常包括项目的期望、开展项目的目的或理由及具体目标、项目产出的说明和规定，以及主要里程碑、项目经理及团队成员的角色与任务、相关的预算、人力资源等。

项目章程的制定并不是凭空想象或随意编制出来的，而是根据其特性、情况与要求通过综合平衡编制的。章程的内容奠定了品类采购战略的构建与推行这一项目的基调，由谁批、如何批也在一定程度上反映出采购品类管理在组织中的战略地位的高低。如果只是采购部的负责领导进行审批，那么在需要兄弟部门如研发的投入与支持时可能就会遇到瓶颈；如果是采购、质量、研发的领导联合审批，战略高度自然也就不一样。

品类采购战略构建（项目）章程通常包含项目（品类）的名称与范围、项目开展的目的与目标、项目实施的关键里程碑、内外部的约束与限制、项目的负责人、团队成员及角色与任务、沟通计划等。回到 S 集团公司轴承品类采购战略中。

（1）**品类的名称与范围**：轴承中的球轴承。

（2）**项目的目的**：其一，建立集团公司层面共同认可的轴承品类的采购战略；其二，将前期发现的短期优化措施落地执行。

（3）**目标设定**：目标的设定一般会基于 SMART 原则（S=specific，具体；M=measurable，可测量；A=achievable，可实现；R=relevant，相关；T=time-bound，有时限）进行设定。如在本项目中，6 个月内完成轴承品类采购战略的制定，3 个月内完成各基地优化措施的整合实施，6 个月内完成新一轮的供应商谈判，12 个月内导入 2 家新的低成本国家轴承供应商和实现总采购额 10% 的降低（230 万美元），这些是 S 集团公司轴承品类采购战略构建项目的目标。

目标清晰以后，需要定义清楚实现每个目标时的交付物以及完成交付物的过程中所需要的活动,并估算每个活动所需要的时间长短、人力等资源,按时间顺序排列起来。这样就形成了项目的进度表。项目进度一般会用甘特图来呈现(见图 6-15)。其通过条状图来显示项目、进度和其他与时间相关的系统进展的内在关系随着时间进展的情况。图中横向表示时间,纵向表示项目,线条表示期间计划和实际完成情况。它直观表明计划何时进行,以及进展与要求的对比,便于管理者弄清项目的剩余任务,评估工作进度。

图 6-15 的进度显示,该项目一共由 20 项活动构成。其中标星号的 7、8、9 三项活动是其中可以实现快赢的项目。每个项目的开始至截止时间用深颜色的条状图显示。

(4)在制定进度的时候,一个关键的任务就是识别并定义关键活动及里程碑。表中用"×"标出的,便是该项目的几个关键里程碑。里程碑是沿着项目时间线出现的重要的、有标记的进度点。一般来说,里程碑意味着项目开发中的一个重要变化或步骤。根据目标及关键交付物的实现,该项目共设置了 5 个关键里程碑。

- **里程碑 1:轴承品类采购战略构建项目批准**。项目批准相当于这一系列活动的发令枪。其地位的关键程度不言而喻。俗话说"千里之行,始于足下",这也是采购品类管理迈出的至关重要的一步。

- **里程碑 2～4:这 3 个里程碑对应的全都是短期快赢措施瓜熟蒂落的时刻**。这些接踵而至的收益将会进一步坚定项目团队甚至管理层在品类管理这一变革性项目中继续投入的信心。所以在每个快赢机会成功之后,适当庆祝一下是非常必要的。及时利用项目过程中的每个里程碑对团队进行激励是项目经理成功管理项目的有效手段之一。

- **里程碑 5:品类采购战略在充分沟通的前提下得到认可并获得批准的时刻**。这里的关键点是这一战略得到了利益相关方的认可,并获得了其执行的承诺。因为再好的战略如果得不到执行,也只是一纸空

项目进度控制甘特图		项目编号			项目名称								日期		
项目经理：Bill		202002003			轴承品类采购战略制定与优化								2020.01.16		
		请输入任务状态			1 计划	2	3 完成	× 关键里程碑							
No.	任务描述	1月	2月	3月	4月	5月	6月	7月	8月	9月	10月	11月	12月		
1	轴承采购数据的收集与整理	■													
2	筹划组建轴承品类采购战略构建项目团队		■												
3	采购品类管理培训			■											
4	采购支出及现状分析工作坊			■											
5	采购品类机会及目标的确定			■											
6	品类采购战略构建项目立项批准			×											
7*	整合各基地CRP情境，并快速实施				■	■									
8*	完成新一轮供应商谈判				■	■									
9*	供应商配额调整					■	×								
10	利益相关者及其要求收集、准备					■									
11	供应商及供应市场分析信息收集准备					■	■								
12	采购品类及供应市场价值分析						■								
13	供应商及供应市场分析						■								
14	供应商关系定位分析							■							
15	供应商关系管理战略							■							
16	品类采购战略制定工作坊								×						
17	风险分析及对策制定								■						
18	品类采购战略的实施计划制订									■					
19	品类采购战略沟通与批准									×					
20	品类采购战略优化长期措施实施												■		

图6-15 轴承品类采购战略制定项目进度控制甘特图

文。而品类管理实施的成败，一个关键的判定依据就是这些战略是获得了"战友们"——各利益相关方的支持还是仅仅停留在采购部门。

品类采购战略中长期的改善项目在实施过程中也会有相应的里程碑，这些措施还需要后续与利益相关方进行沟通，且要综合考虑供应商与供应市场的变化等因素，因此这些里程碑将会放入 $4S^2$——品类管理战略及实施计划环节中介绍。

（5）**内外部的约束与限制**：在制定完进度与关键里程碑之后还要及时识别内外部约束，并通过多种渠道获取资源，突破约束的限制，这也是项目经理的重要任务之一。作为品类经理，需要充分分析这些约束，通过项目中商务总负责人和技术总负责人争取到相应的资源来推进项目的开展。如在 S 集团公司轴承品类采购战略制定项目中遇到的约束包括：研发、质量、技术等品类项目组成员可投入时间及其他如测试资源的限制，以及新冠疫情带来的各国对国际差旅的限制，这些会增大低成本国家供应商认证的难度等。

团队成员的角色与职责：明晰的责权利是高绩效团队的基本保障之一，所以作为项目负责人的品类经理有必要对团队中每位成员的角色进行细分，并落实到前文提到的 RACI 矩阵中。

（6）**沟通计划**：一个成功的项目经理 90% 的时间是在做沟通。在品类采购战略构建项目中，作为项目负责人的品类经理需要制定一份份完善的、团队共同认可的沟通计划，并依此进行不同形式的沟通，如项目例会、一对一面谈以及非正式沟通等。

品类采购战略构建（项目）管理章程，就是将上述内容按照特定的顺序融合而成的，如表 6-6 所示。

$(SOP)^2$ 分析是项目章程制定的基本依据，只有项目章程得到批准以后，针对该品类进行的更加具体、深入的分析才会展开。更详细的分析将在接下来的章节中展开，如第 7 章利益相关方及其要求的分析、第 8 章供应商和供应市场的分析、第 9 章品类采购策略及其实施环节的分析。

表 6-6　S 集团公司轴承品类采购战略构建（项目）管理章程

品类采购战略构建（项目）管理章程——轴承类

品类名称与范围定义

轴承——球轴承

目的（为什么建立该品类管理团队）

为了在公司面共同认可的轴承类物资的管理战略
- 建立公司层面共同认可的轴承类物资的管理战略
- 整合资源，保证交付，优化资源，满足新兴市场价格敏感型客户对低成本产品的增量需求

团队成员、角色与职责

姓名	角色
商务/技术总负责人的姓名：Sam	为项目提供帮助和协调、消除障碍、批准成果
技术总负责人的姓名：Johnnathan	技术评估决策、物料优选资源支持
品类小组组长（经理）的姓名：Bill	主导品类采购战略制定项目，协调各部门及子公司参与，推进项目进程，确保按时交付完成

核心小组成员及职责

研发部：Stephen	主导新兴市场产品轴承要求
采购部：William、Joe、Tim、Anita	信息收集、主导市场分析、寻源及谈判
质量部：Kevin	主导新供应商的准入评估
测试部：Kelly	主导新供方轴承的可靠性测试
市场部：Mike	未来需求信息沟通

目标（该品类管理团队有哪些量化管理目标）

- 制定管理层批准的轴承品类采购战略报告
- 降本 10%
- 增加 2 家低成本本国家供应商

关键交付成果与时间

计划交付时间：	2020.3.10

关键里程碑 1：轴承（SOP）[2] 完成，项目批准

关键里程碑2: 整合各基地"快赢"措施并实施	计划交付时间:	2020.6.10	物料计划: Meggie	根据需求制订物料切换计划
关键里程碑3: 完成新一轮供应商谈判	计划交付时间:	2020.9.15	扩展小组成员的姓名与部门及职责	
关键里程碑4: 供应商配额调整	计划交付时间:	2020.10.15	生产部: David	协调试生产装配运行
关键里程碑5: 品类采购战略批准执行	计划交付时间:	2020.8.1	财务部: Julia	核算降本效果
关键里程碑6: 新供应商导入及优选率批准执行	计划交付时间:	长期任务		
约束与限制			沟通负责人	

- 研发、质量、生产的资源，尤其是研发可靠性测试资源
- 新冠疫情导致国际差旅的限制；品类小组成员的可参与时间

沟通负责人: Bill
职责: 按照团队制订的沟通计划与团队成员及利益相关方进行有效沟通，推动项目正常运行

第 7 章

$2S^2$
干系人与品类要求分析

———

本章的焦点是品类管理 $5S^2$ 系统方法的第二个 S^2——干系人与品类要求分析。这里的 S^2 分别源自干系人和品类要求的英文首字母,即 stakeholder(干系人)和 specification(有关品类的具体规范和要求)。其中,干系人的英文 stakeholder 也常常被翻译为利益相关方,但本书统一称为干系人。干系人泛指跟某事项(事务、活动或者行为等)存在利害关系的所有人和组织,例如客户、用户、发起人、高层管理人员、股东、执行人和公众等。干系人可以对该事项予以支持、反对或者不置可否。干系人和品类要求分析与管理是成功实施品类管理的关键之一。

7.1 内部干系人分析

如开章所述,干系人可以是外部组织或者个人,但通常来说,在实际工作中采购品类管理人员更多的是通过内部干系人,例如高级管理者、研发部门、财务人员和使用部门等,来获得与组织所需的各类资源有关的要求信息;对于那些来自特定的外部干系人的要求信息，例如来自客户、政府部门和社会媒体等的要求，则通常不会直接接洽和管理，而更多地依靠其他部门去达成目标。在某些特定的情况下，采购人员也会跟外部干系人直接对接，但更为明智的做法还是将焦点和努力放在我们可以更加有效地施展专业影响力的区域，即内部干系人方面。这样做有其必要性，我们会在后续阐明。唯一需要特别指出的外部干系人，是采购管理的重要工作伙伴——供应商，我们会单独进行说明。

内部干系人对于采购人员极其重要，他们大致分为内部客户、资源提供者和"第三方"。内部客户的重要性不言而喻，采购人员正是通过服务内部客户而达成服务外部客户的终极目标的。究竟哪些人或者部门可以被定义为"内部客户"呢？通常而言，依赖于采购人员的服务和输出的人与部门都可以被视为内部客户，例如作为使用部门的生产制造部门、把控产品质量和安全的部门、客户利益的代表者及公司的高级管理人员等。采购部门的领导算不算采购人员的内部客户呢？仁者见仁、智者见智，但我们更加倾向于将其列入资源提供者。专业采购人员是在战略高度得到充分授权的，要接受领导的方向指导，但更应该被授权去专业地管理自己的品类，而不能过分"唯老板马首是瞻"。资源提供者可以是公司的高级管理人员、采购或者更加宽泛的供应链部门的领导、决策委员会、研发设计部门（含技术权威和专家）和工程技术部门等。第三方是一个特殊的群体，往往带有跨专业的视角和审计功能，例如进料检验（incoming quality inspection，IQI）、内部审计、实验分析和绩效评估等部门和人员。财务部门既可以是内部客户也可以被视为第三方，在满足经营指标和利润目标方面，他们是客户，而在分析和评估采购人员对公司的贡献时，他们更像第三方。如前所述，供应商是一个特殊的角色。在本书中，我们倾向于将其视为"特殊的外部干系人"，因为供应商是采购人员最重要的、最需要依赖的资源之一，在组织内部采购人员需要适当地维护供应商的合理利益。这句话可能让部分读者感到难以理解。但试想如果内部干系人不关心供应商的合理利益，例如强行要求供应商将价格定在其成本之下，或者提出有违常理的超长付款账期，提出供应商无法达成的技术要求等，采购人员是不是应该站出来为供应商发声甚至提出反对意见？严重不合常理的要求不仅会损害供应商的利益，也势必对采购方的供应保障造成威胁。

这么多的干系人，采购人员该如何满足各种诉求呢？采购人员是需要无差别对待还是有所侧重呢？答案显然是后者，即干系人对于采购人来说是有优先级区别的。做好干系人优先级分析、分级和管理，对于成功实施品类管理意义重大。

7.1.1 干系人优先级分析与启示

干系人管理的第一要务就是**确定需要重点管理的干系人**。推行采购品类管理必然要引入很多变化甚至变革，而在组织内推动和领导变革离不开重要干系人的支持和同意。如何识别重要干系人——是领导、客户还是"第三方"？我们可以借助一些工具来帮助自己做好这项重要工作。门德娄（Mendelow）权力/利益矩阵就是一个对干系人进行比较和分析的有效工具，也常常被称作利益相关方矩阵（stakeholder matrix）。具体来说就是从权力和利益（相关性）两个维度去分析各干系人所拥有的权力和使用权力的可能性，从而定性地识别出干系人的重要程度，并进行优先级排序。如图7-1所示，品类管理人员可以按照两个维度将干系人归类在四个象限里。

让我们用一个真实案例来快速诠释一下这个过程。Delta Z公司负责被动器件的品类经理W女士，准备谋划新的战略进行品类管理，因此她需要管理好内部干系人。她目前已经识别出的干系人有电子件大类采购经理（直接上司）、采购总监（上司的上司）、总经理、运营总监、品质总监、财务总监、生产制造经理、供应商质量经理、研发经理、计划员、失效分析工程师、进料检验工程师、采购员和仓库管理主管等。按照利益相关方矩阵，W女士进行了如下归类（见图7-2），并且清晰地识别出了关键干系人：电子件大类采购经理、采购总监、品质总监、供应商质量经理和研发经理，这和大多数公司里的现实情况相吻合。总经理和财务总监等属于高能人物，但是他们的立场相对中立。他们更加关注风险，所以需要从风险管理方面让他们安心，并且让他们对可能的收益感到满意，他们就可能更加支持品类经理去导入变更。假设该公司面临亏损或者利润大幅度下降的情况，那么干系人的利益相关程度就会发生变化，财务总监和总经理就会成为关键人物，而品质总监和供应商质量经理的利益相关程度就可能变小。我们由此而得到的启示就是：干系人的利益相关程度是随着企业所面临的内外部环境的变化而动态变化的。

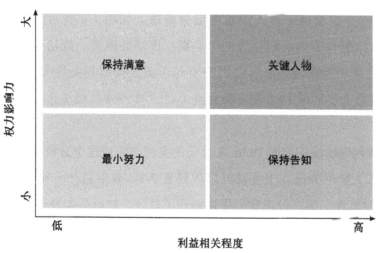

图7-1　利益相关方矩阵

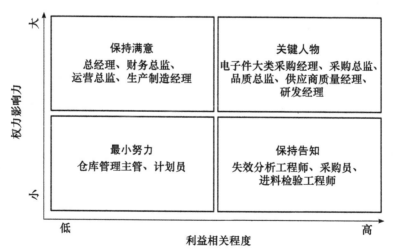

图7-2　利益相关方矩阵应用示例

7.1.2 干系人关系图示分析法

识别出干系人的重要性和优先级是一个很好的开始，接下来就是对高优先级的干系人进行更加深入的分析。专业采购人员需要判定高优先级干系人对自己方案或者提议的支持程度，并采取积极措施以最大程度地取得支持或者减弱阻碍。如果我们将某一方的支持程度用正（+）负（-）号来表示（+代表支持，- 代表反对），那么给干系人附上极性就会看到不同的"景象"——这就是**干系人关系图示分析法**。如图 7-3 所示，我们给相关方赋以 +/- 极性，然后划分为四个类别：成功推动者、成功帮助者、袖手旁观者和成功阻碍者。然后我们需要对干系人按照相关性（1～10）、影响力（权力大小 1～10）和支持程度（-2，-1，+1，+2）进行列表、分析和归纳。

让我们继续沿用前面 Delta Z 公司的案例来完成这个分析步骤，并且为每个干系人赋予分值，于是就可以得到表 7-1，其中总分 = 相关性 × 影响力 × 支持程度。通过分析我们很快得到了总分，然后品类经理 W 女士就可以决定需要重点关注哪些干系人了，例如关注度排名前三的品质总监、供应商质量经理和运营总监，其次则是研发经理。这个关注度排名是按照得分从低到高来排的——负分越多越靠前，至于是选择 3 个、4 个还是 5 个或其以上，完全取决于实际情况和项目的复杂度。基本的原则是：项目规模越大、越复杂，越需要关注更多的负面干系人。如果干系人总分绝对值小于 25 分，我们认为就没有必要给予特别的关注了。然后需要关注正值前几名的干系人，主要方向是防止他们的极性的转变，即从支持变成反对。他们都是具有高影响力的支持者，采购人员必须发展和保持同他们的正向互动，以确保持续得到他们的支持和肯定。最后，我们要避免高能低相关干系人中出现严重反对者。以案例中的 12 号干系人（失效分析工程师）为例，如果让他产生了非常糟糕的印象，让他觉得新的品类管理战略会导入不可信的供应商、大幅度增加失效率，从而大幅增加他的个人工作量和公司所面临的风险，那么他有可能成为严重反对者（-2 的支持程度），其总分就从

当前的 –40 翻倍为 –80！此时，他的关注度排名就会超过研发经理和运营总监而上升为第 3 位。

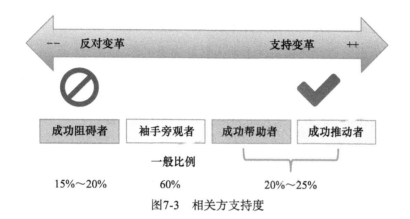

图7-3　相关方支持度

表 7-1　干系人分析表——基于 Delta Z 公司

干系人序列	干系人	相关性	影响力	支持程度	总分	关注度排名
1	电子件大类采购经理	10	8	+2	+160	
2	采购总监	9	9	+1	+81	
3	总经理	7	10	+1	+70	
4	运营总监	8	9	–1	–72	3
5	品质总监	8	9	–2	–144	1
6	财务总监	7	9	+1	+63	
7	生产制造经理	7	8	+1	+56	
8	供应商质量经理	9	8	–2	–144	2
9	研发经理	8	8	–1	–64	4
10	采购员	5	5	+1	+25	
11	仓库管理主管	1	3	+1	+3	
12	失效分析工程师	5	8	–1	–40	5
13	进料检验工程师	5	6	+1	+30	
14	计划员	1	3	–2	–6	

干系人管理的总体策略是：

- 重点管理高优先级的关键干系人。
- 避免高影响力、低相关性干系人的极度不满。
- 与低影响力、高相关性干系人做好沟通工作。
- 避免在低相关性和低影响力的干系人身上花费过多精力和资源。

我们会在第 7.3 节详细介绍如何获取干系人的支持。

7.2　采购要求分析

在第 7.1 节我们分析了"干系人"，可以说从人的角度帮助采购人员分清轻重缓急，接下来我们就得从"事"的角度来捋一捋品类管理的轻重缓急，把"要害"拎出来。这里所说的"事"指的是品类采购要求，综合分析品类采购要求是有效推进品类管理的关键基础工作之一。我们将从以下三个方面对采购要求进行收集、综合和分析，并解析其意义：

- 商务与技术要求的收集与汇总。
- 品类属性分析与启发。
- 要求变更的可行性分析与战略意义。

7.2.1　商务与技术要求的收集与汇总

在第 5 章中，我们介绍了品类要求金字塔模型，这里做一个简单回顾和关系映射，如图 7-4 所示。"万丈高楼平地起"，专业采购人员都需要懂得基础工作（第一层和第二层）对于品类管理工作的重要性。在打好基础的前提下，我们要敢于超越、勇于突破现有水平和认知，去追求更高的层级要求。

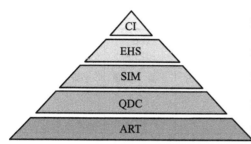

图7-4 品类要求金字塔模型

第一层（ART）的具体内容非常广，需要了解、收集和归纳的信息主要包括以下几个方面：人力资源、财务性资源、设施设备资源、技术要求和能力。第二层（QDC）包含很多具体的运营绩效指标，例如质量、准时交付率、采购提前期和价格等。第三层（SIM）以提高服务、业务创新和纵深管理为主，例如推广供应商库存管理、预测与补货，供应商早期参与以及供应链生态链甚至生态圈建设。第四层（EHS）更多地反映对环境、健康和安全的关注和重视，体现社会责任和可持续发展精神。在许多国家和地区，EHS 相关的法律法规、标准和指令是企业必须要付诸行动的义务，而不是可选项。第五层（CI）是指"持续改善"，也是品类要求金字塔的塔尖。任何管理都绝非一日之功或一劳永逸，而是一个螺旋上升的动态管理过程，它必须能够通过不断地 CI（持续改善）来保持健康和活力，确保跟市场和组织的需求同频共振。

面对这么多的要求，有的高度概括和笼统，有的非常具体和细碎，大家有可能会觉得无从下手。其实我们可以借助一些小工具来完成这个工作。例如，我们可以制作一个简单的 Excel 表（见表7-2）帮助我们收集和归纳商务与技术要求。当然，表 7-2 只是一个样表，读者不必拘泥于其形式。在此对其结构和要求做一些说明，主要有五点。第一，选择多少个类别和指标取决于组织的需求和客观条件；第二，指标的含义必须定义清楚；第三，权重体现了该指标对于组织当前的重要性，指标和权重都应该是动态可变的；第四，无论是隐性还是显性的，要求提出方都需要被识别出来，因为他们是潜在的干系人；第五，要尽量明确当前和未来的要求，以及将要求分为必需（must have）和期望（good have）。总结起来就是一句话：既要埋头苦干，也要抬头看天。

表 7-2　品类要求分析表

序号	类别	商务及技术要求			要求提出方	现在 （2021 年）		将来 （2022～2024 年）	
		指标	指标含义	权重		必需	期望	必需	期望
1	质量			15%					
				10%					
2	成本			15%					
				5%					
				10%					
3	交付			10%					
				5%					
4	服务			5%					
				5%					
				10%					
5	创新			10%					

　　现在，我们选择"品类树"上的一小枝作为例子来向大家展示详细的操作过程，帮助大家将知识落地。众所周知，有很多公司会大量采用铝合金高压铸件（aluminum alloy high pressure die-casting parts）作为箱体、支撑件、壳体和其他机构件等，Delta Z 公司也不例外，因此我们就用该公司的二阶品类——铝合金高压铸件，来展示如何分析品类采购要求。铝合金高压铸件具有很多优点，例如相对质量轻，容易成型（流动性好，可做复杂腔体），熔点较低（能耗低），生产节拍快（充型和冷却时间短），易于加工等。同时，铝合金又具备中等的强度和硬度，可适用于大部分应用场景。就像硬币有两面，铝合金高压铸件也有一些不足之处，主要包括启动投资高（压铸机、模具和工装），换型时间长，制造弹性较低，通常不能用在承压和接液部位——因其无法完全克服诸如气孔和疏松等内部缺陷，或者无法克服成本过高而导致其失去经济性。图 7-5 所示是一些铝合金高压铸件，旨在帮助大家获得一些感性的认识，这些零件包括环状件、腔体、箱体和电机壳等。我们的焦点还是停留在采购要求分析上。

图7-5　铝合金高压铸件示例

根据实际经验和调查访问得到的输入，现在我们将更多的信息填入表 7-2，并且重新绘制了 Delta Z 公司铝合金高压铸件品类的品类要求分析表（见表 7-3）。

由此我们可以看出，Delta Z 公司的采购要求有几个明显特点：

（1）该公司对技术和创新的要求很高，尤其对供应商的检测和分析能力提出了一些非常具体的要求，例如模流分析、快速打样、可靠性测试等。这是因为 Delta Z 公司的产品服务于工业领域，并且被应用于一些苛刻的场合。通常客户不会对压铸件特别要求进行氦气检漏，除非应用环境中存在危险气体或者其他易燃易爆介质等。对这样一些关键信息的解读，需要采购人员具备一些技术背景。

（2）该公司对于成本的期望只是定位在中位值以上，这和大多数采购人员所面临的境况不大相同。如果将这一点和上一点关联起来看就容易明白了。因为对产品的要求非常高，Delta Z 公司在市场上可能有一定的成本转嫁能力，这种现象多见于技术领先型公司。

（3）该公司对服务要求很高，例如准时交付率、供方管理库存和电子数据交换等。基本可以断言，Delta Z 公司对供应链响应速度非常重视，速度是他们非常看重的一项——也许是因为当前的响应速度让他们处于不利地位，也许他们认为高响应速度可以带来重要的竞争优势。真实的意图和要求究竟是什么，还得需要采购人员进一步结合具体场景和干系人进行充分沟通。至此，我们为后续跟干系人沟通及获取他们的最大支持奠定了坚实的数据基础。

表 7-3　Delta Z 公司铝合金高压铸件品类要求分析表

序号	类别	商务及技术要求		权重	要求提出方	现在（第 1 年）		将来（第 2～5 年）	
		指标	指标含义			必需	期望	必需	期望
1	技术	模流分析		5%	研发、质量	自备或外包	自备	高级分析	高级分析
		快速打样		5%	研发、质量	有	有	3D 打印	3D 打印
		氢气检漏		5%	质量	自备或外包	自备	自备	自备
		可靠性测试		5%	质量	自备或外包	自备	自备	一站式
2	产能	压铸机最大吨位（吨）		5%	采购	≥1 500	≥2 000	≥3 000	≥3 000
		富余产能（%）		5%	采购	≥25%	≥35%	≥35%	≥35%
		富余产能（吨/月）		5%	采购	≥500	≥800	≥1 000	≥1 000
3	成本	价格水平		10%	采购、财务	中位值以上	成本领先	成本领先	成本领先
		项目预算		3%	财务	≤50 万元	摊入单价	摊入单价	摊入单价
		YOY	年降比例	3%	采购、财务	≥1.5%	≥2%	≥2%	≥2%
4	交付	OTD	准时交付率	8%	生产、物流	≥98%	≥99.5%	≥99.9%	≥99.9%
		Lead Time-WD	采购提前期	5%	生产、物流	≤5	≤2	JIT	JIT

序号	类别	项目	名称	百分比	部门				
5	服务	VMI	供方管理库存	5%	物流	有	有	有	有
		EDI	电子数据交换	3%	物流	有	有	深度整合	深度整合
6	质量	DPPM	百万分之不良率	8%	质量	≤1 500	≤1 000	≤800	≤500
		可追溯性	按照规则追溯及召回产品的能力	5%	质量	按日期	按炉号	按炉号	按炉号
		PPAP	生产件批准程序	5%	质量	有	有	有	有
7	创新	MES	制造执行系统	5%	高层	—	有	有	有
		动态排产		5%	高层	—	有	有	有

7.2.2 品类属性分析与启发

现在让我们回到品类本身，对我们的采购标的做一些分析。在第 5 章的概要中，我们已经大致介绍了品类的 4 种类别，即**通用标准类（D）、供方专利类（C）、客研代工类（B）和定向开发类（A）**，这是品类的要求属性。至于每个类别的具体定义，本节就不再赘述，我们的目的是用真实的案例帮助大家更加充分地理解品类要求属性矩阵，并学会在工作中应用它。如图 7-6 所示是品类要求属性矩阵及其举例，以帮助读者更好地理解和关联。

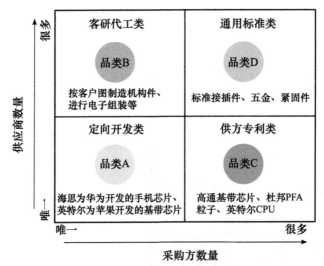

图7-6 品类要求属性矩阵及其举例

为什么我们要去研究品类的市场属性呢？这个问题要从供应链弹性的角度来理解。假设有一个中等规模的公司，目前公司有两个产品 X 和 Y，X 产品大量使用了通用标准类和客研代工类物料，Y 产品大量使用了定向开发类和供方专利类物料。毫无疑问，X 产品的供应链弹性会大大优于 Y 产品的供应链弹性。在市场供需平衡的稳定时期，二者之间供应链管理难度的差别其实并不大，甚至很难被察觉。然而，一旦供需平衡被外部事件打破了，如出现了新冠肺炎全球大流行这类对全球供应链造成巨大冲击的突发事件，此时，这种供应链弹性之间的差别就会导致运营绩效的天壤之别。下面笔者就以常见的电子连接器为例来简单地诠释这一点。

接线端子（terminal block）就像工业维生素，价格低廉，应用广泛。在多数情况下，它们被归类为C物料，即支出金额小、种类多的一类物料，很少得到采购人员的重视。采购商和供应商之间的关系也不是特别紧密，往往通过代理商来撮合交易，用户和制造商之间的关联很少。在这个领域，有一个公司（简称SAM公司），得益于其品质、性能和成本的综合优势，SAM公司的产品市场占有率很高，也很受研发工程师的喜爱。就在笔者写下这些文字时，很多公司正因为SAM公司的交货期延长而痛苦不堪。SAM公司也是有苦难言，需求上涨的同时，其制造工厂和供应链正受到新冠疫情的困扰，大幅度延长交货期也是他们无奈之下的被迫之举。相同的情形下，SAM公司的有些客户举步维艰，有些客户却可以勉强应付。为什么会出现这样的差异呢？原因非常简单——这些痛苦的采购商多数都选择了一些SAM公司的CSP系列连接器，CSP（customer specific products）即定向开发类产品。普通产品如果出现断供事件，采购商可以从现货市场溢价采购来弥补缺口，这无非就是一个付出多少代价的问题，而且通常还有机会将额外的成本转嫁给客户。在供给短缺的时期，这种情况并不鲜见。如果采购商选择CSP系列连接器，那么就只有两条路可走了：等或者换。"等"可能是几个星期也可能是几十个星期，"换"供应商也要面临极大的不确定性，修改设计可能耗时数月。其实，这种窘境本可以在早期就避免。如果我们在设计阶段就识别出品类的市场属性，并且避免使用定向开发类产品，那么日后面对危机时就会从容得多。

分析品类的市场属性给采购人员的启发在于，我们需要**在产品和服务的设计阶段尽最大可能增加这样一个维度，即从供应链弹性的角度去考虑日后采购与运营的便利性和可靠性**。供应市场未必总是能够给我们想要的选择，例如设计一款高端智能5G手机就很难不采用高通公司的芯片，但更多的时候还是取决于我们是否能清醒地辨识出品类的市场属性，并且从源头改善产品和服务的设计，减少那些易于让供方拥有压倒性优势的设计特征。我们相信除掉完全没有选择余地的部分，依然还有大片的空白区域，我们可以对它们进行改善。例如面对非寡头垄断的上游供应市场环境时，采购人员可以要求研发人员预设几个备用供应商，在采购方的工程图纸上避免使用具有供方专利的描述（材料和型号等），在没有太多选择的供方垄断市场则尽量邀请和说服强势供方共同开发等。管理从某种意义上说就是在可为和不可为之间尽最大的力量去做可为之事，品类管理亦如此！我们没有必要去追求绝对的完美，做预案也未必真的能够用上，但做与不做差别很大。

7.2.3　要求变更的可行性分析与战略意义

承接前一段的思路，采购人员看起来大有可为。然而现实是他们经常发现自己陷入"心有余而力不足"的境地；很多时候不是他们不想选择，而是他们看似没有选择。产生这样的现象，其原因是多方面的，但大致可以归结为以下三点：

- 关键干系人对于采购要求坚持己见，甚至干系人之间相互对立、难以调和。
- 公司的产品和服务已经定型上市。
- 采购人员能力和意识不足。

采购人员通过前面的步骤从干系人那里收集了大量的采购要求，为后续的品类管理打下了基础。在进入下一步之前，采购人员首先要对干系人提出的采购要求进行可行性分析，并过滤掉干系人提出的那些完全无法实现的要求。由于多种可能的原因，干系人提出了一些现有条件下无法实现的要求，这些要求从采购人员的角度来看有硬伤，先天不足——有所谓的硬性约束。这些硬性约束可能来自很多方面，诸如预算、成本、技术、市场、法律和监管等。例如，某干系人提出要把成本控制在单套100元，采购人员计算后发现光材料成本就已经达到了 105 元，很显然这是一个不可能达成的要求。又如，来自制造部门的干系人提出供应商必须把货物送到产线的料盒里，以减少厂内的二次搬运。事实上，公司的采购额很小（缺乏谈判力量），而且车间也属于保密车间，不允许外部人员频繁造访。因此，基于现有条件采购人员需要将这一要求视为有硬性约束的采购要求，而将其过滤掉。财务人员为了改善 DPO（应付账款天数）而对供应商提出明显不合理的账期要求，例如 6 个月账期外加支付 6 个月以上的商业承兑汇票。研发工程师有时也会不小心提出一些不合理的要求，例如他们可能因为疏忽而沿袭之前旧的技术条件，这些技术要求将对环境有害的因素导入产品中，从而与环境法规相冲突。这样的类似情形有：表面贴装技术（SMT）中采用有铅制程，表面处理中采用含有六价铬的介质和使用含有石棉的密封材料等。我们无法把所有情形都一一列举出来，因此具备批判性思维和基本常识的采购人员会拥有极大优势。

采购人员本身的职业素养、能力和知识面是极其重要的。如果采购人员缺乏相关的专业知识，当面对干系人提出的不合理要求时，他很有可能无法识别出来，从而为后续的工作埋下隐患。品类采购管理者需要花大力气去学习和了解与他们所管理品类相关的知识，例如技术、常识和主要数据等。以本章多次提到的铝合金高压铸件为例，一位经验丰富的品类采购经理需要具备哪些能力呢？我们暂时不去讨论那些普适的能力，如沟通、协调、谈判、领导、计算机技能和语言等，仅就铝合金高压铸件品类本身而言，品类采购经理需要懂什么呢？我们建议品类采购经理从材料、工艺、设备和模具四个方面入手，累积以下知识。

（1）主要的材料标准、规范、等级及对应关系。比如目前压铸铝合金的主流标准是日本的 JIS H 5302-×××《铝合金压铸件》、中国的 GB/T 15115-×××《压铸铝合金》和美国的 ASTM B85/B85M-×××× *Standard Specification for Aluminum-Alloy Die Castings*，其中标准后面的 ×××× 代表修订年份；常用的牌号有日本 JIS 体系下的 ADC10 和 ADC12、中国 GB

体系下的 ZL102 和 ZL104，以及美国 ASTM 体系下的 A360 和 A380 等。

（2）铝合金压铸件的基本成本要素。成本是采购经理无法避免的话题，也是他们必须要去认真研究的，主要的成本要素包括金属（主要是铝锭）、能源（主要是燃气和电力）、固定资产折旧（含模具和压铸机等）、劳动力和管理分摊等。

（3）压铸原理。压铸的实质是使液态合金在高压作用下，通过压射冲头的运动，以极高的速度，在极短的时间内填充到压铸模型腔中，并在压力下结晶凝固而获得铸件。

（4）压铸技术的四大要素：合金、模具、压铸机和工艺参数。压铸合金主要以锌合金、铝合金、镁合金、铜合金等有色合金为主。压铸机按照压射作业方式分为冷室压铸机和热室压铸机，按照压铸方向又分为立式和卧式两种。在什么时候选择什么样的压铸机类型关系到成本和品质，是采购必须明白的基本知识。压铸的基本流程是：打开型腔→脱模剂喷雾→锁模→给汤→射出→冷却→开模→顶出→取出产品→柱塞润滑。压铸过程的关键参数包括压力参数、时间参数、温度参数和定量浇料参数等。模具设计和制造更是牵涉到一大块的知识和一个细分的行业。

（5）压铸技术的主要失效模式及应对策略，例如冷隔、分层、疏松、凹陷、气孔、缩孔、裂纹、欠铸、毛刺和飞边等。FMEA（failure mode and effects analysis，失效模式及后果分析）和 DOE（design of experiment，试验设计）是解决质量问题的两个重要的工具。

（6）压铸机的主要品牌。比如瑞士的 Bühler（布勒）、日本的 Toyo（东洋）和 Toshiba（东芝）、德国的 Frech（富来）、中国的力劲和伊之密以及意大利的 Presse Gauss（佩雷斯高斯）等，还有其他我们无法悉数列出的品牌。掌握一些品牌的主要特点和市场定位对于品类采购经理理解压铸件供应商的市场定位非常重要。好的设备并不一定能够做出好的产品，但它对做出好的产品有积极意义。

（7）铝锭的价格及其行情。这些信息主要通过一些价格信息网站如上海有色、LME（London Metal Exchange，伦敦金属交易所）和长江有色等获得。

（8）铝合金压铸相关的主要展会和专业协会等，例如中国铸造协会及其定期举办的铸造博览会是采购人员获取供应商、制造设备、材料（含辅材）等相关信息的好渠道。

（9）压铸供应商的分布和成本领先的区域（全球或者亚洲范围）。随着中国劳动力成本的稳步提高，中国劳动力的价格已经超过了很多东南亚国家，例如马来西亚和泰国等，并和印度拉开了差距。

（10）喷涂和表面处理技术。很多铝合金压铸件都是外观件，采购人员需要构建完整供应链，因此他们需要了解一些喷涂和表面处理的知识。例如，表面处理中的磷化、铬化和电镀等，喷漆又分为喷液体漆和喷粉，而油漆系统比较常见的是双组份——由固化剂和稀释剂两种制剂混合组成。喷涂和表面处理属于另外一个细分领域：防腐。

任意选取一个品类，一头扎进去都会发现别有洞天，而一个一问三不知的采购人员是很难取得干系人的尊重和信任的。在实践中，我们强调采购人员要具备基本的知识和常识，而不是要求采购人员人人成为技术专家。

接下来，我们探讨一下要求变更的必要性。这个必要性主要是源自干系人的利益和出发点的不同。干系人在提出采购要求时很难避免从自己的利益和立场出发，从而偏离了组织利益最大化的原则，例如研发人员可能追求创新而偏离经济性，质量人员可能会坚持稳定性而提出过于苛刻的量产标准，财务人员则可能注重账期而忽视供应商资金周转的困难等。最理想的状况是，所有干系人都能够从组织的最大利益出发，不提出一厢情愿而有损全局的要求。然而，在现实中这更像是一个不可能事件，即使是采购人员本身也无法做到。采购人员为了实现降本指标而引入能力不够的供应商，最后伤害公司整体利益的案例屡见不鲜。或者为了降低管理复杂度和形成采购优势，采购人员对供应商池进行了大量的整合和缩编，最后竟然把具有稀缺资源或者专利技术的供应商整合出去了，凭空制造出了一些供应链瓶颈。要求变更必要性的另一个原因是市场的动态性。市场不会一成不变，例如消费者喜好会变，法律法规会升级，技术会革新等，这必然会导致组织需要持续不断地适应新的挑战，必须保持战略和战术层面的与时俱进。回到产品和服务的层面，回到品类管理的战略和战术层面，回到采购要求的具体管理，品类管理人员都应该定期去审视它们的合理性，理解变更的必要性。当然，我们不是要为了变而变，而是要建立在对采购要求进行合理性分析以及和干系人进行充分沟通的基础之上。沟通至关重要，就像足球运动中的临门一脚！关于同干系人的沟通，我们会在下一节详细展开。

采购要求分析和过滤的最大战略意义就是确保组织利益的最大化。排除那些有硬性约束的采购要求后，剩余的采购要求理论上都能够被满足和达成。然而，如果采购人员去满足所有的采购要求，最后就有可能无法达成自己的战略意图。我们必须明白采购人员是代表组织而非采购部或供应链部门在管理组织的支出，采购人员要以服务组织经营战略和实现组织利益最大化为最高原则。因此，在确认和满足干系人的采购要求时，采购人员必须要以组织利益最大化为准绳，要对干系人的要求，包括合理要求，进行取舍和裁定。这确实是品类管理中最具挑战也是最有意义的工作之一。

7.3 内部沟通

通过之前两个重要步骤，品类管理人员已经识别出了干系人的优先级和重要性，也对品类的市场属性和采购要求进行了分析和过滤，接下来就要开展极为重要的工作：进行内部沟通以争取到足够干系人的支持。品类管理人员的目标是获得支持，将其倡导的品类管理策略变成公司战略的一部分，并得到贯彻和实施，以全面提升战略采购绩效和供应链管理能力。

在现实中，品类管理人员会发现沟通是其工作最重要的构件之一，他们往往需要360°的沟通能力。例如，图7-7是某企业品类采购经理的组织网络图，从图中我们可以明显地看出该职位需要极强的跨部门和跨组织的沟通能力。良好的沟通能力甚至能够弥补一些专业上的缺陷，毕竟品类管理人员并不是技术人员，也不直接参与产品和服务的实现。品类管理人员应当将自己视为一个内外部资源的整合者，而沟通是资源整合不可或缺的途径和方法。"沟通"在很多时候等同于"谈判"，它可以被视为一种非正式谈判。例如，妈妈跟儿子沟通刷牙的重要性，儿子可能不会立即认可和服从，这个时候就需要妈妈对儿子进行说服工作，甚至还要给他一些小奖励。这个过程就是妈妈和儿子之间的一场非正式谈判。因此，在本节的后续部分，我们会使用一些谈判原理和方法来帮助大家进行卓有成效的内部沟通。

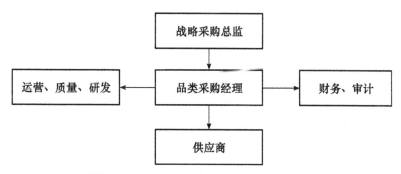

图7-7 某企业品类采购经理的组织网络图

7.3.1 获得干系人支持的四种方法

针对干系人提出的诉求和品类管理人员的提案，双方达成一致的程度无非分为三大类：完全一致、部分一致/部分不一致和完全对立。如果双方立场一致，可能只需要简单沟通即可。在其他两种情况下，品类管理人员就可能需要和干系人进行沟通、协商和妥协，以最大程度地获取支持。这里之所以说"可能"，是因为干系人的优先级不同。如本章第1节所述，干系人分为"关键人物""保持满意""保持告知"和"最小努力"4类，因此品类管理人员未必需要和每一类干系人就分歧进行磋商和沟通。假设根据策略，品类管理人员决定和某干系人进行沟通和协商，并希望获取他的支持，那么我们建议品类管理人员要揣摩和把握干系人的内在驱动力，然后有的放矢地从"情""理""利"和"势"四个方面入手。

1. 动之以情

"情" 不是谈情说爱，而是从人的性格和情绪出发，采取有针对性的策略获取目标干系人支持的方法。欧美企业普遍重视人的性格和情绪，并且使用了结构化的工具对人进行分类，其中最被认可的当属"MBTI"性格分类理论模型和测试工具。MBTI（Myers-Briggs type indicator），其理论基础源自瑞士心理分析家卡尔·荣格发表于1921年的著作《心理类型》，由美国心理学家凯瑟琳·布里格斯和伊莎贝尔·迈尔斯母女最先研究，并以她们母女的名字命名。MBTI理论将人的偏好按照4个维度（能量来源、认知方式、判断方式和处世方式）划分为8种类型（外向和内向、感觉和直觉、理性和感性、主观和客观）和16种性格。MBTI理论不是本书的重点，大家如有兴趣可以去阅读相关书籍，我们只是借此说明关注"人"本身的重要性。例如，如果我们跟一个非常感性的关键干系人（高管）讨论问题，我们就得有意识地向他表示尊重，多听听他的意见，并且试图从支持他的角度来售卖自己的观点。比如采购人员可以这么说，"李总，为了贯彻您今年提出的打造精敏制造体系的重要战略，我们采购部决心做出自己的贡献，为精敏制造体系添砖加瓦。经过全体采购同人的努力，我们准备了一个提高供应链响应速度的方案，希望得到您的指导和支持……"这么一说该干系人至少从情绪上就很愉悦，除非采购人员的提案和他的要求有严重冲突，否则他不会对一些小的分歧过于执着，而更愿意从支持的角度给出建设性的意见和指导。反过来，如果采购人员非要一板一眼地和他一条条地过，他可能就会感觉到被冒犯或者产生厌倦，因为他没有得到精神上的激励。采购人员很可能要么吃个闭门羹，要么陷入和该干系人的"巷战"——跟一个关键干系人陷入这种关系，将是采购人员的梦魇。

"情"当然不仅限于性格，也可以指情怀和追求，例如家国情怀、地域归属、环保主义和极简主义等。采购人员比较常见的就是国家和地域的情怀，这往往是干系人重要的内驱力之一，而且多数情况下是隐性内驱力。我⊖之前在某印度公司的中国工厂担任供应链副经理，主要负责供应商发展和供应链本地化等工作。总经理（A先生）是印度总部派遣过来的印度同事，他的支持对于我开展后续工作具有重要意义。任何人都有感性的一面，你真诚地对待和关心他人，就会种下一颗友情的种子。我的种子大约是在2008年北京奥运会期间种下的。那年8月11日，一个炎热的傍晚，印度运动员宾德拉在北京奥运会男子10米气步枪比赛中，以700.5环的总成绩为他的祖国夺得了奥运史上第一块个人金牌！对于大多数中国人来说，一块金牌已经无法引起举国狂欢了，但对于印度和印度人民来说这就是一个标志性的事件、一个历史性的突破。我相信A先生此时也非常高兴，于是我就拿起电话打给了A先生："Mr A, congratulations to your country for winning the 1st individual Olympic Golden Medal！"（A先生，祝贺您的祖国获得了第一枚奥林匹克个人金牌！）十几年过去了，我无法完全记得他当时的回应，我只是感觉到他非常激动，不停地在电话里说谢谢，我相信彼时他的眼里是充满泪花的。在以后几年的工作中，我时刻都能够感受到他的信任和支持。甚至多年以后，他依然跟其他同事提起我："他非常关心人的感受，他是第一个给我奥运祝贺的中国人！"瞧！关注人的情感会带来多大的收获！那么不关心呢？是不是就无意中损失了很多啊。当时，我虽然是出于本能地做了一件小事，但让我收获了一位真诚的朋友，而且他还是一个最关键的干系人。采购人员要养成在平时累积人脉和人缘的习惯，做人做事都忌讳临时抱佛脚。例如，在新冠疫情暴发期间，我们是不是可以给其他国家的同事写一封问候的邮件？感性地说，这体现了我们对他人的关怀之心；理性地说，这就是一件低投入潜在高回报的事情！

⊖ 此处系指刘魁雁老师。

2. 晓之以理

"理" 就是从大局从全局出发，讲道理、摆事实，厘清利害关系。从大局出发讲道理是我们获取干系人支持的主要途径。当然，品类管理人员首先要说服自己，把道理弄清楚、捋顺，否则说服别人无从谈起。有些人能言善辩，无理也能搅三分，这很不值得推崇。品类管理人员要从组织的全局出发，提出一个提议要从全局来衡量，对任何事情的利弊分析都要遵循一个原则：公司＞部门＞小团体＞个人。品类管理人员是**代表公司而不是采购部门在管理公司的各类支出**。这一点很多人甚至包括某些采购人员没有认识清楚，从而导致很多困扰和误解。比如现在很多企业在推数字化供应链建设，砸进去很多资源，最后就是弄了一些漂亮的图表和界面出来。这样的事情是否真正有利于公司的整体利益就值得商榷了。首先要评估的是，这些漂亮的图表和界面是否可以帮助组织提高运营绩效（质量、成本、速度和弹性等）？是否有利于组织快速有效地评估工作绩效和动态地揭示组织当前供应链管理中的异常现象？是否可以预测性地判断运行的趋势和及时预警？如果对这些问题的回答都是"不能"，那么这些漂亮的图表和界面，其实就只是电子表格的另外一种展现形式，无法真正地帮助公司提高运营绩效。干系人如果反对，那也是合理的。

品类管理人员制定并推行品类管理战略要想获取干系人的支持，常常需要使用多维度的事实和数据，对干系人晓之以理，这些常见的维度有：

- 支出和现状的分析。
- 关键供应商、物料和供应链风险的分析。
- 供应商和供应市场的调研及分析。
- 成本数据的分析。
- 供应来源的约束性分析。
- 人力资源及竞争力分析。

- 产品的市场定位。
- 供应商偏好及销售策略分析。

Delta Z 公司负责压铸件的品类采购经理 Bill 先生曾经就通过列数据和讲道理的方式成功地推动了铝合金压铸件的中国本地化项目。在发展中国供应商之前，Delta Z 公司一直 100% 地从马来西亚的 Fine-Caster 公司采购铝合金压铸件。这些年，Delta Z 公司在中国的业务取得了极大的成长，苏州工厂顺势成为全球第二大工厂，而压铸件 100% 地从境外采购的诸多问题逐渐引起了品类经理 Bill 的关注。他通过多维度的分析和论证，认为应当尽快启动压铸件的中国本地化。Bill 在前期做了大量的寻源工作，但是他发现能够满足前述要求（见表 7-3，Delta Z 公司铝合金高压铸件品类要求分析表）的供应商其实并不多，而且价格普遍比 Fine-Caster 高，有些甚至高出了 60%！经过多轮沟通、谈判和技术评审，只有苏州本地的一家公司在符合所有技术要求的前提下，能够把价格较大幅度地下调，但依然比 Fine-Caster 高出约 15%。Fine-Caster 的成本优势来自以下几个方面：

- 大量使用低成本国家劳动力，例如缅甸和孟加拉国等。
- 已经经历过学习曲线（learning curve），效率和良率都很高。
- 能源如天然气的成本低于中国。

另外一个重要问题是压铸件的模具投资比较高，根据零件大小及复杂度不同，模具价格介于 10 万~ 50 万元每套，平均达到 30 万元每套。Delta Z 公司财务对大额投资有投资回报率的要求，即使降低要求也需要在 8 年内回收投资成本。模具本身也有寿命上限（5 万~ 10 万模次），平均按照 8 万次计算，基于 Delta Z 公司的实际情况恰好也是 8 年就要更换模具了。换句话说，Bill 需要在 8 年内收回模具投资。如何用 15% 的价格劣势来说服财务部门同意呢？看起来 Bill 甚至连直接上司这关都过不了。

Bill 找到了一个利器，那就是 TCO。Delta Z 公司苏州工厂的铝合金压铸件 2020 年度的总支出大约为 3 000 万元，模具约 50 套，按初始价格计算总模具资产约为 1 500 万元，如果 100% 替换则需要达成最低 187.5 万元（1 500/8）的年度降本。TCO 包含采购成本、持有成本和回收成本，是一个全生命周期的成本模型。因为回收成本没有太大不同，所以 Bill 只分析了采购成本和持有成本。采购成本包含采购价格和物流成本。从 TCO 的角度出发，Bill 请求了很多职能部门的协助，包括成本会计、物流和关务等，取得了很多关键性的数据。此外，他也对现有平均库存进行了分析，并对未来的平均库存进行了预测。库存持有成本是个重要的问题。库存持有成本主要由三部分构成：①资金占用成本；②库存管理成本；③库存风险成本。

通常企业会根据自己的信用等级、资本和债务构成、借贷能力和借贷意愿，在公开市场利率的基础上加一定的百分比得出库存的资金占用成本。目前中国境内金融机构短期商业贷款的基准利率是 4.35%，它的依据是中国人民银行发布于 2015 年 10 月 24 日的《金融机构人民币贷款基准利率调整表》。Delta Z 公司基于自己的 WACC（weighted average cost of capital，加权平均资本成本），采用了 10% 作为库存的资金占用成本。库存管理成本介于 5%～15% 之间，风险成本多数会在 5%～50% 之间，更新换代越快的行业，库存风险成本越高，如消费电子行业。铝合金高压铸件属于机械结构件，风险成本较低，因此 Delta Z 公司取 5% 作为库存管理成本，取 5% 作为库存风险成本。这三项库存成本合计是 20%，也就是说，Delta Z 公司的库存持有成本是 20%。

物流成本是另外一个可以发掘的金矿，并且很多时候是一笔糊涂账。物流成本包括运输成本（国际和国内）、清关报关费用和关税等。在梳理了几千笔进口记录后，Bill 和物流主管发现公司的物流成本很高。正常情况下，从马来西亚进口压铸件，公司的平均物流成本竟然达到了采购额的 15%。需要说明的是，Delta Z 公司一直采用空运的方式运输，以提高响应速度和降低库存。而 2020 年间，受到新冠疫情的巨大冲击，总体物流成本竟然飙升到了采购额的 25%！也就是说，进口出厂价格为 3 000 万元的压铸件，Delta Z 公司实际的门到门成本达到了 3 750（=3 000×1.25）万元！现在

Bill 完全有信心了。他将自己的数据和假设整理并汇总成了表 7-4。

表 7-4　Delta Z 公司压铸件品类当前及未来 TCO 和收益分析

年份	2018	2020	2022	2024	2022	2024
项目		100% 进口（马来西亚）			100% 中国本地采购	
采购额（万元）	2 500	3 000	3 500	4 000	4 025	4 400
国际物流成本占比	14.5%	14.5%	14.5%	14.5%	0	0
国际物流成本（万元）	362.5	435	507.5	580	0	0
国内物流成本占比	0.5%	0.5%	0.5%	0.5%	0.3%	0.3%
国内物流成本（万元）	12.5	15.0	17.5	20.0	12.1	13.2
门到门采购成本（万元）	2 875	3 450	4 025	4 600	4 037	4 413
全采购提前期（天）	10	15	13	10	2	2
平均在手库存天数（天）	20	25	23	18	5	5
平均在手库存成本（万元）	200	300	322	288	81	88
库存持有成本（万元）	40	60	64.4	57.6	16.1	17.6
总拥有成本（万元）	2 915	3 510	4 089	4 658	4 053	4 431
可量化净收益（万元）					36	227
潜在风险收益（10%）(万元)		300	350	400		

注：表中数据仅供示意，有四舍五入，至多保留1位小数。

　　假设当前年份为 2020 年，从 2020 年到 2024 年基本采购额度会有一些增长，同时也包含了中国供应商从 2022 年到 2024 年需要达成的 5% 的成本改善，即到 2024 年中国供应商要把相对于 Fine-Caster 的出厂成本的劣势缩减到 10%。潜在的风险收益很难量化，但必须考虑，它包含可能的供应链中断的代价，也包含短期成本的上升——虽然它未必一定发生。例如，2020 年 Delta Z 公司就因为新冠疫情额外支出了 300 万元的物流成本，这是一个已经兑现的额外支出。如果无法在 2 年内回到疫情前水平，这个额外支出很可能在 2022 年和 2023 年继续存在，那么 Delta Z 公司需要将这个风险收益（2022 年 350 万元和 2024 年 400 万元）考虑进本地化项目的收益之中。不计算风险收益，到 2024 年左右该项目就可以产生 227 万元的年度降本，超过了 187.5 万元的年度降本目标；计入风险收益（2024 年预计为 400 万元），2024 年该项目可以实现 627 万元的年度降本，大大超过降本目标。Bill 将这份承载详细数据和合理假设的提案提交给了采购总监、财务总监和总经理，成功地打消了他们的疑虑。关键干系人在慎重考虑后都支持了 Bill 的提案。现在，Bill 和他的品类采购团队可以撸起袖子加油干了。

从上面这个真实的案例中可以看出，品类管理人员基于数据和事实，以"理"服人的重要性和必要性；只有超越部门或者个人的小利益，让干系人觉得这些提案不是为了一己之利，而是为了组织整体利益，品类管理人员才能"有理走遍天下"！

3. 导之以利

"利" 可以是个人利益，也可以是部门利益，或者其他任何低于组织整体利益的小团体利益。注意，这里说的不是去满足干系人的非法和不正当利益，相反这是要坚决反对的。在合法合理的框架之下，干系人都会有自己的利益，包括个人或者团体的发展、声誉、便利性、工作量、绩效和合法收入等。《史记》有曰："天下熙熙，皆为利来；天下攘攘，皆为利往。"关注干系人的"利"是一件非常重要的事情，甚至对事情具有决定性意义。

多年以前我在某公司任职时，曾经建议公司对一个重要品类在 C 地区进行本地化。当时大部分干系人都同意了，但遭到了总部研发经理的极力反对，其明面上的理由是 C 地区供应商的品质不可靠而且动机不纯——先用低价打入市场再逐步抬价获取利润。对方非常坚持而且拥有一票否决权。面对这样一个不依不饶的关键干系人和谈判对手，我当时非常绝望，几乎要放弃了。冷静分析之后，我认为他具有明显的保护主义倾向，他有可能担心 C 地区供应商做大而减少总部供应商的业务份额，降低他的重要性和话语权，给他后续的工作带来隐忧。因此我放弃了据理力争，而是换位思考，从对方所关切的要点出发，对他说："Edward，在 C 地区做本地化只是为了改善您的 C 地区工厂的成本和速度，供应链部门没有让 C 地区供应商向总部工厂供货的计划。质量会得到最高要求的保障，我们会 100% 符合公司的认证流程，并且会将样品发到总部让您亲自验证。至于您担心的成本，我们可以让财务部的成本会计来核查。"此外，我还邀请他来 C 地区访问，实地考察供应商。虽然最后他没来 C 地区，但还是谨慎地表示了支持，迈出了关键的第一步。有时候干系人的"利"并不是那么显性和容易识别，这就需要采购人员和目标干系人多一些沟通和交流，遵循探索—确认—再探索—再确认的循环，逐步识别干系人的利益点。

4. 撼之以势

"**势**"是指势力。某些干系人会比较在意层级、等级和对应关系。假如采购人员的级别和目标干系人的级别差距较大，即使采购人员主动沟通也可能吃闭门羹或者干脆得不到积极响应。尤其现在越来越多的公司都借助于电子邮件进行协作，这更加导致了人和人之间的时空分割。品类管理人员在通过邮件等不见面的形式向干系人请求支持和批准时，一定要做好自我介绍，包括解释自己的职位、部门和上级等。如果见面或者不见面的方式都得不到积极响应，品类管理人员就应该向上级汇报自己的处境，并且请求上级帮助。我之前多次遇到类似情况，例如某一次我的下属向某技术总监发了 3 次邮件都石沉大海，最后被迫请我帮助。很意外的是，我仅发了 1 封邮件，对方就回应了，并且写道："抱歉，因为邮件太多了，没有及时处理你的需求……"这就是一种礼貌的解释，实际上目标干系人就是认为我的下属级别太低了，因而他相应地降低了事情的紧急度和重要性。

另外一种情况是某些干系人可能会趋炎附势，他们不愿意表达明显的态度，因为他们在等待拥有更高权力的关键干系人表态。这其实是我们做干系人优先级划分的重要原因。很多时候，对于一项提议，干系人可能介于支持和不支持之间，因为对他们并无重大利害关系。此时，如果一个高级别干系人明确表达同意或者不同意，就能够形成一种锚定效应。从战术的角度来说，采购人员需要将已有支持者的声音放大，以影响其他干系人支持自己。

7.3.2 干系人沟通计划的制订与使用

鉴于沟通的重要性,我们强烈建议采购人员做好沟通计划,以确保监督自己在既定的时间内毫无遗漏地完成这项"重大工程"——内部沟通。一份沟通计划表(见表 7-5)对采购人员大有裨益,其形式可以自行拟定,重要的是内容和沟通的机制。

表 7-5 干系人沟通计划表示例

干系人沟通计划表——采购品类 A					
沟通对象	沟通目的	信息内容	沟通媒介	沟通责任人	沟通时机
利益相关方/部门	获得技术、人员、资金等支持,减少阻力、不再反对等	说服对方的具体理由、行为方法等	面对面、电话或邮件等	谁去沟通	每周例会、不定时
财务经理	获得资金	项目能够产生好的回报	面对面	品类经理	不定时
研发经理	减少阻力	供应商技术评审合格	面对面	采购工程师	每周例会
采购总监	获得授权	个人的成功经历,详细的行动计划	邮件	品类经理	不定时
生产经理	不再反对	服务承诺	面对面	品类经理	不定时

对于一些支出特别大和复杂度高的项目,由于牵涉的人和面很广,沟通工作变得异常重要,沟通计划表甚至需要专人管理和维护。这种情况并不少见,例如工厂搬迁、全球采购逆向竞标及 ERP 系统软件的选型和实施等。

我曾经指导过一个大型项目的采购工作,该项目牵涉的品类特别多,包括机构件、主要仪表、普通仪表、阀门、软件和人机界面、认证和第三方检验服务等;牵涉的干系人有设计工程师(仪表、机构和总成)、测试工程师、质量保证和检查人员、项目经理(销售)、项目经理(运营)、采购经理(仪表、机构和服务类)、总业务负责人、财务经理和客户代表(第三方)等;干系人来自多个国家,有中国、新加坡、印度、马来西亚、美国和日本等。对于这样的一个项目，如果没有一个沟通计划表和完备的沟通机制，那简直无法想象，大概率会顾此失彼。我至今依然记得，当时我们主要的沟通机制有三个例会：项目周会（project weekly meeting）、运营周会（weekly operations review）和采购执行汇报（procurement activity report-out）。其中项目周会是最重要的，出席会议的是项目总监和各个职能的负责人，在会议上大家讨论销售情况、现金流、预算和主要制约因素；运营周会主要的焦点是工程进度、设计进度和客户变更等；采购执行汇报主要是看采购进度、供应商选择、主要外包合同、支出预算和实际支出等内容。每次的采购会议上，除了向项目领导团队汇报进度之外，更重要的是采购团队要和领导层沟通一些主要供应商的选择、价格和交期等问题。沟通之前，采购团队要做好详细的准备工作，这就是沟通计划。会议上，采购人员就是按图索骥地一项项地过，过完的做个标识，最后检查是否有遗漏项。这种结构化的沟通是为效率和质量托底。

让我们再次回顾本章的知识架构。首先，从内部干系人的分析入手，通过干系人图示法识别出关键干系人；其次，收集和整理干系人的采购要求（包括必需和期望），对干系人的采购要求进行可行性分析，过滤掉不可行的要求；再次，品类管理人员需要对品类的市场属性进行分析，并影响团队减少采用那些会给予供方压倒性优势的特征；最后，品类管理人员需要拟订沟通计划，采用结构化的沟通方式，从"情""理""利"和"势"四个方面获取干系人的支持。

第 8 章

$3S^2$
供应商及供应市场分析

———

在我们完成了 $5S^2$ 法的前两步,即"品类划分与范围界定"和"干系人与品类要求分析"后,也就完成了与品类管理战略规划有关的内部分析部分。本章将要详细介绍与品类管理战略规划有关的外部分析部分,即"供应商及供应市场分析"。

我们先仔细观察我们目所能及的每一棵"树",然后再居高临下地俯瞰整片"树林"。

8.1 供应商分析与启发

我们在第 4 章和第 5 章中,已经介绍了与供应商分析相关的方方面面,包括分析所需数据、数据采集来源、分析工具、分析的意义、分析结果的文字描述及可视化呈现方式等内容。本节将针对这些内容,以真实案例的形式进行更为详细的解读,希望能够让大家加深对这些内容的理解,从而在实际工作中灵活应用。

8.1.1 在用供应商分析要点与启发

我们在第 5 章中说过，对于在用供应商，我们会从供应商背景、历史合作关系、履约绩效表现、履约中的合同与协议、每家供应商可能存在的问题和机会、每家供应商的发展潜能以及与这些供应商发展未来合作的重点方向等方面，来完成供应商分析。

下面我们就以一家位于江苏苏南地区、专注于消费级和车用传感器生产的企业 W 公司为例，通过介绍其针对在用 PCB 供应商 S 公司所做的分析，来说明在用供应商分析的要点，以及这个案例给我们带来的启发。

1. 供应商基本概况

W 公司用一张表（见表 8-1）简明扼要地总结出在用供应商 S 公司的基本概况，如行业地位、主营业务、应用领域及主要客户、足迹分布、产品及产能分布、各个供应基地所具备的资质证书等基础信息。

W 公司期望从表 8-1 所提供的信息中得到什么样的启发呢？回顾一下第 4 章中的内容，我们就很容易得到答案：审视供应商的基本信息的主要目的，就是要确定一家供应商的业务范围、规模、技术能力、生产能力、区域分布、资质资格等基本面，以及其与我们公司的业务需求之间的匹配程度。

在这个实例中，W 公司基于 $1S^2$ 步骤中的支出及现状分析所掌握的信息，如自身所处的地理位置——江苏南部、自身产品所面向的行业领域——汽车电子与消费电子、所需 PCB 板的主要类型——普通多层板和软板、年度采购体量、未来 3 年内对 PCB 的采购量需求翻番等，对 S 公司的基本信息进行分析后，得到的启发性结论是："该供应商拥有适当的规模优势，产品线及资质较全面。目前珠海工厂已经封顶，预计于 2021 年年底投入使用，增加的产能预计能够部分满足我们公司未来发展的采购量增加的需求。"换言之，"从这家公司的基本面来看，是一家基本符合 W 公司需求，且处于持续发展中的优秀 PCB 多层板及软板的供应商"。

表 8-1 在用供应商 S 公司基本概况表

1. 供应商基本概况

供应商名称	公司近况	业务梗概	产品及产能分布	资质证书
S 公司	企业性质：有限责任公司 营收规模：24 亿元 行业经验：19 年 + 行业地位：2020 年排名 34 业务模式： —PCB 外协设计加工一体化 —FPCA 外协加工服务	主营业务： —PCB 板： ● 多层板（70%） ● HDI 板（约 15%） ● 软板、软硬结合板、高频板（约 15%） ● 金属基板（铜、铝） —FPCA 应用领域及主要客户： —汽车电子（20%）：福特、安波福等 —通信电子（20%）：康普、捷普等 —安防（20%）：百度、伟创力等 —消费电子（15%）：OPPO、vivo 等 —工控（10%）：欧姆龙、GE 等 —电源供应（10%）：飞利浦、莱尔德等 —医疗（5%）：德尔格、捷普等	PCB：年产能 536 万 m² —赣州：多层板、HDI 板、软板/软硬结合板、FPCA，年产能 446 万 m² —深圳：多层板、高频板、陶瓷板、金属基板，年产能 90 万 m² —珠海：在建中	1. ISO 9001 质量管理体系 2. IATF 16949 汽车行业质量管理体系 3. ISO 14001 环境管理体系 4. OHSAS 18001 职业健康安全管理体系 5. QC080000 有害物质管理体系 6. ISO 45001 职业健康安全管理体系 7. UL 认证 8. ISO 13485 医疗器械质量管理体系 9. AEO 海关认证

在实际工作中，采购方往往存在多个供应来源，这时就要对每家在用供应商都进行表 8-1 中列示的各项分析，并对每家在用供应商做出简洁的启发性小结，帮助品类管理团队及各方面的干系人快速了解每家在用供应商的基本情况。

2. 业务合作概况

W 公司继续就其与 S 公司之间的业务合作情况进行概况回顾，具体内容如下。

（1）**业务合作概要**。简述 W 公司从 S 公司那里采购的大品类、细分品类或品种，目前的合作关系定位，S 公司为 W 公司提供的产品的来源地。

（2）**S 公司履约绩效表现**。在我们的案例中，W 公司主要从交付、质量、成本和服务 4 个方面细分出的按要求准时交付率、按承诺准时交付率、PPM、降本百分比、账期和供应商管理库存实施率等 6 个绩效考核指标来评判 S 公司的履约绩效表现。对于绩效考核未能满足 W 公司预设标准的指标，会用红色字体凸显出来。当然，加上绩效考核仪表盘则会更加直观一些。

（3）**仍在继续履行中的合同、协议或订单状态**。考察与每家在用供应商之间尚未期满结束、具有法律约束力的长期主供应协议、总括订单或一次性订单。假如存在绩效问题严重、无法改善、需要淘汰的供应商，则可以就法律责任和业务连续性等问题，提前做好铺垫和准备。

（4）**S 公司存在的潜在问题与改善机会**。W 公司从 S 公司的基本信息、能力、绩效表现等业已得到的信息出发，识别出 S 公司的两大问题：

- S 公司未能履行双方之前达成的 VMI 协议。
- S 公司未能达成 W 公司所要求的年度成本降本 3% 的目标。

（5）**S 公司所具备的合作潜能**。W 公司也就此机会再度识别确认 S 公司所具备的 PCB 设计能力，以及 PCBA 加工能力。

（6）W 公司明确了与 S 公司在未来一段时间内业务发展的重点方向，

即普通多层板的外协加工业务。

W 公司将上述各方面的关键信息继续用一张表（见表 8-2）加以总结和呈现，为了让大家加深理解和印象，这里对 3 家在用供应商进行了业务合作概况方面的比较。

从表 8-2 中可知，品类管理团队在综合分析了 3 家在用供应商的合作现状后，通过集体头脑风暴得出了如下几点结论：

- 3 家在用供应商整体能力和绩效表现尚能满足 W 公司的业务需求。
- 在疫情带来的供不应求及大宗材料价格普涨的情况下，降本未达标及 VMI 未执行主要归咎于市场方面的不可控因素，但依然暴露出在用供应商在生产效率提升和 VA/VE 能力方面的欠缺。
- S 公司的总体表现排在前列，就目前分析来看，可以作为 W 公司的重点帮扶对象。
- J 公司在账期方面未能符合 W 公司的要求（60 天月结），但由于该供应商主要提供的是打样快板和采购支出规模（第一步支出分析中就已经了解了）较小的多品种小批量产品，因此对 W 公司的影响有限，暂时不必作为主要工作对象。
- K 公司相对来说问题比较突出，它在交付和质量方面未能达标，虽然上游供应短缺是造成交付问题的一种因素，但主要还是其内部的能力与管理出了问题。因此，该供应商可能要被列为重点改善对象。
- 根据 3 家在用供应商的能力与表现，品类管理团队一致同意 S 公司和 K 公司的业务合作重点方向应该是"普通多层板"，J 公司主要用来满足 W 公司打样和小批量、多品种的紧急需求。

如上得到的各个结论或启发，都应该进行书面记录。这些内容将会与后续各项分析结论一起作为制定品类管理战略的重要输入。

表 8-2 W公司与在用供应商之间的业务合作概况表

供应商名称	业务合作摘要	履约绩效回顾	履约中的合同与协议	潜在问题与改善机会	供应商潜能	业务发展重点方向
			2. 业务合作概况			
S公司	合作品类：多层板及软板 关系定位：长期协议关系 货源产地：赣州	总体评价： —交付：OTTP=100%；OTTR=97% —质量：PPM=20 —成本：降本(%)=-1.3% —服务：账期=月结90天；VMI=0	为期1年，还剩9个月到期的年度采购协议	1. VMI协议未执行问题 2. 年度降本未达标问题	1. PCB开发设计 2. PCBA外协加工	普通多层板外协加工
J公司	合作品类：多层板及软板 关系定位：长期协议关系 货源产地：上海	总体评价： —交付：OTTP=100%；OTTR=99% —质量：NA（不适用） —成本：降本(%)=0 —服务：账期=月结30天；VMI=NA（不适用）	初始有效期为3+1年，剩余有效期为0.5+1年的主供应协议	1. 账期问题 2. 降本问题	1. PCB开发设计 2. PCBA外协加工	打样快板
K公司	合作品类：多层板及软板 关系定位：长期协议关系 货源产地：东莞	总体评价： —交付：OTTP=99.5%；OTTR=95% —质量：PPM=52 —成本：降本(%)=-4.1% —服务：账期=月结90天；VMI=0	为期半年，还剩3个月到期的半年度采购协议	1. VMI协议未执行问题 2. 交付准时率问题 3. 质量水平不足	1. 打样快板 2. PCBA外协加工	普通多层板外协加工

3. 在用供应商的 SWOT 分析

接下来，W 公司根据前一部分的分析和总结，再简单地结合 PCB 行业上游原材料的供应状况，以及下游包括本公司在内的客户群体的一般性需求特征，对 3 家在用供应商逐一进行 SWOT 分析，考察每家在用供应商自身拥有的优势和劣势、外部环境对其造成的机会与威胁，考察结论被记录在表 8-3 中。

这里需要说明的是，SWOT 常常被当作战略规划的工具，分析者会将优势与机会有机结合起来构成 SO 战略，再从优势与威胁入手形成 ST 战略；同理还可以构建 WO 战略和 WT 战略。而我们在应用 SWOT 分析时，着眼点有一点不同，我们的做法是：

（1）以采购方对某品类的采购要求为参考系，来分析每家供应商相对于我们的要求是具有优势还是劣势。

（2）结合外部的环境或变化趋势，来考察在用供应商自身拥有的优势和劣势究竟会成为它们未来的机会还是威胁。

比如，我们从表 8-3 中可以看到，W 公司对 3 家在用供应商的优劣势的分析，主要是基于每家在用供应商的基本能力和履约绩效表现进行的；机会和威胁则是在考虑诸如新冠疫情带来的"居家经济"、产品的电子化和智能化演进趋势、客户的偏好与诉求等外部因素后，审视这些因素给每家在用供应商造成何种影响，即是有利的还是不利的影响。具体来看：

（1）"新冠疫情发生后的'居家经济'导致家用电子电器类产品需求的激增，从而带动了被称为'电子系统之母'的 PCB 需求的激增，为整个 PCB 行业的发展推波助澜"，以及"各个领域的产品向电子化和智能化演进的趋势，为整个 PCB 行业的长期发展带来了机会"是对整个 PCB 行业的利好，因此对 3 家在用供应商来说这两条都是机会。

第 8 章 3S²：供应商及供应市场分析

表 8-3 在用供应商 SWOT 分析

3. SWOT 分析

供应商名称	优势	劣势	机会	威胁
S 公司	• 质量水平高 • 交付可靠性高 • 生产柔性较高，按要求准时交付率高 • 现金流充裕，账期可靠 • 加工制程可靠性高 • 产能充足 • 具备一定的 PCB 设计能力 • 具备基本的 SMT 及 FPCA 加工能力	• 对上游供应商的话语权不强 • VMI 管理与执行力弱 • 通过生产效率提高来降低成本的能力不强 • 通过价值工程获得成本的能力不足 • 距离需求地较远，服务响应性不够迅速	• 新冠疫情发生后的"居家经济"导致家用电子电器类产品需求的激增，从而带动了被称为"电子系统之母"的 PCB 需求的激增 • 各个领域内的产品向电子化和智能化演进的趋势，为整个 PCB 行业的长期发展带来机会 • 客户越来越看重交付时效性和准时率，越来越倾向与 S 公司这类交付可靠性和准时率高的公司进行长期业务合作 • 越来越多的电子产品开始使用软板，为具备软板/硬板结合的 S 公司带来了更多的业务机会 • 越来越多的客户愿意与 PCB+PCBA 一站式供应商合作，S 公司可能从中受益	• IC 载板应用领域的增加，会逐渐减少下游对传统 PCB 的需求 • 下游需求旺盛导致上游供应紧张，存在上游交付延误而无法满足客户需求的风险 • 上游铜、环氧树脂和玻纤等原材料价格上涨，带来成本压力与亏损风险 • 与客户 W 公司之间通过公路运输成本较高，对发展 PCBA 业务不利，也不利于达成 JIT 等精益供应链实践要求
J 公司	• 可靠性高 • 与需求地之间相距很近，响应性较高 • 打样能力强，交付时间短（2～3 天） • 具备较强的 PCB 设计能力 • 具有 PCB 多品种、小批量委外协同加工能力	• 财务实力较弱，账期短 • 缺乏大批量产能力，通过生产效率提高来降低成本的能力不足 • 缺乏采购规模，对上游供应商的管理能力严重不足	• 新冠疫情发生后的"居家经济"导致家用电子电器类产品需求的激增，从而带动了被称为"电子系统之母"的 PCB 需求的激增 • 各个领域内的产品向电子化和智能化演进的趋势，为整个 PCB 行业的长期发展带来机会 • 客户对打样的速度要求越来越苛刻，更多客户倾向于与 J 公司这类专注于打样的公司进行合作 • 越来越多的客户需求具有多品种、小批量的特点，给 J 公司带来了更多的业务机会	• IC 载板应用领域的增加，会逐渐减少下游对传统 PCB 的需求 • 上游供应紧张，存在无法获得原材料从而不能满足客户打样需求的风险

(续)

3. SWOT 分析

供应商名称	优势	劣势	机会	威胁
K公司	• 价格优势 • 交付可靠性高 • 财务稳定，账期优 • 产能充裕 • 具备快速打样能力（一周内） • 具备一定的SMT加工能力	• 对上游供应商的话语权不足 • 由于上游材料到货不及时导致交付准时率偏低（低于96%） • VMI管理与执行力弱 • 制程管控不充分，交付质量水平偏低（PPM>50） • 与需求地相距较远，服务响应性较低	• 新冠疫情发生后的"居家经济"导致家用电子电器类产品需求的激增，从而带动了被称为"电子系统之母"的PCB需求的激增，为整个PCB行业的发展推波助澜 • 各个领域的产品向电子化和智能化演进的趋势，为整个PCB行业的长期发展带来了机会 • 越来越多的客户愿意与PCB+PCBA一站式供应商合作，K公司有机会从中受益 • 越来越多的电子产品开始使用软板、软硬结合板的K公司带来了更多的业务机会	• IC载板应用领域的增加，会逐渐减少下游对传统PCB源的需求 • 客户越来越看重交付时效性和准时性，和准时率交付可靠性时，显然是不利于客户业务开拓和发展的 • 与客户W公司之间通过公路运输耗时较久，对发展PCBA业务不利，也不利于达成JIT等精益供应链实践要求

（2）除了上面列举的两条机会，每家在用供应商所具有的其他机会则更多地与外部客户的偏好、诉求，以及自身的优劣势相关。比如，S公司具有"交付可靠性高"和"准时交付率高"的优势，这符合越来越多客户对交付时效性和准时性的需求，因而产生了更多的"长期业务合作"机会。大家可以仔细阅读表8-3，了解其他两家公司的专属机会，以更好地理解品类管理中活用SWOT分析的意义。

（3）对于威胁分析来说，W公司也是先列出了一件会对整个传统PCB行业的发展产生负面影响的外部事件——"IC载板应用领域的增加，会逐渐减少下游对传统PCB的需求"；然后再将每家在用供应商的优劣势与上下游的外部因素结合起来，推导出各家在用供应商所面临的威胁。比如，K公司面临的威胁之一就是"客户越来越看重交付时效性和准时性，对K公司这类交付可靠性和准时率不高的公司，显然是不利于业务开拓和发展的"。表8-3中列出的其他各项威胁也是依从这一逻辑推导出来的。

同理，对每家在用供应商做SWOT分析的目的是要从中得到战略性启发。就这个具体实例来看，W公司的品类管理团队已经产生了一些战略性思路：

（1）尽管目前以及未来可见的一段时间内（6个月左右）PCB板依然可能处于供应紧缺、价格坚挺的状态，但从更长远的视角来看，PCB行业的激烈竞争态势没有从根本上发生改变，而且竞争将会更加激烈。这一点对采购方来说总体上是有利的。

（2）K公司在哪方面都不突出，K公司的存在更多的是作为S公司和J公司的双替补，既可以作为S公司的替补，成为普通多层板和软板的备选，也可以作为J公司打样服务的备选。再者，所有这3家在用供应商对于上游原材料供应商来说，都缺乏话语权。因此，开发一家新供应商就变得顺理成章了。这家新供应商最好能同时具备高响应的快速打样服务能力与批量供应多层板和软板的能力，还要与上游原材料供应商之间关系紧密，最好是实现了或具备了上游一体化整合能力。

（3）上一条顺利实现后，在用供应商 S 公司和 J 公司就很可能都成为这家新供应商的替补了。

无疑，这些战略性启发也需要加以记录，并通过后续的各项分析来验证其可行性与合理性。

4. 在用供应商的偏好性分析

理想的采供关系是"两情相悦，情投意合"。因此，当采购方意识到某家或某些供应商对自己很重要，自己对它或它们也很中意时，需要甄别对方是如何看待自己的。这时，"供应商偏好矩阵"就派上用场了。

我们在第 5 章中对"供应商偏好矩阵"进行了基本介绍。这里还是以 W 公司为例，看看它做出来的"矩阵"长什么样，如图 8-1 所示。

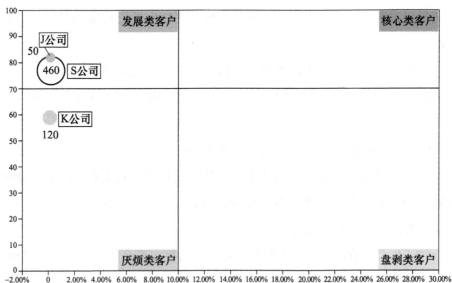

图8-1　W公司的"供应商偏好矩阵"

从图 8-1 中可以看出，S 公司和 J 公司落在"发展类客户"这一象限，这表示：W 公司的品类管理团队在进行供应商偏好矩阵分析后，判断 S 公司和 J 公司将 W 公司视为"发展类客户"，它们很可能致力于争取从 W 公司获得更多的合作机会和业务；而 K 公司则将 W 公司视为"厌烦类客户"，对 W 公司抱有的是一种可有可无的态度。

这个矩阵的分析结果与前文在用供应商的 SWOT 分析中得到的战略思路是吻合的。换句话说，W 公司首先利用"供应商偏好矩阵"分析验证了之前战略思路的可行性和必要性。当然，这里也存在一个很大的潜在问题，就是如果 W 公司想开发一家能力更全面的新供应商，并将大部分业务转给这家新供应商，S 公司和 J 公司的愿望就势必要落空。这样有没有可能将它们逼入"厌烦类客户"象限呢？无论如何，这个隐忧必须要牢记在心。假如最后决定按照前面推导出的战略思路来执行，这个隐忧就会成为威胁到战略执行效果的潜在风险。品类管理团队就必须对此认真进行风险剖析，并不得不给出化解风险的措施和风险发生时的应急预案了。

8.1.2 潜在供应商分析要点与启发

理论上，对潜在供应商进行分析并不是每次制定品类管理战略和计划时的必需工作。但实际工作中，由于市场动态发展的特点，常常需要识别和开发新的供应来源，这时就不可避免地要对潜在供应商进行适当分析。

1. 供应商基本概况

前面 W 公司通过对在用供应商的分析，已经有想法要引入新的供应商，下面我们就继续以 W 公司为例，看看它在对潜在供应商进行分析时，是从哪些方面入手的。

表 8-4 是 W 公司针对潜在供应商分析而制作的一张表。这张表与在用供应商基本概况表的结构是一样的，目的也是一样的。

从表 8-4 中可以清楚地看出，B 公司的规模比在用供应商 S 公司规模更大，行业排名更靠前，主营业务范围也能很好地满足 W 公司的采购需求。有一个值得关注的点，就是 B 公司的现有年产能为 294 万 m^2，比在用供应商 S 公司的 536 万 m^2 的年产能少了近一半，但是产值规模和行业排名都优

表 8-4　W 公司针对潜在供应商 B 公司做的基本概况表

供应商名称	基本信息	主营业务与主要客户	1. 供应商基本概况 产品线及产能分布	资质证书 深圳：	梅州：	江苏：
B 公司	企业性质：上市公司 营收规模：28 亿元 行业经验：27 年+ 行业地位：2020 年排名 27 业务模式： —PCB 外协设计加工一体化 —SMT 外协加工服务	主营业务： —PCB 板： ●多层板（52%） ●HDI 板（35%） ●软板、软硬结合板（5%） ●高频板（5%） ●金属基板（3%） —SMT 应用领域及主要客户： —消费电子（33%）：三星、小米等 —IT & 通信（25%）：华为、摩比等 —汽车电子（23%）：比亚迪、现代、松下等 —工控安防（18%）：海康威视、大华等 —其他（1%）	PCB： —现有年产能 294 万 m² —在建年产能 432 万 m² —深圳：多层板、高频/高速、金属基板、厚铜板、超长板、陶瓷板，年产能 36 万 m²；另具备 SMT 外协加工能力 —梅州：HDI 板、多层板、FPC、R-FPC、双面板，年产能 210 万 m²，在建产能 360 万 m² —江苏：HDI 板、多层板，年产能 48 万 m²，在建产能 72 万 m²	1. ISO 9001 质量管理体系 2. IATF 16949 汽车行业质量管理体系 3. ISO 14001 环境管理体系 4. QC080000 有害物质管理体系 5. ISO 45001 职业健康安全管理体系 6. AS9100 航空航天质量管理体系 7. ISO/IEC 17025 实验室管理体系 8. GB/T 23001 两化融合管理体系 9. UL 认证	1. ISO 9001 质量管理体系 2. IATF 16949 汽车行业质量管理体系 3. ISO 14001 环境管理体系 4. QC080000 有害物质管理体系 5. ISO 45001 职业健康安全管理体系 6. GB/T 29490 知识产权管理体系 7. ISO 27001 信息安全管理体系 8. CQC 产品安全认证 9. UL 认证 10. ISO 13485 医疗器械质量管理体系 11. ISO 17025 实验室认可	1. ISO 9001 质量管理体系 2. IATF 16949 汽车行业质量管理体系 3. ISO 14001 环境管理体系 4. QC080000 有害物质管理体系 5. ISO 45001 职业健康安全管理体系 6. GB/T 29490 知识产权管理体系 7. GB/T 23001 两化融合管理体系 8. UL 认证

于 S 公司。这是为什么呢？很有可能是 B 公司的价格水平比 S 公司高，但更有可能的是 S 公司的产能利用率比 B 公司低，这一点是否属实，品类管理者应该加以关注取证。因此，要去了解 B 公司的产能利用率，如果 B 公司的产能利用率太高的话，就很难再有多余产能来为 W 公司提供服务了。但由于 B 公司在建年产能高达 432 万 m^2，所以还要关注 B 公司的在建年产能何时能够正式上线使用。

2. 潜在供应商履约能力

与在用供应商不同，W 公司未与潜在供应商真正有过业务上的合作，因此没有一手的 B 公司履约绩效数据。对于潜在供应商来说，W 公司就需要通过纸面信息（往往通过供应商调查问卷、供应商网站、行业报告等渠道来获得）以及现场审核（如果有的话）记录，来获取这类供应商的履约能力，如表 8-5 所示就是 W 公司从 B 公司"核心产品与服务能力""核心设备"和"潜在风险"这三个方面来分析其合作履约能力的记录。

从表 8-5 中可以获得更多与 B 公司产品及履约能力有关的重要信息，包括：与每个行业密切相关的、颗粒度更细的产品细分类别；B 公司的制程能力，尤其是多样化的表面处理能力；价格与成本水平；质量水平；核心生产设备及检验设备；与供应连续性、交付可靠性、履约价格、供货质量、财务安全、法律合规、社会责任、合同责任等相关的风险简析。

通过对 B 公司的能力分析，W 公司发现：

（1）B 公司的现有能力与 W 公司之前战略思路中想要引入的新供应商的应有能力是比较吻合的。

（2）B 公司的规模与 S 公司基本上处于同一水平，营收规模只高出 4 亿元左右，基于 W 公司未来需求翻倍的展望，假设将新增需求中的绝大部分（如 600 万元）交给 B 公司江苏工厂来满足，这部分营收大约占 B 公司江苏工厂营收的 1.5%。占比虽然不大，但是考虑到作为上市公司的 B 公司，更加看重客户的多样性和成长性，加之若是 W 公司将未来增加的需求全部交给 B 公司，这对 B 公司应该还是存在一定吸引力的。

表 8-5 潜在供应商履约能力分析表

供应商名称	供应商履约能力分析		潜在风险分析
	1. 核心产品与服务能力	2. 供应商履约能力分析 核心设备一览	
B 公司	核心产品： —特色通孔板、高速板、金手指板 —高频通孔板、高频嵌铜板、微波板 —金属基板、电控板、电池板 —HDI 板：多阶高密度互联板、Anylayer 板 —软硬结合板：通孔类、HDI 类、摄像头用 —软板：双面软板、多层软板 服务能力： —R＆D＋生产制造一站式服务 表面处理：HASL、ENIG、ENEPIG、OSP、镀金、浸银 —镀白金、浸锡、镀锡、镀银 —SML、MLB、HLC、HDI、R＆F、FPC 打样及量产： ● 通孔多层板：打样 6～10 天；批量 8～14 天 ● FPC 软板：打样 6～12 天；批量 10～18 天 价格／成本： —价格水平适中；降本能力偏低 质量管理： —Cpk＞1.33，PPM＜10	核心设备： —硬板：LDI 自动曝光机、三菱激光钻孔机、宝德激光钻孔机、高精度电铣机、字符连线丝印机、自动 CCD 冲孔机、自动水平 PTH 线、扬博真空蚀刻线、升达康激光打标机、自动喷墨机、成品分拣机、Schmoll 钻孔机、IPX8 水密测试机等 —软硬板：等离子清洗机、奥宝 LDI 曝光机、自动钢片补强机、扬博真空电镀生产线、激光切割机、孔机、自动 VCP 电镀生产线、大族 UV 镭射钻孔机、索尼贴片机、大族 UV 镭射钻孔机、大田 RF 专用压铆机设备等 检验设备： —在线 AOI、电子扫描电镜 SEM+能谱仪 EDS、绝缘电阻在线测试系统、导通电阻在线测试系统、超景深 3D 光学显微镜、气相色谱质谱联用仪、傅立叶红外显微镜（FTIR）、静态热机械分析仪（TMA）、电子万能试验机、恒温恒湿试验箱、高压蒸煮试验箱（PCT）、网络分析仪、冷热冲击试验箱等 详情链接： —B 公司《供应商调查问卷》 —B 公司《公司简介》 —B 公司网站	1. 供应连续性风险：上游供应商关系佳、断供风险低 2. 交付风险：与上游供应商制程能力充分、交货延误能充足、设备与制程相关系佳，产风险低 3. 供应价格风险：上游材料如铜箔、PP片、覆铜板等供应紧缺，价格上涨风险高，降本目标达成率低 4. 供应质量风险：过程控制优、过程能力强、质量风险低 5. 财务风险：上市公司，财务透明度较高，从流动比率（1.38）、速动比率（1.12）和资产负债率（＜40%）几方面来看，财务风险较低 6. 法律合规或社会责任风险：生产过程存在水源、大气污染的可能性，风险中 7. 其他风险：客户口碑较好，合同及其他责任风险低

（3）B公司的价格水平没有太大的竞争力。W公司的团队判断这可能与作为上市公司的B公司比较关注盈利能力有关，另外也与B公司正在扩增产能，新建的设施会把资金转变为固定资产，从而导致产品价格分摊的压力较大有关。从长计议的话，当B公司的客户群体与销售规模增加后，固定资产折旧部分将会被逐渐摊薄，从而带来降本的机会。

3. 潜在供应商 SWOT 分析

与进行在用供应商分析一样，W公司也对潜在供应商B公司做了SWOT分析，分析结果如表8-6所示。

从表8-6中可以看到另外一个重要信息：B公司"与上游供应商关系佳"，这恰恰是目前3家在用供应商都不具备的一个关键所在。

当然，B公司也存在一个不足，就是软板的生产基地在广东梅州，离江苏较远，运输时间较长，故无法实现JIT精益供应链协同实践。不过，由于运输成本在PCB板成本构成中占比很小，而且可以通过VMI的协同方式来进行弥补，所以这个不足之处并非致命弱点。

4. 供应商偏好性分析

最后，W公司的品类管理团队也为潜在供应商B公司做出了"供应商偏好矩阵"分析和预判，并将其与3家在用供应商放进一张气泡图（见图8-2）中进行比较分析。

从图8-2中可以看出，B公司通常也会将W公司定义为"发展类客户"，基于W公司的发展前景，以及尚未纳入战略分析范围的、由EMS外协加工商负责采购的、规模更大的PCB采购支出，W公司的品类管理团队有信心与B公司建立并维护良好的长期合作关系。

以上，我们以W公司的PCB品类为例，较为详细地为大家介绍了供应商分析的主要过程和方法。接下来，我们继续以PCB品类为对象，介绍供应市场的分析方法。

表 8-6 潜在供应商 SWOT 分析表

3. SWOT 分析

供应商名称	优势	劣势	机会	威胁
B公司	● 制程能力充分，质量优 ● 与上游供应商关系佳，交付可靠性高 ● 生产柔性较高，按要求准时交付率高 ● 现金流充裕 ● 在建产能增加 1.5 倍，产能充足 ● 具备一定的 PCB 设计能力 ● 具备基本的 SMT 及 FPCA 加工能力 ● 多层板的生产基地（江苏）与需求板非常近，交通便利	● 价格上竞争优势不足 ● 软板的生产基地（梅州）与需求地之间相距较远，运输时间较长（2～3 天）	● 新冠疫情发生后的"居家经济"导致家用电子电器类产品需求的激增，从而带动了被称为"电子系统之母"的 PCB 需求的激增，为整个 PCB 行业的发展推波助澜 ● 各个领域的产品向电子化和智能化演进的趋势，为整个 PCB 行业的长期发展带来了机会 ● 客户越来越看重交付时效性和准时性，越来越倾向于与 B 公司这类交付可靠性和准时率高的公司进行长期业务合作 ● 越来越多的电子产品开始使用软板，为具备软板/软硬结合板的 B 公司带来了更多的业务机会 ● 越来越多的客户愿意与 PCB+PCBA 一站式供应商合作，B 公司与需求旺盛地区（如苏南、广深）的客户距离较近，有很大的机会从中受益	● IC 载板应用领域的增加，会逐渐减少下游对传统 PCB 的需求 ● 绝大部分客户对供应商价格及降本能力越来越看重，对价格成本竞争优势不足的 B 公司构成威胁 ● 与客户 W 公司之间通过公路运输耗时较久（2～3 天），对发展软板及 PCBA 业务不利，也不利于达成 JIT 等精益供应链实践要求

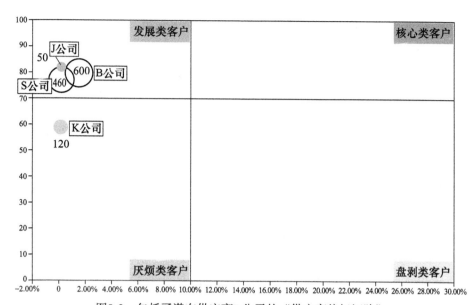

图8-2 包括了潜在供应商B公司的"供应商偏好矩阵"

8.2 供应市场分析

微观世界是构成宏观世界的基础，但是宏观世界并非微观世界的算术求和，在微观世界里所呈现出来的特征往往与宏观世界的特征并不相同，这在物理学中有很多例证，在社会经济学中也是一样。尽管如此，两者之间还是存在相关性，并互相影响。

我们在上一节中针对具体的供应商进行 SWOT 分析时，就结合了外部环境来解读某家供应商的机会和威胁。本节将对这些外部环境进行更加全面细致的分析，详细考察某一品类（这里仍以 PCB 为例）所处的行业和市场属性。从采购方的角度出发，我们称之为"供应市场分析"。

8.2.1 供给侧行业分析与启发

首先，我们来考察供给侧行业的各种主要属性特征：

- 行业综述，即概括性地描述某行业的整体规模、供应产能及地理分布特征。
- 行业结构分析，即描述某个行业的集中度、竞争态势、竞争力来源及主要供应商。
- 成本结构分析，即分析某个品类的成本要素、成本动因和行业内典型的定价模式。
- 产业链/价值链分析，即识别该行业整条链中的链主和价值高地，以及变化趋势。
- 技术路线图分析，旨在洞察该行业的技术发展趋势。

获得上述与某个特定行业有关的全面信息并非易事，很多品类管理者都反映这类信息是最难收集的。比较常见的收集方法，就是企业从第三方行业和市场研究机构那里购买或定制分析报告。国内外主流的市场研究机构包括 IDC、IHS Markit、UBI Research、CB Insights、IPlytics、Canalys、CINNO Research、集邦咨询（Trend Force）、大观研究（Grand View Research）、Counterpoint Research 等，而全球 PCB 权威研究机构 NTI（已于2019年年末宣布永久停业，原因不明）、Prismark 公司和 Modor Intelligence 公司，以及上海市经济和信息化委员会主管、中国印制电路行业协会主办的信息科技学术期刊《印刷电路信息》，则是获取 PCB 行业信息的主要渠道和来源。下面我们将要给出的 PCB 行业综述，正是从这些公司和渠道的行业与市场研究报告或公开发布的行业信息中获取的。

1. 行业综述

在这里，需要适当地回顾一下品类方面的知识，包括细分品类与下游应用等，然后再介绍某品类所属行业的整体规模、供应产能及地理分布特征等信息。

比如，可以这样对 PCB 品类知识进行回顾："PCB 产品的种类众多，可以按照产品的导电层数、弯曲韧性、组装方式、基材、特殊功能等多种方式分类。但在行业内一般会根据 PCB 各细分行业的产值大小,采用多种方式将 PCB 产品细分为几个具有代表性的子品类,如单面/双面板、普通多层板、HDI 板、IC 载板(又称"封装基板")、软板(又称"挠性板")、软硬结合板(又称"刚挠结合板")及类载板、高频高速板等特殊板。从终端应用领域来看,PCB 主要被应用于消费电子、IT 通信和汽车电子这三类细分市场,合计应用份额占比达 76%。"

为了让这些信息变得更加生动活泼,我们可以用一张表来总结归纳该品类各个细分品类的特征及应用领域,如表 8-7 所示,也可以像图 8-3 那样给出下游应用的一幅全景图。

表 8-7 典型 PCB 子品类的特性及应用领域

PCB 板子品类	特性	终端应用领域
普通多层板	价格低,应用广泛;支撑性高,可承载较大电流	PC、电视机、服务器、显示器、游戏机、硬盘等
软板	具有可挠性,轻薄;可提高布线密度,减少体积	手机、平板、穿戴设备、笔记本电脑、触控面板等
软硬结合板	同时具有支撑性和可挠性;降低通信中的干扰问题	手机、穿戴设备、光电产品、电池模组、高端存储设备等
HDI 板	使用高密度互联技术,8 层以上的成本比普通多层板要低;轻薄,体积小,传输路径短,干扰低,线路密度高	5G 通信、物联网、高端手机、超薄型笔记本电脑、平板、汽车电子、数码相机、数码摄像机等
IC 载板	IC 封装关键部件,具有保护电路、固定线路、散热等作用	5G 通信基带芯片、射频芯片、闪存芯片、功率放大器、应用处理器等
高频高速板	原材料使用氟树脂而非环氧树脂,具有低损耗、低传送信号分散性、高特性阻抗精度、高导热性等特点;成本较高	汽车安全系统、VR/AR、云计算/云存储服务器、5G 通信、卫星系统、物联网、工业生产系统等
类载板(SLP)	相较于低阶 HDI 板来说可以堆叠更多层数,且线宽线距小,面积相同时可承载更多主被动元器件	高端手机(目前主要应用于苹果、三星等手机中)

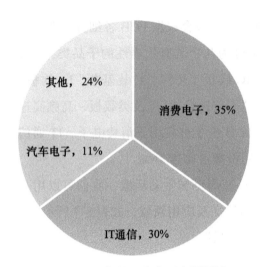

图8-3　PCB板的三大典型应用领域

关于行业整体规模产能、区域分布等信息，我们以 PCB 行业为例给出如下概况的示例：

"根据 Prismark 公司的数据，2020 年全球 PCB 总产值为 652.19 亿美元，其中应用最广泛的多层板、软板和 HDI 板的总产值合计占比达到全球 PCB 总产值的 73.37%。另外，Prismark 对 2020～2025 年 PCB 行业的增长预测是：全球普通多层板、软板和 HDI 板产值年复合增长率预计分别约为 5.1%、4.2% 和 6.7%；到 2025 年，这三个子品类的总产值将分别达到约 316.83 亿美元、153.64 亿美元和 137.41 亿美元，合计占全球 PCB 总产值的 70.4%。这说明，多层板、软板和 HDI 板三个子品类在未来依然是市场最主要的需求，是 PCB 行业持续增长的主要方向。PCB 行业的产能从地理分布上来看十分广阔，据 N.T.Information 统计，全球 PCB 厂商约 3 000 家，其中产值超过 1 亿美元的共有 116 家，主要分布于美国、日本、韩国、中国。目前在中国已经发展形成珠三角地区、长三角地区和中西部地区三大 PCB 产业聚集核心区。据 N.T.Information 估算，中国拥有 PCB 的企业数量在 1 500 家以上；另据中国电子电路行业协会（CPCA）的统计数据，中国排名前 100 的企业（包括非本土企业在中国开设的独资及合资公司）在 2020 年营业收入最低的约为 5 亿元。"

辅以可视化图表来展现上述信息的话，能够让行业数据变得更加易读易懂，比如像表 8-8 那样罗列出 PCB 行业在未来几年中的产值增长预测数据，当然，折线图呈现的效果可能会更好。

表 8-8 全球 PCB 行业 2020～2025 年产值增长预测

子品类	2020 年产值（亿美元）	2020 年全球产值占比（%）	2025 年产值预测（亿美元）	2025 年全球产值占比（%）	2020～2025 年年复合增长率（%）
多层板	247.63	37.97	316.83	36.70	5.1
软板	124.83	19.14	153.64	17.80	4.2
HDI 板	99.54	15.26	137.41	15.92	6.7
全球 PCB 总产值	652.19	—	863.25	—	5.8

资料来源：Prismark 报告。

2. 行业结构分析

接着，我们还需要进一步考察某个品类所属行业的结构信息，如行业中的主要供应商及集中度。所谓集中度就是排名前三、前五或前十的供应商的市场份额（数量或金额）占行业销售总量（数量或金额）的百分比，这个数据反映出市场的竞争性或垄断性。比如，一个市场中排名前三的市占率合计为 90%，另一个市场排名前十的市占率合计为 30%，那么前一个市场相对于后一个市场来说，就更具有寡头垄断性。

就 PCB 行业全球集中度来看，"根据 N.T.Information 公司的统计数据，全球 PCB 前五大厂商的集中度由 2012 年的 18.1% 提升到 2019 年的 22.8%，前十大厂商的集中度则由 28.9% 提升至 35.6%"（见图 8-4），这说明该行业的集中度不高，但是存在不断提升的趋势。相比之下，中国 PCB 行业在 2020 年前五家企业的集中度约为 36.6%，前十家企业的集中度约为 53.9%，这说明中国的 PCB 行业的垄断性相较于全球来看要高一点。

除了看一个行业在全球或某个特定区域的竞争态势，我们还可以考察各个特定区域的竞争力来源。以PCB行业为例，在竞争优势方面就存在比较明显的区域性特征，比如：

（1）美国本土企业的竞争优势主要体现在高端产品和部分特定产品领域，如航空及军事用PCB、医疗电子用高阶PCB等。目前美国制造的PCB产品以18层以上的高层板为主，18层以下的PCB大部分已经转移到亚太地区生产。

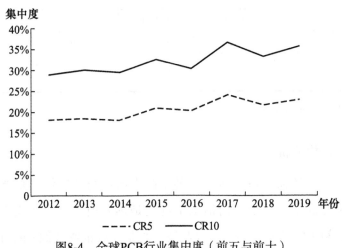

图8-4　全球PCB行业集中度（前五与前十）

（2）欧洲以高价值、小批量的PCB产品为主，其主要面向欧洲市场，服务于欧洲的工业仪表和控制、医疗、航空航天及汽车工业等产业。

（3）日本作为全球PCB品类重要生产基地之一，面向当地目标市场提供的子品类主要以多层板、软板和IC载板（封装基板）为主。日本本土PCB厂商技术领先，主要利用高技术提供增值服务，目前以旗胜、住友电气等大规模生产厂商为代表，主导着全球中高端软板子品类的供应产能。

（4）韩国PCB行业以种类齐全见长，从低端到高端各种子品类应有尽有，其软板子品类处于全球领先地位。代表企业有永丰（Young Poong）、三星电机（Semco）、大德电子等，以满足内需为主。

（5）中国PCB行业仍以单双面板、8层以下多层板和低阶HDI板等中低端产品为主，2020年中国PCB主力产品依然是包括多层板和HDI板在内的硬板，市场占比72.3%。其中，多层板产能充分，厂商之间的竞争焦点在精益管理和成本管控上；软板是第二大主力产品，2020年市场占比24.4%。东山精密是软板龙头，一家就占有国内软板市场79%的份额；弘信和崇达分列第二位和第三位，市占率分别是9%和4%。拥有软板产能的还有景旺、中京、丹邦、广东骏亚、光蒲等厂商，其中广东骏亚在2021年收购了住友电工软板厂。加上景旺的在建软板厂已于2021年第二季度投产，国内的软板产能增加了10%。此外，部分大厂已掌握先进的PCB生产技术，如深南电路已掌握IC载板（封装基板）和多层高速板等高端PCB的加工工艺；兴森科技作为专业样板厂商，可生产高速板、IC载板；崇达技术批量生产封装基板及高频高速板，完善了高端产品线布局等。随着产业结构的调整、产能集中度的提升，中国PCB龙头企业的生产技术将会持续发展，国内高端产品市场上实现国产替代的可能性也在进一步增加。

除了上面这些描述性的市场信息，W公司还收集整理了中国主要PCB厂家未来两三年在普通多层板和软板上的扩产计划（见表8-9），这对未来PCB的供应能力和采购可得性的判断十分有意义。

表8-9 中国主要PCB厂商普通多层板和软板扩产计划一览表

公司	地点	扩产品类	年规划产能（万m²）	预期投产时间（年）
方正	广东珠海	普通多层板	150	2021
白井	广东珠海	普通多层板	110	2021
金信诺	江西信丰和江苏常州	普通多层板	145	2021
金顺	江西信丰	普通多层板	200	2021
持创捷宇	江苏泰州	软板	50	2021
展华	江苏南通	普通多层板、HDI板、软板、高频板	200	2021

(续)

公司	地点	扩产品类	年规划产能（万 m^2）	预期投产时间（年）
泰禾	广东肇庆	普通多层板	100	2021
领诺	江西九江	普通多层板	50	2021
龙腾	湖北孝感	普通多层板	40	2021
联锦成	江西萍乡	HDI 板、软板、SMT	240	2021
骏亚	江西龙南和广东珠海	普通多层板、软板、高频板	45	2021
鑫达辉	河南信阳	软板、高频板、类载板（SLP）	260	2021
成德	广东佛山	普通多层板、软板、高频板	380	2022
依顿	广东中山	普通多层板	70	2022
逸豪	江西赣州	普通多层板	720	2022
瑞彩	江西信丰	普通多层板	200	2022
诚亿	浙江嘉兴	普通多层板	60	2022
鼎泰	江西龙南	普通多层板	200	2022
润东晟	广东珠海	普通多层板	385	2022
鹏博辉	江西九江	软板	100	2022

W 公司采购的 PCB 板主要是 8 层以下的普通多层板和软板，恰巧都是中国 PCB 行业的主攻细分类别，而通过上面的扩产计划表，可以更好地了解普通多层板和软板这两个子品类的扩产幅度，以及新增产能的地理分布情况。这为 W 公司实施本地化供应货源策略的可行性提供了基本保障。当然，两个子品类的市场结构也存在明显的差异：普通多层板市场集中度不高，产能充足，竞争激烈；软板的市场集中度很高，这对 W 公司的采购话语权有所不利，但是 W 公司软板的采购支出占比很小，且软板的供应商数量尚可，产能有较大增幅预期。因此，W 公司存在将两个子品类整合在一起，用普通多层板的需求带动软板的供应保障的可能性。

试想一下，如果 PCB 行业的市场结构有所变化，比如普通多层板的产能主要集中在运距更远、需要跨境清关处理的东南亚地区，那么 W 公司的货源策略是否会发生变化呢？

3. 成本结构分析

做任何事情都会存在颗粒度上的差异，成本分析也不例外。出于战略制定的需要，我们在这里所做的成本结构分析的颗粒度相对比较粗，也就是从 PCB 价格构成中的主要材料成本占比、加工成本占比、包装与运输占比、各类费用分摊比例、利润加成比例等几大方面去审视各成本要素的重要程度，并进而获得启发：制定出什么样的品类管理战略，才能增强采购方对 PCB 品类及其细分品类成本和价格的管控能力，并使得 PCB 品类及其细分品类采购总成本处于最理想、最合适的区间？

下面我们以 W 公司的重点采购标的普通多层板为例，来解释成本结构分析的主要思路并获得启发。

总体来看，PCB 板价格可以分解成原材料、加工成本、期间费用和利润这四大块，一般来说，这四项成本要素在 PCB 价格构成中的占比如图 8-5 所示。

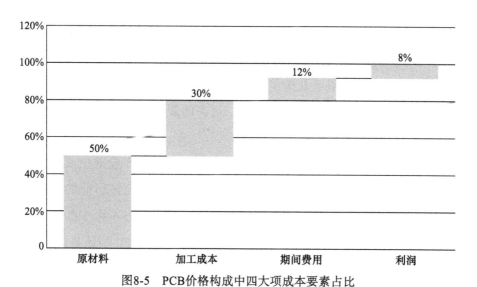

图8-5　PCB价格构成中四大项成本要素占比

从图中可以看出，四项成本要素中占比最大的当属原材料成本（价格占比50%）。原材料中包括覆铜板、半固化片、铜箔、铜球、化学品等，其中覆铜板占到所有原材料成本的40%左右，即占到PCB成本的20%左右。覆铜板的材料成本取决于铜箔、树脂、玻纤的价格，三者占覆铜板成本合计达到79%。PCB厂采用成本加成的定价方法，向下游传导覆铜板涨价压力的能力较强。比如，2021年年初相对于2020年年初，铜价上涨了42%左右，导致覆铜板上涨15%以上，PCB板价格上涨7.5%左右。因此，采购方需要特别关注铜材、树脂和玻纤的市场供需关系的变化，并尽可能通过供应商关系来减少或推迟因上游原材料涨价造成的PCB板产品价格的上涨。

其次是加工成本（价格占比30%）。加工成本主要与PCB板的各项设计规格要求及加工工艺有关，举例如下。

（1）表面处理要求：常见的表面处理方式有OSP（抗氧化）、有铅喷锡、无铅喷锡（环保）、镀金、沉金以及一些组合工艺等，以上各项处理要求的加工成本越往后越高。

（2）钻孔类型、孔径与数量：钻孔类型有通孔、盲孔、埋孔；孔径有大、小、微孔；孔的数量有少有多，加工成本通常也是依次增加。最小孔径小于0.3mm时成本显著增加。

（3）线宽/线距：一般来说，线宽/线距小于等于0.1/0.1mm时，加工成本会有明显增加。

上面只是简单地举了几个例子，想要说明的问题是，正如在第7章中所述及的，采购方需要避免不必要的、过高的规格要求，从而通过设计优化来控制产品或服务的成本。

行业平均利润水平的高低反映了一个行业在整个产业链中或经济生态中的地位，这与该行业的供应、下游客户的需求、进入该行业的门槛等都有关系。对于采购方来说，当上游某个行业的供应是必不可少的，对自己的竞争力具有显著影响时，反向整合（无论是通过反向并购还是虚拟整合）就可能是一个战略选项。当然，每一个企业的利润水平还与该企业的经验管理水平有密不可分的关系，也与该企业对待不同客户的定价策略有关。因此，采购方需要通过不断提高自身的地位、实力与口碑，来获得成本的合理优化。

期间费用通常包括管理费用、销售费用、财务费用，在图 8-5 中也包括了研发费用（通常研发费用应该单列出来）。采购方在进行成本分析时，需要参考行业的平均费用水平，以及供应商的真实费用情况。下面两张图（见图 8-6 和图 8-7）给出了 2015～2019 年 PCB 行业上市公司的平均费用水平概况，供大家参考。

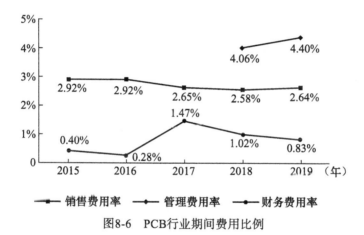

图 8-6　PCB 行业期间费用比例

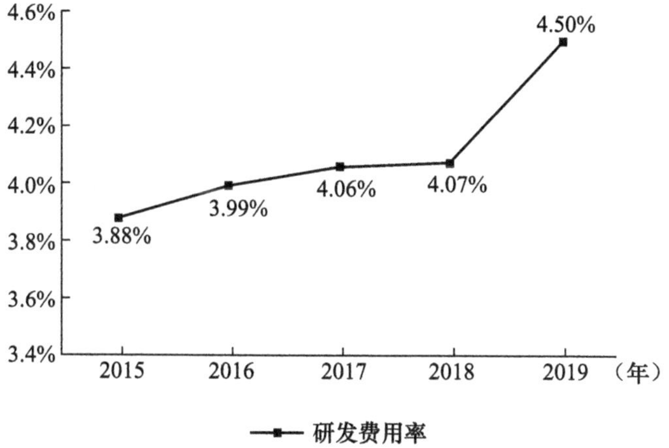

图 8-7　PCB 行业研发费用比例

管理费用反映的是企业内部的管理能力和效率，即如何能够在一定的期间费用水平上，创造更多的业务与营收，营收越大，期间费用的比例就越低；研发费用则从侧面反映了一家企业未来发展的潜力（一般来说还要结合其他内外部因素综合考量），研发费用比例越高，企业未来发展的潜力就越大。

4. 产业链／价值链分析

供应链是产业链的子集，产业链是供应链的集合，而价值链则是透视产业链上各个环节价值高低分布的一种手段。我们在这里以普通多层板和软板的产业链为基础，对这两个子品类产业链上的各个环节的价值分布进行解析。

普通多层板属于硬板的一个子集，从上游往下游看，产业链的主要环节包括上游原材料（铜箔、树脂、玻纤布等）、PCB 材料[覆铜板（CCL）、半固化片（PP）、铜球、铜箔等]、印刷线路板（PCB）、软性印刷线路板组件（PCBA）、终端产品（应用于消费电子、IT 通信、工业控制、汽车电子、物联设备、医疗设备、航空航天等领域的电子模块与系统）。W 公司画了一张产业链／价值链分析图（见图 8-8），便于大家更直观地认识和理解。

从图 8-8 中可以看出，普通多层板 PCB 产业链越往上游，话语权与附加值越大；技术难度大和高附加值的上游原材料品种依然被欧美日的从业者所把控。W 公司用到的绝大部分 8 层以下的产品所对应的产业链／价值链风险相对较小。但 W 公司特别需要重视部分性能要求高的 PCB 板的上游供应来源的异动，如果 W 公司没有足够的能力去掌控上游材料厂商的话，对 PCB 厂商的选择就必须十分慎重，需要努力开发那些与本公司合作意愿高、能力充分且与上游材料厂商关系良好的供应商。

对于软板，从上游往下游看，产业链的主要环节包括：PI 膜、软性铜箔基板（FCCL）、软性印刷线路板（FCP）、软性印刷线路板组件（FCPA）、终端产品（应用于消费电子、IT 通信、工业控制、汽车电子、物联设备、医疗设备、航空航天等领域的电子模块与系统）。W 公司针对软板也画了一张产业链／价值链分析图（本书略）。从图中，W 公司得到的启发是：必须

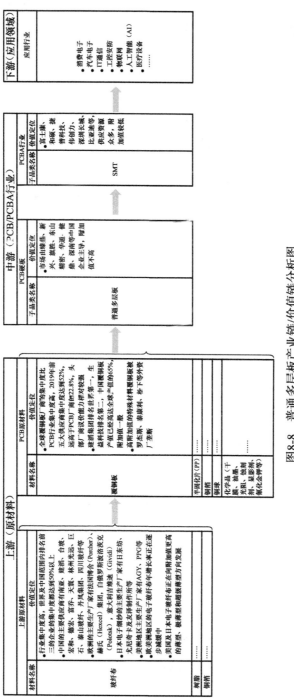

图 8-8 普通多层板产业链/价值链分析图

特别重视对上游供应可得性的保障。由于 W 公司的 PCBA 外协代工厂规模庞大，对上游供应商拥有更强的话语权，因而将软板的采购交给代工厂来管理，是一个可以考虑的战略选项。

5. 技术路线图分析

HDI 板目前主要的应用领域是移动终端类产品和计算机类产品，但伴随着电子产品向轻薄化、高密化发展的趋势，未来 HDI 板在消费电子产品、汽车电子产品、医疗电子产品等领域的应用将越来越广泛。根据 Prismark 公司的统计数据，2019 年全球 HDI 板产值 89.8 亿美元，占整体 PCB 产值比例达 14.8%，是 PCB 品类中增速最快的赛道，预计在未来的几年内，HDI 板的产值同比增速会更快（见图 8-9）。

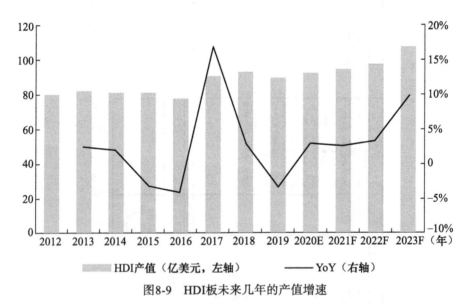

图8-9　HDI板未来几年的产值增速

资料来源：Prismark公司。

从 W 公司所服务的汽车行业需求来看，五大汽车电子系统，即动力引擎控制系统、车身控制安全系统、车载通信系统、车室内装系统、照明系统，将推动 PCB 品类需求往高频板、厚铜板、金属基板及高密度互联板（HDI 板）方向不断发展。

基于上面提到的 PCB 技术发展路线，W 公司应该将提前做好 HDI 板、高频板、厚铜板等细分品类的供应资源作为一项前瞻性的货源战略，而现有供应商及正在计划导入的潜在供应商能够拥有供应这些细分品类的充分能力，则成为大家乐见其成的事了。

8.2.2 需求侧市场分析与启发

上面一小节是从 PCB 行业及上游视角做出的行业性分析，这一小节则是从 PCB 行业下游应用及客户端的视角来分析需求市场方面的现况与动态。

1. 市场整体需求规模与变化趋势

了解了供给侧的现状与走势，再了解需求侧的现状与变化趋势，我们才可以对供需关系有清晰而全面的认识。供需关系对采供双方的力量对比和关系定位发挥着基础性的作用。当供不应求时，供应方很难不坐地起价，待价而沽。这一点，在这两年因新冠疫情造成的供应不足，进而推动大宗原物料、芯片等价格大涨的现象中，已经表现得十分清楚了。因此，品类管理者必须把握市场脉搏，随时了解供给与需求两端的市场变化，并能凭借自己的经验与商业洞察力，预判供需关系和价格的走势，提前做好应对策略。比如，在 2020 年 4 月市场普遍出现紧张情绪之际，浙江某汽车零部件公司的高管已经采取逆周期策略，在大宗原材料的价格低点提前采购了未来一年的预测使用量；随后，某央企在 5 月提前采购了未来几年的芯片需求；再接着，浙江某知名办公家具企业的采购及运营总经理，也在七八月之际大量储备了未来一年所需的原材料。这些充满前瞻性和商业洞察力的人与事，可能每一位读者都遇到过。

W 公司所需的 PCB 板的需求市场又是怎样一番景象呢？W 公司通过市场调研公司和证券公司等机构的市场研报了解到："作为'电子产品之母'，

PCB 板的下游应用领域十分广泛，其中通信、汽车电子和消费电子三大领域占比合计 60%。展望 2019 年后的 5G 时代，随着大宽带、低时延网络的普及，以及以 5G 通信为基础的物联网设备行业的高速发展，PCB 行业将会出现新兴的产业应用。其中，车联网与自动驾驶将成为一个最先得以实现的应用领域。另外在物流领域，帮助提高商品流转效率和灵活性的智能连接 PCB 产品也具有巨大潜力，从而使物流更快捷、更有成本效益性。同样，智能连接用在工业领域，有助于提高生产力，减少人为错误，从而降低成本并提高操作人员的安全性。5G 高频高速远程操控 PCB 产品，则能减少对现场工人的需求，从而增加生产设施位置的灵活性。智能连接 PCB 产品在医疗领域也将会大有用武之地，可以以更经济的成本提供更有效的预防保健护理，同时帮助医疗健康的管理者优化资源的利用效率，并能促进远程诊断和远程手术的发展，甚至彻底改变目前医疗行业医学专家们受制于地理位置的局面。因此，市场对具有高层、高频和高速特征的'三高板'的需求前景广阔，并成为推动 PCB 行业继续蓬勃发展的原动力。"

上述信息首先让品类管理者对争夺 PCB 供应资源的竞争对手有了更全面的认识，而不再是仅仅满足于对本行业中资源争夺者的了解与分析；另外，也让品类管理者对 PCB 这个品类中细分类别的需求有所了解和思考：这些本企业暂时没有应用到的子品类，未来是否也会成为我们的需求呢？我们该不该与公司的研发团队保持紧密的沟通，做好其他子品类供应来源的提前储备呢？

2. 细分市场需求分析

毕竟，一家公司供应资源最直接的竞争对手还是本公司身处其中的需求细分市场，因此对各个细分市场的需求规模、特点与趋势进行分析，并将分析重点聚焦在公司自己所属的细分市场的需求上，是必不可少的一项工作内容。比如，W 公司的需求主要分属于汽车电子和消费电子应用领域，在此我们就主要考察这两个领域中对 PCB 的需求的体量和特征。当然，其他应用领域作为 PCB 资源的需求方，尤其是在供应产能受限而成为供应资源的争夺方时，我们也是要关注其他应用领域的需求体量与变化趋势的。

W公司通过需求分析，了解到汽车五大电子系统正在推动PCB品类往高频板、厚铜板、高密度互联板（HDI板）以及软板/软硬结合板方向演变，并做出图8-10对比2018年和2020年汽车电子系统对不同PCB子品类的需求分布和变动情况，从中可以看出4～6层板呈现出需求下降的总体性趋势。结合本公司对4～6层板的需求在未来3年内继续大幅增长这一信息，W公司有理由相信，自己在与主打普通多层板生产和销售的供应商合作展望中，采购力量会出现稳中有升的趋势。

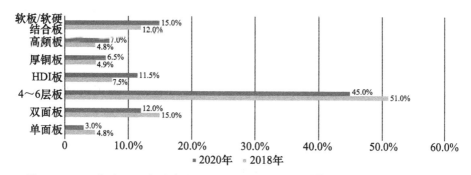

图8-10　2018年和2020年汽车电子系统对不同PCB子品类的需求分布和变动情况

从消费电子领域来看，"据Prismark统计，移动终端的PCB需求主要以HDI板、软板和IC载板为主，占比分别约为50%、23%和26%，剩下1%的需求是4～6层板"。就是说，消费电子领域对PCB软板的需求远高于对4～6层板的需求，比例为23∶1。而W公司消费电子类产品中对两个子品类的需求比例只有2∶1，这就更加反衬出W公司在软板采购支出方面的规模之小。再次给出启示：W公司在软板需求方面支出规模小，话语权小，搭上多层板采购的"便车"是非常有必要的。

3. 采购方在需求市场中的地位分析

我们在第4章中曾经提及过一张采供双方的力量来源与力场分析表（见表4-3），这里我们可以根据表中评估采购方力场分析的那些维度来洞察采购方的地位，这些维度具体如下。

- 采购方的市场地位：这是指采购方在其自身所处的行业内的地位如何，通常以行业排名来判断。以 W 公司为例，它在行业内排名全国前三，在市场中处在"高"的地位。

- 采购方的口碑声誉：这一点是相对主观的一个维度，与一家企业的诚信度、社会责任感、提供给员工的待遇等方面有关，通常取决于外界对本企业的认知与感觉。W 公司具有守约信用高、付款准时等特征，自评也是"高"。

- 采购方的采购规模：这是一个客观性相对比较高的指标，以 W 公司为例，它的 PCB 年采购支出金额在千万级以下，而中国 PCB 百强企业中规模最小的也在 5 亿元左右，因此采购规模只能评定为"低"。

- 采购方的规格要求：这也是衡量产品复杂程度、加工难易程度的一个较为客观的指标。W 公司的评级为"中"。

- 采购方的技术领先性：这也取决于市场对采购方本身的产品技术领先性的评级，供应商通常以能够为产品技术领先的客户供货而感到自豪，W 公司的产品技术领先性也是"高"。

- 采购方的需求稳定性：采购方需求稳定性可以从订单上得到比较客观的反映。W 公司在这一项上的打分依然为"高"。

综合上面六个方面的评估，尽管 W 公司的采购规模小，规格要求也有一定难度，但其他四个方面的"高"评级，是能够让 W 公司在需求市场中拥有偏"高"地位的。实际上，W 公司的采购团队在日常采购工作中所反映出来的强势与优越感，也是这种"高"地位的一种"副产品"。

8.3 外部环境及采供博弈力量分析

在我们对某个采购品类所在的行业/细分行业及面向的市场/细分市

场有了比较全面的了解之后，我们还需要分析外部环境对采供双方的影响，最后基于所有这些信息，我们则可能推演出采供双方之间博弈力量的对比分析及启发。

8.3.1 外部环境分析与启发

如第 4 章中所述及的，典型的外部环境分析工具是"PESTLE"，即从政治政策（P）、经济状况（E）、社会文化（S）、科学技术（T）、法律法规（L）和自然环境（E）这六个方面来审视外部影响。现在还有一种变体，称为"STEEPLE"，即从社会文化（S）、科学技术（T）、经济状况（E）、自然环境（E）、政治政策（P）、法律法规（L）和道德伦理（E）等七个方面来考察，比"PESTLE"工具增加了道德伦理这么一个维度。在本书中，我们还是从传统的 PESTLE 这六个方面入手，分析每个方面的现状及变化对某个采购品类所在的行业，以及这个品类所面向的市场会产生什么影响。

我们将品类对供给侧行业的影响分成：没有影响；促进扩张；规模收缩；技术革新；迁移别处；彻底消亡。

我们将品类对客户端市场的影响分成：没有影响；需求增加；需求减少；需求替代；需求消失。

1. 政治政策

在政治政策方面，我们从下面几项分析重点来给出解释：

- 国家政府换届或政权发生更替。在这里我们是考察某一国政府或政权发生变化后，会给国际贸易及全球供应链带来什么样的影响。比如，某个国家政府换届后，宣布全面提升从某些地区进口某些商品的关税，则会对这个国家某些特定的行业供给价格带来影响，也可能对某些商品的需求或购买力产生影响，进而导致出口国形成供大于求的局面，再进一步有可能导致出口国的商品在本国降价，从而带动本国需求的上升。

- 国家或地区新出台的与某个行业有关的政策。针对某个行业的政策变化，对该行业的供给或需求产生影响，相对更加直观且易于理解。比如中国这两年给予电子芯片产业的各项鼓励优惠政策，就显著地促进了芯片行业的投资热潮，从而使得芯片的产能得以增加，提高了国产芯片对进口芯片的替代率。
- 敏感或动荡的地缘政治变化。某些国家或地区之间由于历史、文化、宗教等因素，一直存在着不安定的因素。但这些因素有时候并不显现，有时候则会变得非常强烈。比如日本与韩国之间的地缘政治摩擦，就一度导致作为韩国中流砥柱的芯片制造行业因缺乏高纯度的氟化氢，从而产生供应链危机。
- 政府新签订的区域性或国际性贸易协定。区域性或国际性贸易协定对商品或服务的供应与需求的影响是直观明了的。以北美三国之间用来取代北美自由贸易协定（NAFTA）的美墨加协定（USMCA）为例，其中与汽车产业有关的"汽车规则"以及"劳动法条款"，就显然对墨西哥的汽车产业产生了一定的负面影响。

2.经济状况

这是从某一国家或地区的经济发展状况及财政货币政策角度来考察其影响，我们从以下几个方面举例说明：

- 居民收入/可支配收入发生变化。收入增加，对需求总体起到提升作用，但是对不同行业的消费市场的影响程度不尽相同。一般而言，在进入温饱阶段后，增加的收入往往会流向教育、餐饮、娱乐、家居产品等行业；在进入富裕阶段后，出境旅游、高等教育、奢侈消费品等行业，往往受益更多。
- 货币与财政政策。货币政策宽松或紧缩，对各行各业都可能产生冲击，但依然得具体问题具体分析，有限的资金是有流向选择的。而财政政策也会对某些行业产生有利或不利的影响，比如在经济衰退期，我们往往就会采用积极的财政政策，通过刺激"铁路、公路和基建"项目的开展，来保持一定的经济活力。
- CPI与PPI指数。CPI（消费者价格指数）与PPI（生产者价格指数）的动态更加直接地反映出或影响到需求与供给。比如，钢铁类的PPI急剧上升后，一部分需求就会转向其他替代材料，如改性塑料。专业的采购方总是通过数据分析，来找出某一特定时期内的成本收益最优的战略及战术方案。

3. 社会文化

社会文化是一种流动的力量，不同的制度与社会发展阶段，会催生出具有时代烙印的文化特征，从而反映在不同商品或服务的需求及供应动态上。

- 消费偏好或方式发生变化。比如在暴发式财富增加的社会中，消费偏好集中在彰显身份地位的产品或服务上，消费方式往往更显冲动性；在成熟的社会文化中，消费偏好往往是更加健康和具有可持续性的产品或服务，消费方式也会更加理性和简约。无须多言，大家都能够判断出不同社会文化中，哪些需求可能更加旺盛，哪些行业可能更加红火。
- 性别与身份地位的变迁。在女性地位变得很高的今天，女性群体的消费特征往往不会像女性地位较低时那样鲜明，因为男女平等的观念，很多传统上认为男性为主流消费者的商品或服务，在女性群体中也会普及开来。比如汽车，在不少阿拉伯国家依然不是女性的消费对象，但在更广泛的地区，成年男性和女性往往分别拥有属于自己的汽车，这对汽车行业无疑起到了巨大的推动作用。

4. 科学技术

科学技术的发展给人类社会带来诸多改变，改变了人们沟通、出行、购物、娱乐等各方面的生活方式，催生出很多新兴的行业，同时也使得诸多传统行业出现衰落现象。新兴产业带动了很多电子类产品的发展，对上游的原材料行业也产生影响。比如：

- 新型材料的出现，减小了对传统钢铁的需求压力。
- 电车的兴起与发展，减少了对传统能源的依赖，并迫使传统能源企业进行转型。
- 电子产品的发展，直接带动了电子制造业的繁荣，也导致半导体的最上游原材料河沙的紧缺。

5. 法律法规

所有法律法规都会对人的行为产生制约，进而影响到人的需求和消费。尤其是那些与经济活动密切相关的合同法、反垄断法、招投标法、劳动雇佣法、知识产权保护法等，对行业的发展演变、需求的变动都会产生直接影响。比如：

- 法律合规的重要性，催生了法律顾问等专业服务型行业。
- 劳动法对劳动时间的规定，使得人们有更多的休闲时间，从而提振各种文化旅游产业的需求与发展。
- 知识产品保护法律的完善，让创新型产品层出不穷，推动产业升级、需求升级。
- 环保法规的出台与完善，推动了低碳经济相关产业的发展，逐渐改变人们的需求和消费行为，推动了生物可降解技术及产品的发展。

6. 自然环境

自然环境也是影响经济活动的一个重要因素。很容易直观感受到的是，自然环境不同的地区对产品或服务的要求具有鲜明的差异性，对产业的发展也起到推进或抑制的作用，比如：

- 极度严寒或酷热的自然环境，对产品规格产生了直接影响，很多产品都设有工作环境温度这样一个指标。
- 供应到容易发生强地震区域的产品，在结构强度设计时，会有更高的要求。
- 在非室内的工作环境中，很多电气电子产品都必须使用耐候性、耐腐蚀性、防水性、散热性等各项化学物理性能更优的原材料。
- 某些自然环境会造就"自然禀赋优势"，从而形成当地的优势支柱产业，比如橡胶、铁矿石、原油、稀有金属等基础原材料产业，或者滑雪、冲浪、观光、度假、美食等特色服务行业。

在我们概况性地了解了 PESTLE 分析的方向和启发后，我们还是以 W 公司的普通多层板为对象，应用 PESTLE 分析来看看外部环境对 PCB 行业供给侧及需求侧的影响。这里，我们使用在第 4 章中出现过的 PESTLE 分析表来简明地呈现分析结果，如表 8-10 所示。

表 8-10　PCB 行业 PESTLE 分析表

分析项	考察项	对供给侧的影响	对需求侧的影响	启发
政治政策（P）	地缘政治：不确定性增加 产业政策： 1. 2013 年，发展和改革委员会发布《产业结构调整指导目录（2011 年本）》（2013 年修订），将高密度印刷电路板和柔性电路板列为鼓励类目录 2. 2019 年 1 月，工信部发布《印制电路板行业规范条件》和《印制电路板行业规范公告管理暂行办法》，推动印刷电路板行业优化布局，鼓励建设一批具有国际影响力、技术领先、专精特新的 PCB 企业 贸易协定：《区域全面经济伙伴关系协定》（RCEP）将于 2022 年生效	地缘政治让供给侧对扩张持观望态度 国内政策对供给侧发挥着促进扩张作用，尤其促进了软板、HDI 板、高层板等高端 PCB 子品类的规模扩张	需求增加	政策带来产能增加及新进入者，使得采购方有了更多的合作方选择空间；我们的采购额在供应商销售额中的占比本来不高，由于产能增加而造成占比下降的影响并不十分显著 但是需要关注 PCB 产业升级可能会带来的低层板的供应不足

（续）

分析项	考察项	对供给侧的影响	对需求侧的影响	启发
经济状况（E）	国内生产总值（GDP）：2020年中国GDP首超100万亿元，未来10～20年GDP有望超过美国，成为世界第一 居民可支配收入：2020年中国居民人均可支配收入32 189元，比上年增长4.7%，扣除价格因素，实际增长2.1% 恩格尔系数：全国居民恩格尔系数为30.2%，其中城镇为29.2%，农村为32.7% 货币与财税政策：2021年出现货币收紧趋势；增值税从17%降低到13%；2021年继续维持优惠进口关税税率等 PPI：2021年PPI上涨5%以上，大宗原材料普遍上涨	促进扩张及技术革新，需要从原材料耗用、生产效率和制程良率等方面优化生产成本	需求减少或需求替代，但目前PCB无法被替代	中国经济状况整体向好，产销两旺的局面会继续保持，但是货币紧缩及PPI上涨都将推动PCB成本及价格的上涨，我们需要从PCB设计上入手，遏制成本过快上涨；同时需要进一步提高产品的竞争力，从而有助于将成本上涨压力向下游传导
社会文化（S）	消费偏好：电子化生活已经成为主流，人类生活的方方面面都越来越依赖于电子产品	促进扩张	需求扩张	需要关注传统行业进行电子化转型过程中对低层板资源的争夺
科学技术（T）	以5G、物联网为代表的新兴技术，促进了包括家居生活用品在内的众多行业都出现电子化趋势	促进扩张	需求扩张	需要关注传统行业进行电子化转型过程中对低层板资源的争夺
法律法规（L）	环保法规：针对包括PCB制造业在内的污染型行业的各项法律法规	技术革新及迁移别处	没有影响	采购方要特别关注货源的环保合规风险管理
自然环境（E）	近年来，全球各地的自然灾害发生频率与后果严重程度均有显著增加	影响较小	需求扩张	提醒采购方特别关注货源地的自然环境可能带来的供应问题

8.3.2 采供博弈力量分析

至此，我们即将完成所有的供应市场分析过程。最后，我们只需要将之前收集整理和分析过的事实与数据，用波特五力分析工具做一个整合，即可得到我们想要了解的采购双方博弈力量的总结。这对我们的货源策略、供应商关系定位与管理策略以及采购管理杠杆和采购方式等策略的制定与选择，都有着非常重要的指导意义。

下面，我们就第4章中简单介绍过的波特五力分析工具的5个方面的分析内容与启发意义，给出进一步的解释说明。

1. 供应市场力量分析

供应市场力量分析就是考察供应商之间的竞争激烈程度，供应商之间的竞争越激烈，单一供应商的力量相对来说就越弱。这项分析是以前面对整个行业及细分领域的总体概况、行业结构、成本结构和技术路线图分析为基础，从以下几个角度进行总结从而得出结论的。

- 供应商的数量。一般来说，供应商的数量越多，供应商之间的竞争越激烈。
- 总产能规模及产能利用率。通常，总产能规模越大，产能利用率越低，供应商之间的竞争越激烈。
- 市场集中度。往往市场集中度越低，供应商之间的竞争越激烈。不过，在分析集中度时，要考虑整个市场的规模体量以及主要供应商的产能与市场占比，与采购方需求规模之间的关系。假如采购方本身需求不多，那些为数众多的规模小、不占市场主导地位的长尾供应商能够很好地满足采购方的需求，那么集中度高并不对采购方产生重大影响。而当采购方的需求规模中等时，如果找长尾供应商供货，可能要找很多家，就往往使得管理难度增大、管理成本增加和供货质量水平参差不齐。这时为了规避这些问题，可能不得不去与头部供应商合作，但是随之而来的又会是话语权太小、供应风险增加等问题。在这种情况下，跨地区整合、跨品类整合、联合采购等策略，就可能会进入采购方的视野。

- 行业的成长性。行业的成长性越高，供应商的未来越可期，客户的可选择性可能就越多，从而对供应商形成比较有利的局面。
- 供应商产品之间的差异化程度。某个行业的供应商多采用差异化竞争策略的话，对于采购方而言，一旦选中了某家供应商，切换成本就会比较高，因而供应商的力量也相对较高。
- 现有供应商退出该市场的难易程度。供应商参与到某个行业后，可能会因为竞争力、盈利性等原因而不得不考虑退出该行业。而有时候因为长生命周期产品或服务的售后要求、进入初期高投资的成本回收等问题，想要退出该行业并非易事。当这种情况发生时，供应商往往处在进退维谷的境地，很可能不以谋取高盈利为目的，从而让采购方居于比较有利的位置。

2. 上游供方力量分析

上游供方力量分析是以产业链/价值链分析为基础，往上游逐级考察，判断某品类供应商与其上游供应来源之间的力量对比。这项分析的内容原则上与供应市场力量分析的思路是一样的，只是对供应商所在的行业往上游倒推一个层级。不过在这里，还有两个分析要点：

- 采购方相对于供应商来说，是否对上游原材料的采购规模更大、更有话语权？如果是，那么采购方就更倾向于直接管理上游供应商；反之，则很可能倾向于让供应商来管理上游供应商。这里尤其需要注意一点，假如供应商与采购方都对上游供应商力量不足，我们强烈建议采购方自行管理上游供应商，因为如果上游供应商不能保证供应，最终的"受害者"还是采购方，除非采购方有能力与供应商签订"间接损失赔偿"条款，供应商将会为采购方兜底，赔偿采购方无法完成客户需求交付的一切损失。

- 供应商与上游供应商之间谁整合并购谁更容易？对这一点的分析能够让采购方更加清晰供应管理的核心所在。

3. 买方力量分析

买方力量首先取决于整个需求市场的买方数量，一般而言，买方数量越少，买方的力量就越大。其次取决于采购方自身的地位，包括：

- 采购方的采购金额大小，以及与其主要竞争对手相比在采购规模上的差异。
- 采购方自身在社会上、客户群体中、供应商群体中的口碑、知名度与品牌影响力。
- 采购方所采购产品/服务的标准化程度，通常标准化程度越高，可能的供应商数量就越多，采购方就越不容易落于下风。
- 采购方切换供应商的难易程度和成本。通常采购方的定制类产品往往会涉及产品开发、模具治具定做、设备改装甚至厂房改造等前期投入成本，这些都增加了切换供应商的难度和成本，进而削弱采购方的议价能力。
- 采购方进行自制或反向一体化的难易程度。假如采购方有能力自己内部生产某类产品，或者能轻易反向收购某类产品的供应商，只要存在这种可能性，都宛若"达摩克利斯头上的利剑"，成为对采购方的长久加分项。

4. 新进入者威胁分析

一个行业的进入门槛越低，新进入者对现有供应商的威胁程度就越大，这些进入门槛主要取决于：

- 在供应市场参与竞争的规模重要性。比如全国性的物流运输服务或网上购物平台，规模的重要性就非常高，新进入者能够进入并获得成功的难度非常大，今天的巨头都是早期数量庞大的行业参与者"剩者为王"的结果。而对于传统冲压、CNC加工、PCBA、包装纸箱等行业，规模的重要性就没那么大，更容易形成新进入者威胁。

- 进入供应市场的资本投入和技术需求是否很高。在有些行业里，即使是今天的龙头企业，规模也并不大。比如生产芯片的光刻机、生产显示面板中所用到的溅镀机等设备行业，规模并非第一位的，而技术与资本门槛才是最难跨越的。
- 该品类所处行业的平均利润水平高低。有些行业进入门槛并不高，但是由于利润水平很低，导致供应商数量少，因此新进入者的威胁较低，采购方换来换去，供应商还是那么几家，总是无法让自己满意，造成"采购方缺乏话语权"的假象。
- 新进入者进入该领域后是否能够有效利用企业现有资源，如销售网络和分销渠道。如果可以的话，则会产生叠加效应，摊平这些网络渠道中的固定成本部分，增加企业的盈利能力。
- 新进入者进入该领域是否有严格的政策限制，对于政府管制行业，通常会形成完全垄断、寡头垄断或寡头竞争的市场格局，这样对供应商就会更有利。

5. 替代性威胁分析

替代性威胁既可能来自可替代材料、产品、服务、工艺、设备等要素，也可能是取消性替代，即可以不再需要正在使用的材料、产品、服务、工艺、设备，采购方依然能够提供其客户所需的产品或服务。比如，中国车企过去在高效能内燃机技术上一直很难绕开国外发动机的技术专利，却可以在不需要内燃机的电动汽车领域大放异彩。

最后，我们依然以W公司为例，使用波特五力分析工具来完成对普通多层PCB板的采供博弈力量分析，分析结果如下。

如图 8-11 所示，普通多层 PCB 板波特五力分析显示出：普通多层 PCB 板的供应市场力量中低，新进入者威胁中高，上游供方力量高，这些对供应商都不太有利；替代性威胁低，相对维护住 PCB 行业的整体发展势头，加之买方力量中低，所以 W 公司的品类管理团队倾向于更新供应商资源池，找到与上游供方关系良好的供应商，发展长期的协作双赢关系。

如图 8-12 所示，针对 FPC 软板的波特五力分析显示出：FPC 软板的供应市场力量高，新进入者威胁中，替代性威胁低，买方力量低，这都凸显出供应商的话语权很强；上游供方力量依然很高，这些对买方都极为不利。所以 W 公司的品类管理团队倾向于找到可以同时供应普通多层板和软板的供应商资源，致力于发展与供应商之间的长期伙伴关系；同时，另外一个可选项则是，考虑将 PCB 品类全部交给 EMS 外协代工厂，更多地将精力放在与代工厂之间长期伙伴关系的维护上。

到此，我们就以 W 公司的 PCB 板这一品类为对象，将 $3S^2$ 中的供应商及供应市场分析的全过程给大家做了详细介绍，相信大家现在对供应商及供应市场的分析有了比较深入的理解。如果依然存在疑问的话，可以阅读本书最后一章中的几个全流程案例继续揣摩。不管怎样，"纸上得来终觉浅，绝知此事要躬行"！动手做起来吧！

普通多层PCB板

新进入者威胁——中高
1. 技术门槛不高
2. 投资门槛不高
3. 政策支持力度一般
4. 投资回报尚可（毛利润普遍高于20%）
5. 环保要求较高

买方力量——中低
1. 采购方的采购金额相较于大多数供应商来说，都占比最小（5%以下）
2. 采购方的知名度、知名度与品牌影响力较高
3. 采购方所采购产品的标准化程度低，多品种、小批量特征显著
4. 采购方切换供应商的难易程度和成本不同
5. 采购方进行自制以及进行反向一体化的可行性与必要性很低

供应市场力量——中低
1. 据N.T.Information统计，全部PCB厂商约3000家，一半以上在中国，产能利用率以75%左右，竞争激烈程度高
2. 集中度不高：全球PCB前五大厂商的集中度由2012年的18.1%提升到2019年的22.8%，前十大厂商的集中度则由28.9%提升至35.6%；中国PCB行业2019年前五家企业的集中度约为36.6%，前十家企业的集中度约为53.9%
3. 工艺制程同质化程度较高，技术难度不高
4. PCB行业的总体成长性较高，但普通多层板不是主要发展方向
5. 启动投资较高，退出有一定速度

替代性威胁——低
以目前的科技水平，基本上不存在替代产品或技术的威胁

上游供方力量——高
1. 覆铜板、半固化片、铜箔、铜箔和树脂等上游原材料供方集中度更高，如2019年前五大覆铜板供应商集中度达到52%，竞争激烈程度较低
2. 2021年上半年国内电子级铜箔的价格相比于2019～2020年上涨接近100%，向下游覆铜板的价格传导价格上涨压力的能力较强；月均库存从50多万吨下降到不足20万吨，产能80万吨以上
3. 2021年初按2020年内国内覆铜板价格上涨15%以上，向下游PCB板传导价格上涨压力的能力较强；刚性覆铜板（含金属基覆铜板）产能为8.7亿平米左右，挠性覆铜板产能不足1.4亿平米，总产能利用率73%左右
4. 往下游的正向整合能力比下游的反向整合能力强

图8-11 普通多层PCB板波特五力分析图

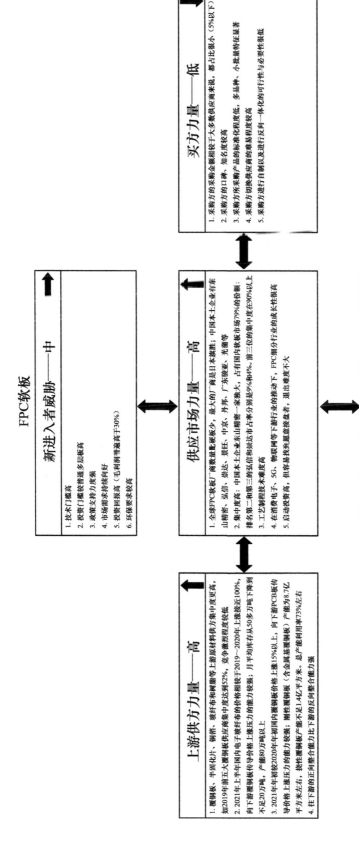

图8-12 FPC板波特五力分析图

第 9 章

4S^2
品类管理战略及实施计划

———

我们已经阐述了 5S^2 法的前三步的重要分析内容，包括品类划分与范围界定、干系人与品类要求分析以及供应商与供应市场分析，并从各项分析中得到了大量的战略启发和思路。下面我们将要基于前面所做的分析与获得的启发，总结出一套可行的品类管理战略组合，以及将这套战略组合予以落地实施的进度计划。这正是本章的核心内容所在。

9.1　确定品类管理战略的大方向

坦率地说，每个人拿到一组数据或事实，分析解读的方法及得到的启发，可能大相径庭。在进行品类管理分析和战略规划时，这种现象同样会发生。因此，必须有工具或方法，帮助品类管理者把握住品类管理战略的大方向。战略采购领域最广为人知、应用最多的工具，就是美国哈佛大学教授——彼得·卡拉杰克创造的价值/风险矩阵，该矩阵常常依矩阵的作用被称为供应定位矩阵。

我们在第 5 章中已经简明扼要地介绍过卡拉杰克矩阵的概念、两个维度的含义，以及归属于四个不同象限中的品类的主导性管理战略大方向。这里将详细介绍如何将某个品类在两个维度上进行量化定位，并最终完成价值/风险矩阵分析，进而得出该品类的管理战略大方向。

9.1.1 如何对"业务影响和价值"进行量化定位

第 5 章提到，将某一品类定位在"业务影响和价值"维度上的哪个刻度上，是需要进行综合评估和量化处理的。因此，我们首先需要从第 6～8 章搜集到的事实和数据中识别出哪些因素会致使一个品类对企业的业务产生影响和/或创造价值。根据我们的实践与理解，得出了如下结论：

（1）**采购支出数据**。某一品类的支出金额越高，对企业的业务影响越大。我们建议从支出金额的绝对值及其在某个分析范畴（比如，整个集团所有直接材料的采购支出、某个工厂的所有采购支出等）中占总支出金额的百分比，以及该品类未来可预见的需求增减趋势这几方面来进行综合考虑。

（2）**采购需求分布**。采购需求越多，对企业的业务影响也越大。我们建议将采购需求分成单点需求、多点需求和通用需求这几个层级来进行粗略判断。当然，如果能更加细致地进行分析，得到该品类在企业的多少种产品或服务中使用到，以及使用这个品类的产品或服务的营业收入占到整个分析范畴（整个集团、某个事业部或某个工厂等）中总营收的百分比这种客观数据，对该品类的业务影响和价值判断则会更加精准。

（3）**采购降本潜力**。采购降本的机会与潜力越大，对企业的业务影响及价值创造也越大。我们建议以该品类降本潜力估算绝对值（便于与总采购支出金额进行对比）及百分比（便于考察该品类自身的降本力度）来进行综合评估。

（4）**采购要求的必要性**。有必要性的采购要求是品类管理团队在与内外部客户进行充分沟通后，得到的那些首先是客户所必需的，同时又具有采购可行性的要求。换言之，这些采购要求首先具有很高的客户需求匹配度，能够让客户满意并接受，因而对企业是具有价值的。另外，通过采购要求必要性分析与沟通，这些采购要求在目前的市场环境下，是经总成本收益分析权衡后比较恰如其分的要求，最大程度上遏制了过分要求带来的浪费可能性，因此对企业也是具有价值的。我们建议将必要性定性地分成"高""中""低"三级，并加以量化评分。

（5）**品类要求属性**。采购要求具有独创性时，品类的市场属性通常会落入"客研代工类"或"定向开发类"象限，也有可能落入"供方专利类"；另外，越高的采购要求越可能属于"供方专利类"，而不是大多数供应商所能提供的。这些市场属性显然会对供应风险产生影响，但在进行了必要性分析及内部沟通后，最终被集体认可的这些独创性或高要求，通常对于企业在市场竞争中会具有正面的作用。因此从品类要求属性角度出发，我们一般性的结论是："通用标准类""供方专利类""客研代工类"和"定向开发类"对企业的价值是从低到高排列的。

在我们识别出对"业务影响和价值"有影响的主要因素后，我们需要对每一个因素赋予权重并进行量化评估。至于每个因素的权重究竟该给多少，怎么量化打分，每家企业可以自行根据实际情况，通过集体探讨决定。我们在此谨以第 8 章中分析到的"普通多层板"和"软板"为例，给出两个细分品类在"业务影响和价值"维度上进行量化评估的示例，供大家参考（见表 9-1）。

从表 9-1 中可以看出，W 公司在确定品类对企业的"业务影响和价值"时，支出规模并不是唯一评价因素，但是在权重上依然有 50% 之高。另外，W 公司还从采购需求分布来考察一个品类在企业内部的应用范围，应用范围越广对企业的业务影响显然也越大；在采购降本潜力方面，W 公司首先从降本绝对值角度分成了三档，在 100 万～1 000 万元的降本金额区间，又根据降本幅度划分出四个档次；在采购要求的必要性方面，则是定性分成三个梯度；品类要求属性也被用来作为价值评估的一个因子。从最

第9章 4S²：品类管理战略及实施计划　309

表 9-1 "业务影响和价值" 维度量化评估示例

评估要素	权重	评估项目	评估标准	普通多层板 评分	普通多层板 加权得分	软板 评分	软板 加权得分
一、采购支出数据	50%	1. 采购金额及支出占比	• 采购金额 <1 000 万元 & 支出占比 <1%：1 • 采购金额 <1 000 万元 & 1%≤支出占比 <5%：2 • 采购金额 <1 000 万元 & 5%≤支出占比 <10% 或 1 000 万元≤采购金额 <1 亿元：3 • 采购金额 <1 000 万元 & 支出占比≥10% 或采购金额≥1 亿元：4	3	2	1	1
		2. 需求变化趋势	• 需求无明显变化：0 • 需求年下降率≥10%：-1 • 需求年上涨率≥10%：+1	1		1	
二、采购需求分布	15%	1. 需求地点数量	• 单点需求：1 • 多点需求：3 • 通用需求：5	1	0.15	1	0.15
三、采购降本潜力	15%	1. 降本百分比及降本金额	• 降本金额小于 100 万元：1 • 降本金额在 100 万～1 000 万元之间： 　• 降本 <1%：1 　• 1%≤降本 <5%：2 　• 5%≤降本 <10%：3 　• 降本≥10%：4 • 降本金额大于 1 000 万元：5	2	0.3	1	0.15
四、采购的必要性	10%	1. 必要性的定性判断	• 低：0 • 中：2 • 高：5	2	0.2	2	0.2
五、品类要求属性	10%	1. 品类要求四象限属性归属	• 通用标准类：1 • 供方专利类：3 • 客研代工类：4 • 定向开发类：5	4	0.4	5	0.5
				总分	3.05	总分	2

后的结果来看，普通多层板综合得分 3.05 分，被定位在"业务影响和价值"较高的一端，而软板的综合得分为 2 分，被定位在"业务影响和价值"较低的一端。

9.1.2 如何对"供应风险"进行量化定位

在第 5 章中我们还提到，另外一个是"供应风险"维度，这是从供应市场的复杂性、供应来源的稀缺性、供应产能的紧缺性等供应风险水平上来判断的。我们在此继续从第 6～8 章搜集到的事实和数据中，识别出那些会威胁到某个品类供应保障安全性的风险要因。

（1）品类要求属性。前面我们已经提到，品类的市场属性会对供应保障造成不同程度的影响，显而易见的是，"通用标准类"的供应来源充足，供应风险相对较小。而"供方专利类"由于常常是独家供货，供应风险显然要大不少；有时候，专利拥有者可能授权一批分销商、代理商经营其专利技术或产品，或授权一干公司生产销售其专利技术或产品，从而使得市场供应来源相对丰富，供应风险也会有所降低，但较之于通标类产品，依然风险较高。对于"客研代工类"产品，由于知识产权掌握在采购方的手里，且存在不止一家企业具备外协代工能力，其供应风险一般处于"通用标准类"和"供方专利类"之间。最后，对于"定向开发类"产品或服务，由于供应商往往部分或全部拥有知识产权，且采购方为了维系技术保密带来的竞争优势，通常会只找协助自己进行产品开发的供应商独家供货，因此供应风险最高，这也是"高风险、高收益"的一个真实写照。

（2）市场供需关系。供过于求、供需平衡和供不应求等不同的需求关系，其供应风险也是截然不同的。这一关键信息从第 8 章中的供应市场分析中可以知晓。

（3）供应商资源池现状。如果某个品类目前只有独家供货，供应风险必然很高。假如有不止一家供应商，则还需要考察：

- 几家供应商的产品或服务是否存在显著差异?
- 在需要作为相互备用供应来源时,是否有足够的产能?
- 如果产能充足,正式发货需要多久的准备时间来进行产品认证或组织计划?
- 物流运输方面是否有便利性?

(4)潜在供应商资源。除了已经建立的自有供应商资源池外,如果采购方具有足够的供应市场知识,知道市场上还存在其他可以沿用的供应商资源,那么供应风险也可能随之降低。但与上面的情况一样,即使存在其他可用供应商,采购方也需要确定:

- 潜在供应商的产品或服务与采购方正在使用的产品或服务是否存在显著的差异?
- 潜在供应商是否有足够的产能来满足采购方的需求?
- 如果产能充足,正式发货需要多久的准备时间来进行产品认证或组织计划?
- 物流运输方面是否有便利性?

(5)采购方的地位。如果采购方在本行业中的地位、在供应市场上的采购规模、在供应商群体中的信用与口碑、需求的稳定性(可预见性)都处于有利态势,而且规格要求的满足难度不高,供应风险相对就小。

(6)上游供应市场结构。对上游以及上游的上游延伸下去分析供应风险,也变得越来越重要。这两年的供应紧缺新常态,让越来越多的采购意识到这一分析与管理的至关重要性。采购方至少得从上游(包括上游的上游)的供需关系、供应商对他们的话语权或合作关系、采购方对他们的话语权或合作关系这几个方面进行评估。

同样,在我们识别出对"供应风险"有影响的主要因素后,我们也需要对每一个因素赋予权重和量化评估。我们继续以第8章中的"普通多层板"和"软板"为例,给出两个细分品类在"供应风险"维度上进行量化评估的示例，供大家参考（见表 9-2）。

从表 9-2 中可以看出，W 公司首先将品类要求属性同时也作为考察供应风险的一项要素。这个从道理上很容易理解，因为市场属性矩阵本来就是从需求与供应两个方面来分类的。在权重分布方面，"供应商资源池现状"是基于 W 公司的在用供应商来分析供应风险的，这无疑是最有现实意义的，因此给予了五个评估项目各 5% 或 10% 的权重，加在一起高达 30%。从最后的结果看，普通多层板的加权分值为 1.575 分，属于"供应风险"较低的一类；软板的加权得分是 2.94 分，显然属于"供应风险"较高的一类。这与我们之前的供应商和供应市场分析中得到的结论是非常吻合的。只是 W 公司运用量化的手段获得了加权总分数值，更方便进行比较，让信息接收者的感受更直观。

9.1.3　完成卡拉杰克矩阵并确定管理战略大方向

接下来，W 公司就可以根据前面分析评估后计算得到的两个维度的加权分值，来为普通多层板及软板进行价值/风险定位了。大家应该已经注意到了，W 公司将两个维度的最高分都设为"5"，因此，它取了中间值"2.5"作为分水岭，由图 9-1 可以看到，右上角是"战略类"象限，右下角是"杠杆类"象限，左上角是"瓶颈类"象限，左下角是"日常类"象限。

从图 9-1 中可以看出，W 公司使用的普通多层板被定位在"杠杆类"，而软板则被归属为"瓶颈类"。在第 5 章中我们提到：对杠杆品类，要促进供应商之间的竞争，并且进行详细深入的成本分析管理；对瓶颈品类，短期内是保证供应，长期则是消除瓶颈。那么，基于这种基本战略方向，以及品类管理分析结果与启发，W 公司的两个 PCB 细分品类的战略管理方向应该怎样定位呢？

表 9-2 "供应风险"维度量化评估示例

评估要素	权重	评估项目	评估标准	普通多层板 评分	普通多层板 加权得分	软板 评分	软板 加权得分
一、品类属性	15%	1. 品类要求属性归属	• 通用标准类：1 • 客研代工类：2 • 供方专利类：3 或 4 • 定向开发类：5	2	0.3	5	0.75
二、市场供需关系	15%	1. 供方产能与需求之间的关系	• 产能过剩，供应过于求，供应商集中度低：0 • 产能过剩，供应过于求，供应商集中度高：1 • 产能利用率高，供需基本平衡，供应商集中度低：2 • 产能利用率高，供需基本平衡，供应商集中度高：3 • 产能紧缺，供不应求，供应商集中度低：4 • 产能紧缺，供不应求，供应商集中度高：5	0	0	3	0.45
三、供应资源池现状	10%	1. 现有供应商数量	• 每个需求地都有两家以上的供应来源：2 • 多数需求地都有两家以上的供应来源：2 • 少数需求地拥有两家以上的供应来源：3 • 多家供货，但每个需求地只有一家供应来源：4 • 独家供货：5	1	0.1	1	0.1
	5%	2. 产品或服务的同质性	• 完全相同：0 • 细微差异，不影响使用和功能：1 • 有一定差异，需要使用新方法或工艺上的轻微调整，但不影响功能：2 • 有一定差异，需要使用新方法或工艺上的重大调整，但不影响功能：3 • 有显著差异，使用新方法或工艺上无重大调整，但功能受到影响：4 • 有显著差异，使用新方法或工艺上有重大调整，且功能受到影响：5	0	0	1	0.05

(续)

评估要素	权重	评估项目	评估标准	普通多层板		软板	
				评分	加权得分	评分	加权得分
三、供应商资源池现状	5%	3. 作为相互备用供应来源时的产能充足性	●没有产能问题：0 ●产能略显紧张：1 ●产能缺口达到需求的1/3左右：3 ●产能缺口达到需求的一半以上：4 ●没有多余产能：5	1	0.05	4	0.2
	5%	4. 提前准备时间	●随时可以发货：0 ●需要1周左右的准备时间来进行产品认证和/或生产计划：1 ●需要不到1个月的准备时间来进行产品认证和/或生产计划：2 ●需要1~3个月的准备时间来进行产品认证和/或生产计划：3 ●需要4~6个月的准备时间来进行产品认证和/或生产计划：4 ●需要6个月以上的准备时间来进行产品认证和/或生产计划：5	2	0.1	2	0.1
	5%	5. 物流运输便利性	●供应地与需求地在同一个城市，运输便利：0 ●供应地与需求地虽然不在同一个城市，但距离邻近，运输便利：1 ●供应地与需求地不在同一个城市，且距离超过500公里，运输耗时较久：2 ●供应地与需求地不在同一个区域，确定性高：3 ●供应地与需求地不在同一个国家，距离不是首要问题，出入境清关中不确定性高：4 ●供应地与需求地不在同一个国家，且距离遥远，运途及清关过程中不确定性高：5	2	0.1	2	0.1

四、潜在供应商资源						
5%	1. 潜在供应商数量	• 潜在供应商很多，随时可用（存在现货市场）：0 • 知道并了解不少潜在供应商：1 • 知道的潜在供应商数量有限：2 • 知道有潜在供应商，但没有接触过：4 • 没有或不知道有潜在供应商：5	1	0.05	2	0.1
2.5%	2. 产品或服务的同质性	当上一个问题的答案是前三个时： • 完全相同：0 • 细微差异，不影响使用和功能：1 • 有一定差异，使用方法或工艺上需要调整，但不影响功能：2 • 有一定差异，使用方法或工艺上需要调整，且影响功能：3 当上一个问题的答案是后两个时：5	1	0.025	1	0.025
2.5%	3. 用于应急供应时的产能充足性	当第一个问题的答案是前三个时： • 没有产能问题：0 • 产能略显紧张：1 • 产能缺口达到需求的1/3左右：3 • 产能缺口达到需求的一半以上：4 • 没有多余产能：5 当第一个问题的答案是后面两个时：5	0	0	3	0.075

(续)

评估要素	权重	评估项目	评估标准	普通多层板 评分	普通多层板 加权得分	软板 评分	软板 加权得分
四、潜在供应商资源	2.5%	4. 提前准备时间	当第一个问题的答案是前三个时： ● 随时可以发货：0 ● 需要1周左右的准备时间来进行产品认证和/或生产计划：1 ● 需要1~3个月的准备时间来进行产品认证和/或生产计划：2 ● 需要4~6个月的准备时间来进行产品认证和/或生产计划：3 ● 需要6个月以上的准备时间来进行产品认证和/或生产计划：4 当第一个问题的答案是后两个时：5	2	0.05	2	0.05
	2.5%	5. 物流运输便利性	当第一个问题的答案是前三个时： ● 供应地与需求地在同一个城市，运输便利：0 ● 供应地与需求地虽然不在同一个城市，但距离邻近，运输便利：1 ● 供应地与需求地不在同一个城市，且距离超过500公里，运输耗时较久：2 ● 供应地与需求地不在同一个区域，且距离超过1500公里，运途中不确定性高：3 ● 供应地与需求地不在同一个国家，运输及清关过程的不确定性高：4 当第一个问题的答案是后两个时：5	2	0.05	2	0.05
	2%	1. 采购方在本行业中的地位	● 排名前3：1 ● 排名前10：2 ● 排名前50：3 ● 排名前100：4 ● 排名100以后：5	1	0.02	1	0.02

大类	权重	项目	评分标准	评分1	得分1	评分2	得分2
五、采购方的地位	2%	2. 在供应市场上的采购规模	●很高，在任何一家供应商的销售份额中占比都在10%以上：1 ●不低，在任何一家供应商的销售份额中占比都在1%以上：2 ●尚可，在较小规模供应商的销售份额中占比达到1%以上：3 ●较低，在任何一家供应商的销售份额中占比都在1%以下：4 ●很低，在任何一家供应商的销售份额中占比都在0.1%以下：5	2	0.04	4	0.08
	2%	3. 在供应商群体中的信用与口碑	●非常好，有口皆碑：1 ●比较好，乐于合作：2 ●一般般：3 ●不太好，褒贬不一：4 ●非常差，反应冷淡，令人反感：5	3	0.06	3	0.06
	2%	4. 需求的稳定性（可预见性）	●非常稳定，能提供3个月以上的预测数据，1个月以上的需求锁定期：1 ●很低，能提供月度需求预测，1周以上的需求锁定期：2 ●尚可，能提供供需求预测，1～3天的需求锁定期：3 ●较差，能提供供需求预测，但订单变动频繁：4 ●很差，没有需求预测，订单随意变动或取消：5	3	0.06	3	0.06
	2%	5. 规格要求的满足难度	●非常低，所有供应商都能够做到：0 ●比较低，大部分供应商都建满足：1 ●比较高，1/2以下供应商能够满足：2 ●很高，已知的供应市场上只有有限的几家能够满足：4 ●非常高，已知供应商中只有极个别的几家可以勉强满足，且良率很低：5 ●降本金额≥1 000万元，+1	1	0.02	1	0.02

（续）

评估要素	权重	评估项目	评估标准	普通多层板		软板	
				评分	加权得分	评分	加权得分
六、上游供应市场结构	5%	1. 上游市场的供需关系	● 所有上游市场的产能都过剩，供过于求：0 ● 所有上游市场的产能利用率较高，供需基本平衡，但供应商集中度高：1 ● 个别上游品类的产能紧缺，供不应求，但供应商集中度低：2 ● 个别上游品类的产能紧缺，供不应求，且供应商集中度高：3 ● 多个上游品类的产能紧缺，供不应求，但供应商集中度低：4 ● 多个上游品类的产能紧缺，供不应求，且供应商集中度高：5	3	0.15	5	0.25
	5%	2. 供应商对上游的话语权及关系	● 供应商自身是上游能紧缺品类的供应商：1 ● 供应商是上游能紧缺品类的重要客户，话语权大，关系密切：2 ● 供应商是上游能紧缺品类的长期客户，合作关系良好：3 ● 供应商对上游市场没有话语权，缺乏紧密的合作关系：5	3	0.15	3	0.15
	5%	3. 采购方对上游的话语权及关系	● 采购方自身是上游能紧缺品类的供应商：1 ● 采购方自身是上游能紧缺品类的重要客户，话语权大，关系好：2 ● 采购方自身是上游能紧缺品类的长期客户，合作关系良好：3 ● 采购方与上游供应商没有交集，对上游市场缺乏了解：5	5	0.25	5	0.25
			总分		1.575	总分	2.94

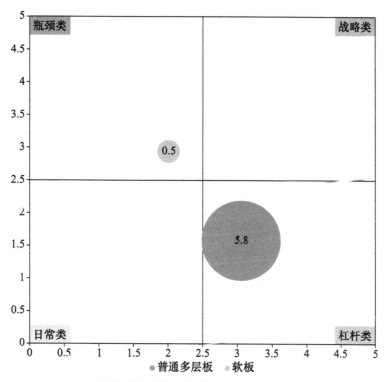

图9-1 价值/风险矩阵（卡拉杰克矩阵）应用实例一

注：图中气泡内的数值为相应的采购额，单位略。

W 公司的品类管理团队的思路是：普通多层板属于杠杆类物资，总体上是需要促进供应商之间竞争的，因此采用多供应货源，是有助于实现这一目的的；但结合成本分析的结果，以及上游供应资源相对集中和紧缺的市场现状，W 公司应该与那些和上游供应商具有整合优势或良好关系的 PCB 供应商进行合作，而目前在用的三家供应商在这方面都没有优势，只有潜在供应商 B 具备这种前提。所以，在积极导入 B 公司的同时，应该继续开发 1～2 家规模适中、与上游关系紧密的 PCB 供应商；而基于品类分析结果可知，中短期内将 K 公司淘汰出局，中长期看用继续开发的 1～2 家新供应商来取代 S 公司，则是货源优化的一条主线。

至于归属为"瓶颈类"的软板，由于其采购支出仅占 PCB 总支出金额的 10% 左右，而且未来需求趋势显示出的格局在 3 年内并不会发生大的变化，因而从"保证供应"的角度来看，让软板搭着多层板供应"便车"的"合并采购"这一做法，是切实可行的。考虑到可挠性软板是PCB技术发展的主要方向之一，"消除瓶颈"这一长期导向，就其本质其实是随着软板在W公司中应用的增加、采购支出金额及占比的增加、市场上软板供应资源的不断增加，推动软板向"战略类"或"杠杆类"定位的迁移而实现"消除瓶颈"这一目的。

综上，尽管W公司的PCB板存在"普通多层板"和"软板"这两个子品类，但基于需求与供应的现状与未来变化趋势，W公司在未来可见的3年左右的期间内，是要将这两个子品类整合起来，作为一个PCB品类来制定品类管理战略大方向的。需要强调的是，这一大方向的确定及其可行性是基于对供应市场的分析做出来的，从第8章的供应市场分析中，大家可以了解到，同时供应普通PCB板和软板的供应商群体是真实存在的，且呈现出快速增加的有利趋势。

9.2 制定品类管理的分项策略

在把握了品类管理战略的大方向的前提下，我们就可以继续深入下去，制定出某品类及细分品类管理中的各个分项策略。具体来说，就是制定出品类管理的货源策略、供应商关系策略、供应商管理策略和采购执行策略。

9.2.1 制定货源策略

我们一直在重申，品类管理是战略采购的抓手。而战略采购的实质就是：企业为了长期发展的需要，从长计议并前瞻性地做好各种需要从企业外部获得的产品及服务的供应来源的识别与储备工作。简单地说，就是**企业要面向未来构建或优化其供应商资源池**。所以，在前面确定品类管理战略大方向时，主要就是在思考什么样的供应来源能够为采购方提供供应保障，什么样的供应来源能够帮助采购方获得并维持竞争优势。

制定货源策略时应关注两个关键问题——货源性质和货源数量。下面就这两个关键问题，结合 W 公司的实际案例给出详细介绍。

1. 确定货源性质

所谓货源性质，就是指货源是内部的还是外部的，货源在地理位置上是本地化的还是全球化的，产品或服务差异化和专利化水平是高还是低，货源技术能力等级怎么样，货源的规模是大还是小，业务涉足区域分布是广还是窄，货源选择上是自决还是他决等。

在制定货源策略时，首先要基于品类要求的独创性、供应市场结构特征、组织内部所拥有的核心资源及能力，决定是由内部自制内供还是必须从外部采购。

- 在差异化程度及独创性要求很高、外部供应来源紧缺且内部具有相关资源及能力时，选择自制内供则顺理成章；如果内部没有相关资源和能力，则只能选择外部供应，或者选择收购某家外部供应资源，抑或与其合资合作。收购或合资涉及企业更高层面的战略决策，实施的复杂度和难度更高，属于一种高级货源策略，需要特别审慎。

- 如果某个品类具有地区性自然禀赋，或者在质量、服务和成本等方面具有显著差异，或者由于技术难度及密级很高而只能局限在某些局部地区生产，货源性质只能是具有某种差异化优势或知识产权专有性的**离岸或全球化**供应来源，这就是通常意义上的"**全球采购**"；反之，就更可能采用**本地化**货源，形成当地需求当地供应的"**平行采购**"模式。由于全球采购存在着更大的供应中断或延误风险，货源本地化或本区域化的"平行采购"被很多企业视为降低供应风险的一种策略，它们越来越主动积极地设计和构建所谓的"**平行供应链**"。

- 存在选择的可能性时，采购方会根据自己的经营目标、产品及采购品类要求属性等决策考虑因素，选择具有不同技术能力的货源，即第4章中介绍的具有不同"业务模式"类别的供应商。

- 存在可选择性时，采购方还可能根据自身的采购规模等因素，选择规模匹配度高的货源，也可能从安全性的角度考虑，选择规模大一些的货源，或者更看重对供应商的掌控力而选择更小规模的供应商。
- 前面提到了"平行供应链"，当供应商的足迹分布与采购方的足迹分布具有高一致性时，最有利于"平行供应链"的构建，并且更容易发挥出合并采购的优势。
- 很多企业的货源选择权并不完全由自己掌握，因此就出现了由客户或其他方决定的"指定货源"这样一种独特的货源性质。

从W公司的PCB品类来看，一般来说PCB板的设计具有高定制化的特点，但加工工艺上大同小异，能够提供外协加工服务的供应商也很多；同时，考虑到自身产品的附加值比较高，供应保障要求高，物流成本通常占比较低，W公司选择规模较大、足迹分布较广的供应商是一个方向。虽然这样做，W公司从采购规模上来说，对供应商的话语权很小，但是一来W公司最在意的供应保障性较高，二来还可以应用行业地位、口碑形象等其他有利点来获得采购力量。

利弊权衡是战略制定的一个基本原则，在这个世界上，"完美无缺"本来就是不断追求、不断逼近的一个终极目标，而绝不是唾手可得的目标。战略中所隐含的不利因素，对战略制定者来说，正是后续需要进行风险识别与管控的重要工作对象之一。

2. 确定货源数量

从字面上很好理解"货源数量"的含义，就是采购方需要确定某个具体品类或子品类需要有多少家供应商来进行配合。这个看似简单的问题，却不能简单作答。究竟选择几家供应商，是要结合采购方的经营目标、采购支出规模、品类采购要求和供应市场现状及趋势进行综合考虑的。

当一家企业以提供独创性产品为宗旨，对某类采购标的提出独特的规格要求并期望严守技术秘密时，很可能就自行造就出**唯一供应来源**的货源策略。而当采购规模不大，更希望通过与某一家高匹配度的供应商合作来获得供应和服务上的保障时，**单一来源**就可能更适合。两者的区别是，前者是目前只有一家供应商能够提供满足采购方要求的产品或服务，后者是在能够满足采购方要求的多家供应商中只选择一家来长期合作。

但是，无论是唯一还是单一来源，因天灾人祸等黑天鹅事件带来断供问题的可能性都比较大，因此，从供应风险角度出发，货源策略就变成了**选择两家或多家供应商**。而当采购规模很大，供应市场竞争激烈时，采购方的货源策略则通常会是让**多家供应商**参与竞争，从而在供应风险较低的前提下，获得最优的价格或其他交易条件。

比如，W 公司的 PCB 采购规模虽不是很大，但其身处以价格竞争为主导的中国市场，供应商资源相对丰富，所以选择几家供应商参与竞争，同时又以供应商与上游之间的关系所造就的供应保障性为标准而对某些供应商有所偏重，就是一个对 W 公司来说相对可行的策略定位。

9.2.2　制定供应商关系策略

与在用及潜在供应商之间发展和保持什么样的关系，如何管理和维系既定的关系，是品类管理战略中的另一关键策略。

总体来说，供应商关系可以是长期导向的，也可以是短期导向的。长期导向的供应商关系可能是互相依赖、共生共赢的命运共同体关系，即战略伙伴关系；也可能是将合同视为最后的解决手段，更加依赖于相互信任、相互支持的长期协作型关系；还可能是以含有严格的惩罚性及补偿性条款的合同为基础建立起来的合同约束型关系，常被称为"保持一定距离的关系"（arm's-length principle），也是商业社会里最基本的公平交易型关系。而最低一级的关系则是以短期需求为对象的临时交易型关系，这常常是采购方与那些满足自己零散采购、应急采购需求的供应商之间的关系特征。

那么我们该如何进行供应商关系定位？我们建议结合使用"品类要求属性"和"供应商偏好分析"这两个矩阵来确定与每家供应商之间的关系。我们之所以给出这样的建议，原因如下。

- 首先，品类要求属性反映的是采购方的意愿、能力和品类对采购方的价值。当采购方更加看重采购可得性、便利性、话语权、切换供应商的低成本等时，就偏向选择通用标准类产品或服务；当采购方缺乏自研自制能力而又期望通过上游产品的高端稀缺性来凸显自己产品或服务的高端稀缺性时，就偏向选择供方专利类产品；当采购方既看重产品的差异化和独创性，又看重自己的主导与控制权，同时完全具备自主开发设计的能力时，就更倾向于选择"客研代工"路线；当采购方十分看重产品的差异化、独创性和对产品知识产权的保密保护，但缺乏自主开发设计的能力或能力不充分、不全面时，则会选择"定向开发"方式。实施品类管理的采购方在充分考虑了品类采购要求的必要性和可行性后，一旦确定了某个品类或细分品类的市场属性，其供应商关系导向就形成了。采购方与通用标准类的供应商多数定位为短期交易导向关系，而与其他三类供应商则会偏向构建长期合作关系。

- 其次，品类要求属性也反映出了供应商在品类供应方面的技术能力、价值和力量的高低，同时揭示出采购方切换该品类供应来源的难易程度和话语权的大小。总体上，主攻通用标准类和客研代工类的供应商相对于主攻供方专利类或定向开发类的供应商来说，在创新和研发方面的能力稍逊一筹，对采购方的价值相对较低，被替代的可能性相对较高，力量不那么强大。当然，也有例外的情况，比如台积电公司作为纯芯片代工厂，由于其在先进制程上优势显著，让其在目标客户群体中价值凸显，很难被其他竞争对手替代。不过需要指出的是，很多芯片客户用不到台积电的先进制程，因此，大多数芯片代工企业的力量来自供不应求的市场格局。

- 最后，供不应求的市场格局虽然会影响采购方与供应商之间的关系，但更多是整体力量上的对比关系，采购方从具体的品类合作业务角度审视其与某个具体供应商的关系定位时，更主要的还是看这个品类及供应商能力对自己的产品创新创收的作用，该供应商被替代的难易程度，以及该供应商对自己的定位，即从供应商偏好矩阵分析中认知到的，一个供应商将采购方视为核心类客户、发展类客户，还是可盘剥客户或厌烦类客户。正常情况，采购方更愿意也更适合与将自己视为核心类客户或发展类客户的供应商建立和发展长期导向的合作关系，而与那些把自己当作厌烦类或可盘剥客户的供应商维持短期交易型关系或基于合同约束型关系。

基于我们的理解和建议，我们为大家提供了一个4×4供应商关系定位矩阵，作为确定供应商关系的参考指南（见表9-3）。

表9-3 4×4供应商关系定位矩阵

供应商偏好分析	品类要求属性			
	通用标准类	供方专利类	客研代工类	定向开发类
厌烦	临时交易	合同约束	临时交易	合同约束
盘剥	临时交易	合同约束	合同约束	合同约束
发展	合同约束	合同约束	长期协作	长期协作
核心	长期协作	长期协作	长期协作	战略伙伴

回顾W公司的案例背景，它的PCB普通多层板和软板都属于客研代工类产品，三家在用供应商中S公司和J公司都将W公司视为发展类客户，潜在供应商B公司也是同样定位，只有K公司将其视为厌烦类客户（回见第8章的图8-2）。基于这些信息，W公司的供应商关系定位是：S、J和B

公司为"长期协作"供应商，K 公司则是"临时交易"供应商。这与之前的战略大方向是相吻合的。

9.2.3 制定供应商管理策略

供应商管理策略就是以供应商为对象，促进供应商价值贡献最大化的管理策略。典型的管理策略包括以下几种。

（1）供应商绩效考核与分级。我们将在第 10 章中详细介绍如何建立和实施供应商绩效考核体系。在这里，我们强调的是供应商绩效考核与分级是一种最基本的供应商管理策略。一般而言，只有少数临时交易型供应商不需要纳入供应商绩效考核与分级管理体系，资源池里绝大多数供应商都应该接受绩效考核。而且，其他供应商管理策略都会视供应商关系定位及供应商绩效考核和分级结果来进行选择。

（2）供应商绩效改善。这是对供应商进行绩效考核最重要的目的之一。

- 供应商自我改善。对于绩效考核结果不满意但问题不是非常严重的供应商，多数情况下责成供应商进行自我改善即可。采购方的责任是，实时跟进供应商的改善过程和进展，并以绩效考核要求为准绳来验证供应商自我改善的结果。
- 供应商业务暂停。当供应商的绩效问题比较严重时，暂时中止与供应商的业务合作是一种旨在保护采购方、惩罚供应商的策略手段。使用这种惩罚手段时要审慎，一般多用于关系定位较低的供应商，且存在充分可用的供应来源时。
- 供应商违约罚款。在条款完备的采购合同或订单中，都会预设供应商履约绩效不能满足预期要求时的惩罚性或补偿性措施。这也多数应用在关系定位较低的供应商身上。
- 联合绩效改善。对于关系定位较高的供应商，在绩效考核不佳时，采购方可以与供应商组成联合绩效改善团队，帮助供应商改善绩效。

（3）供应商关系发展。对于表现优异的供应商，采购方则需要采用恰当的方式来发展与供应商之间的合作关系。

- 供应商帮扶。在供应商绩效考核结果为优良但存在其他非绩效方面的困难时，采购方可能会给予管理、人力、技术、资金等方面的扶持。
- 供应商业务拓展。在供应商各方面都表现卓越时，采购方可能给予供应商更多的业务份额，也可能扩大与供应商业务合作的范围。
- 供应商早期参与。对于关系定位较高的供应商，采购方可以促动供应商在采购方新产品/服务项目开发的早期阶段就参与进来，从而充分发挥供应商的专业能力，帮助采购方提高开发成功率，降低开发成本，加速产品/服务上市的步伐。
- 供应商创新建议。对于关系定位较高的供应商，采购方还可以开展不同形式的活动，让供应商走进自己的企业，了解自己产品的生产过程和应用场景，推动供应商从各自的专业角度，提供产品构成部分（即供应商负责供应的零组件、系统和服务等）的创新建议，从而帮助采购方实现价值提升。

（4）供应商风险监控。企业越来越重视风险管理，尤其对那些关系定位较高、替代来源较少的供应商，要利用风险供应商清单、风险质询检查表等工具，来进行常规风险监控。

（5）供应商淘汰。对那些关系定位较低的供应商，或者是绩效屡改不善且替代来源充分的供应商，淘汰就成了最后的管理手段。

作为基础性的建议，我们提供了一张基于关系定位和绩效考核结果做出的供应商管理策略选项表（见表9-4），供大家参考。

表 9-4 供应商管理策略选项表

供应商绩效分级	供应商关系类型			
	临时交易型	合同约束型	长期协作型	战略伙伴型
卓越	● 业务拓展 ● 风险监控	● 供应商帮扶 ● 业务拓展 ● 风险监控	● 业务拓展 ● 供应商帮扶 ● 早期参与 ● 创新建议 ● 风险监控	● 业务拓展 ● 供应商帮扶 ● 早期参与 ● 创新建议 ● 风险监控
优良	● 业务拓展 ● 风险监控	● 业务拓展 ● 风险监控	● 供应商帮扶 ● 早期参与 ● 创新建议 ● 风险监控	● 业务拓展 ● 供应商帮扶 ● 早期参与 ● 创新建议 ● 风险监控
合格	● 无须特别管理	● 风险监控	● 供应商帮扶 ● 早期参与 ● 创新建议 ● 风险监控 ● 联合绩效改善	● 供应商帮扶 ● 早期参与 ● 创新建议 ● 风险监控 ● 联合绩效改善
不合格	● 淘汰替换	● 绩效改善 ● 违约罚款 ● 业务暂停 ● 风险监控 ● 淘汰替换	● 联合绩效改善 ● 违约罚款 ● 风险监控 ● 淘汰替换	● 联合绩效改善 ● 风险监控

对于还没有进行绩效考核记录的新供应商，如果了解其在自己竞争对手那里的绩效考核结果，可以参考；如果没有，可以默认为"合格"，并作为供应商策略制定的起点。

我们继续来看 W 公司的情况：其 S、J、K 三家供应商在绩效方面都有需要改善之处，由于 S 公司和 J 公司在交付及质量方面都是达标的，K 公司在交付和质量两方面都未达标（参见第 8 章的表 8-2），因而 S 公司和 J 公司整体处于合格水平，K 公司则不合格。B 公司作为潜在新供应商，默认其绩效状态为合格。再结合前文中的供应商关系定位，我们可以得出 W 公司对四家供应商的管理策略建议分别是：

● S、J 和 B 公司：供应商帮扶、早期参与、创新建议、风险监控和联合绩效改善。
- K公司：淘汰替换。

从这个供应商管理策略来看，淘汰替换K公司与之前的管理大方向依然是一致的。而对于S、J和B公司来说，这里给出的供应商管理建议有五条，其本意是可以从这五个方面入手去管理这三家供应商，至于究竟采用哪几种策略，还需要结合品类管理的大方向，由品类管理团队来做出选择、给出建议。

9.2.4　制定采购执行策略

采购执行策略指的是，采购方在为一个具体采购项目选择供应商以及在与供应商进行交易活动的过程中可以采用的策略，旨在获得采购对企业价值贡献的最大化，包括采购决策模式策略、采购价格与成本管理策略、交易过程优化协议策略和采购风控策略等。

1. 制定采购决策模式策略

采购决策模式策略是指与采购方确定一种或几种可供选择和采用的、完成供应商选择和采购发包工作的采购方法相关的策略。

首先，从决策权的角度来看，存在集团统一采购的集中决策和具体使用部门自行采购的分散决策这两种基本且极端的形式。在实践中，还存在着大量形式各异的中间决策模式，如事业部集中采购，区域集中采购，基地自主采购，非强制性的集团或事业部层级上的共享采购服务中心，集团或事业部制定基本政策和制度、各区域/基地/使用部门自行选择货源的混合采购决策模式等。品类管理在本质上推动企业从分散决策走向集中决策的采购方法论，但在集中到哪一个层级上，还需要根据采购品类的需求和要求特征以及供应市场的结构特征进行综合权衡。总体来说，实施品类管理的企业从采购决策权分配角度来看，主要有集团集采、事业部集采、分区域集采、重点使用部门代采（即将企业中某个品类的所有需求交由采购规模最大、对供应市场最了解的某个重点使用部门去管理）等集中导向的采购决策模式，只有极少部分因使用部门或使用地区的采购要求差异化过大的需求，可以采用使用地自采模式。另外，当自身采购力量过小时，也可能选择由第三方代行采购职能的采购外包模式。

另外，从供应商选择、货源定点决策方式来看，主要有询比价采购、谈判采购、招标采购、在线竞价采购等几种典型方式。这些方式对采购从业者来说，属于基本常识，在此就不赘述了。

2. 制定采购价格与成本管理策略

为某个新产品或服务开发项目选择供应商时，价格及成本通常是一个非常重要的考虑因素；在采购合同履行的过程中，采购方仍然需要与供应商针对价格与成本进行定期研讨，并努力发掘降本机会、实现降本目标。因此，在品类管理战略制定阶段，就要弄清楚如何才能对采购价格与成本的合理性做出恰当的分析判断，也就是说要从一开始就制定出切实可行的采购价格与成本管理策略。制定这一策略时，一般会有以下几种选项：

- **多家价格比较分析**。这是最基本的一种手段，让多家供应商同时报价并进行比较，择优合作。在进行价格比较分析时，最好能够让供应商进行价格分解，从而了解供应商价格中直接材料、直接人工、机台费用、制造费用分摊、期间费用分摊等细节，从而进行更加细致的价格比较，再利用这些信息进行价格谈判，获得最优的采购价格。

- **独家价格比较分析**。在只有一家报价的情况下，可以通过与历史成交价格、公开市场价格指数、供应商数量折扣梯度报价、类似产品价格对比等分析手段，尽最大可能判断价格的合理性。

- **目标价格法**。采用目标成本法设定每一项采购标的的目标价格，以此目标价格与供应商进行价格谈判，努力保证采购对企业应有的利润贡献。

- **采购成本建模核价**。当采购方对某个品类具有相当的了解程度时，可以通过ABC活动成本法或回归分析法，为该品类建立成本核算模型，计算得到"应该成本"（should cost），并依此来判断供应商价格的合理性。同样，通过成本建模深入研究成本要素与动因，有助于发掘出效率降本和技术降本机会。

- **总拥有成本分析**。在缺乏撬动采购价格力量的情况下，或者除去采购价格以外，交易、物流、库存、质量、断货、使用、报废等成本要素也足够显著和重要时，采购方则需进行总拥有成本分析，以总拥有成本最优为供应商选择标准。典型的总拥有成本分析方法有最优落地成本法、单位平均成本最优法、全成本最优法、生命周期总成本法等。

3. 制定交易过程优化协议策略

交易过程优化协议策略是指，采购方在确定和选择了供应商之后，与供应商协商一致的、可以在双方业务合作过程中参照执行的、让采购交易过程变得更加简化和高效的各种优化协议措施。典型的策略有生命周期供应协议、常青合同、总括订单、批量采购协议、JIT/看板采购协议、寄售与供应商管理库存（VMI）协议、不确定交付协议、固定价格协议、成本补偿型（成本加成）协议、自动价格调整协议、生产效率降本协议、规模返现协议、信用卡采购协议等。对于专业采购人员来说，这些协议的概念与应用也属于基本专业知识。

4. 权衡并完成品类管理战略组合

上述三种采购执行策略中包含了许多方法和手段，在实践中究竟如何选择和应用呢？我们知道，价值/风险矩阵是将采购标的分成了四个象限，可以作为品类管理战略方向的指南针，而三个采购执行策略中涉及的价格与成本管理、供应商选择决策和合同协议等策略性问题，都与某个品类的要求密切相关。因此，我们建议以"品类要求属性"为切入点，同时用"价值/风险矩阵"来高屋建瓴地加以约束，从而将两者结合起来，综合判断出各策略的恰当选项（见表9-5）。

表 9-5 供应商管理策略选项表

价值/风险定位		品类要求属性			
		定向开发类	供方专利类	客研代工类	通用标准类
战略类	定点决策归属	●集中导向采购决策模式	●集中导向采购决策模式	●集中导向采购决策模式	●集中导向采购决策模式
	定点方法	●谈判采购	●谈判采购	●询比价招标+谈判采购	●询比价招标+谈判采购
	价格与成本管理策略	●目标价格法 ●成本建模法 ●总拥有成本法	●目标价格法 ●独家比价法 ●总拥有成本法	●目标价格法 ●成本建模法 ●总拥有成本法	●目标价格法 ●多家价格比较 ●总拥有成本法
	交易过程优化协议策略	●生命周期供应协议 ●成本加成协议 ●自动价格调整协议 ●寄售/VMI协议 ●JIT/看板采购协议 ●效率降本协议/规模返现协议	●常青合同/总括订单 ●固定价格协议 ●寄售/VMI协议 ●JIT/看板采购协议 ●规模返现协议	●常青合同/总括订单 ●固定价格协议 ●寄售/VMI协议 ●JIT/看板采购协议 ●效率降本协议/规模返现协议	●不确定交付协议/总括订单 ●固定价格协议 ●寄售/VMI协议 ●JIT/看板采购协议 ●效率降本协议/规模返现协议
杠杆类	定点决策归属	●集中导向采购决策模式	●集中导向采购决策模式	●集中导向采购决策模式	●集中导向采购决策模式
	定点方法	●谈判采购	●谈判采购	●询比价招标+谈判采购	●招标采购/在线竞价或询比价
	价格与成本管理策略	●成本建模法 ●多家比价法 ●目标价格法	●多家比价法 ●目标价格法 ●总拥有成本法	●成本建模法 ●多家比价法 ●总拥有成本法	●多家比价法 ●总拥有成本法 ●目标价格法

类别	策略				
类	交易过程优化协议策略	• 生命周期供应协议 • 固定价格协议 • 寄售/VMI协议 • JIT/看板采购协议 • 效率降本成本协议 • 规模返现协议	• 常青合同/总括订单 • 固定价格协议 • 寄售/VMI协议 • JIT/看板采购协议 • 效率降本成本协议 • 规模返现协议	• 常青合同/总括订单 • 固定价格协议 • 寄售/VMI协议 • JIT/看板采购协议 • 效率降本成本协议 • 规模返现协议	• 不确定交付协议/总括订单 • 固定价格协议 • 寄售/VMI协议 • JIT/看板采购协议 • 效率降本成本协议 • 规模返现协议
	定点决策权归属	• 偏分散自决模式/采购外包	• 偏分散自决模式/采购外包	• 偏分散自决模式/采购外包	• 偏集采决策模式/采购外包
	定点方法	• 谈判采购	• 谈判采购	• 询比价+谈判采购	• 询比价+谈判采购
瓶颈类	价格与成本管理策略	• 目标价格法 • 独家比价法 • 总拥有成本法	• 目标价格法 • 独家比价法 • 总拥有成本法	• 目标价格法 • 独家比价法 • 总拥有成本法	• 目标价格法 • 多家比价法 • 总拥有成本法
	交易过程优化协议策略	• 生命周期供应协议 • 成本加成协议 • 自动价格调整协议 • 寄售/VMI协议	• 常青合同/总括订单 • 寄售/VMI协议	• 不确定交付协议 • 固定价格协议 • 寄售/VMI协议	• 不确定交付协议/总括订单 • 固定价格协议 • 寄售/VMI协议 • 规模返现协议

(续)

价值/风险定位		品类要求属性			
		定向开发类	供方专利类	客研代工类	通用标准类
日常类	定点决策权归属	●偏分散自决模式/采购外包	●偏分散自决模式/采购外包	●偏分散自决模式/采购外包	●偏集采决策模式/采购外包
	定点方法	●谈判采购	●谈判采购	●询比价+谈判采购	●询比价采购
	价格与成本管理策略	●独家比价法 ●目标价格法	●多家比价法 ●目标价格法	●独家比价法 ●目标价格法	●多家比价法 ●目标价格法
	交易过程优化协议策略	●生命周期供应协议 ●固定价格协议 ●寄售/VMI协议	●常青合同/总括订单 ●寄售/VMI协议	●不确定交付协议/总括订单 ●固定价格协议 ●寄售/VMI协议	●不确定交付协议/总括订单 ●固定价格协议 ●寄售/VMI协议 ●规模返现协议

根据表 9-5 中的策略建议，W 公司普通多层 PCB 的采购执行策略包括：

- **采购决策模式策略**。区域集采模式，采用询比价或招标采购的方式进行供应商选择。
- **价格与成本管理策略**。首选成本建模法，在建模分析能力不足时，可以选择多家比价法，辅以采购价格＋物流成本＋库存持有成本的总拥有成本分析法。
- **交易过程优化协议策略**。对于用量相对大、使用频率较高的多层板，首选有效期可以自动延展的常青合同来保证长期供应是有意义的；在有了长期合约的保障前提下，再通过与供应商签署季度或半年度的、价格确定、数量可以在一定幅度内上下浮动的总括订单，来确保中短期内的供应与价格的可视性；通过签署"寄售/VMI 协议"可以更有利于保证货源的可获得性，同时降低采购方的财务压力，对采购量和支出金额比较大的杠杆类物资来说，意义很大；当使用量非常大不宜采用寄售方法时，则可以考虑用"JIT/看板采购协议"来降低库存的压力；最后，对于量大且采购支出高的杠杆类材料，签订年度效率降本协议和规模返现协议是非常有必要和有价值的。

另外，再推演一下 W 公司软板的采购执行策略：

- **采购决策模式策略**。按照表 8-3，看起来可以采用偏分散自决模式来选择供应商。但由于第 9.1 节中分析得到管理战略大方向，已经建议将软板和普通多层板合并管理，因此这里也应该采用集采的决策模式来统一管理软板的定点工作，只是对于用量更小、供应商话语权更大的让步，通过谈判来达成最后的交易条件，也是完全可行的。
- **价格与成本管理策略**。对于既是瓶颈类又是客研代工类的 PCB 软板，保证供应是第一要务，因此价格策略上首选目标价格策略。这个策略的含义是：只要供应商的价格能够在目标价格范围内，采购方就能够实现预期的利润回报。如果可能的话，通过与历史价格比较或与近似产品进行比较等方式的独家比价法，来确保目标价格的达成；万一目标价格不能达成，还可以从总拥有成本的角度来看，是以较高的采购价格成交还是达不成交易对采购方营收及利润的负面影响更大。这个视角可以帮助采购方从企业经营大局层面上来做出恰当的选择。

- **交易过程优化协议策略**。对于软板，由于用量小、使用频率低，故首选以固定不变的价格签署为期一年的、交付数量和交付时间按照买方的交付订单执行，但确定了一年内最低和最高采购数量的不确定交付协议；备选策略则是与供应商签署季度或半年度的、价格确定、数量可以在一定幅度内上下浮动的总括订单；另外，通过"寄售/VMI协议"推动供应商一次交付3～6个月的用量给采购方，但采购方在未来的几个月内按照每个月的实际使用情况来和供应商进行结算支付，这是解决用量小、使用频率低、使用时间不确定的采购需求问题的一种有效的方式。在我们这个实例中，由于W公司决定将软板与普通多层板合并管理，因此在实践中，将普通多层板的协议策略同时应用在软板合作项目中，通常具有较高的可行性。

9.3 权衡并完成品类管理战略组合

前面我们自最初的品类支出与现状分析开始，一直到供应市场波特五力博弈分析过程中的每一步，都能够得到一些战略启发和思路。然后，我们又基于价值/风险矩阵推演出品类管理战略大方向，以及进一步分析推导得到品类管理的各个分项策略。在这一节中，我们将会以W公司的案例为对象，分析如何形成一套完整的品类管理战略组合的方法和工具。

9.3.1 用一张表勾勒出品类管理组合全景

前面各项分析中得到的启发、思路、战略方向和分项策略之间，可能高度吻合，也可能存在自相矛盾的地方。因此，品类管理者及 CMT 团队必须凭借自己的专业经验、商业智慧、逻辑推理和归纳能力，来归纳总结出全套合理而完备的品类管理战略组合全景。我们以 W 公司的 PCB 板为例，看一下它是如何呈现出普通多层板和软板品类的战略全景的，如表 9-6 所示。

表 9-6 PCB 品类管理战略组合汇总表

品类及细分品类		印刷线路板（PCB）	
		普通多层板	可挠性软板
价值/风险定位分析结果		杠杆类	瓶颈类
品类要求属性定位		客研代工	客研代工
供应商偏好分析结果	在用供应商	S&J 公司："发展型"客户	同"普通多层板"
	新供应商	K 公司："厌烦类"客户	同"普通多层板"
品类管理大方向战略		对两个子品类进行合并管理，发挥"跨品类"杠杆作用： 1. 短期目标（3~6个月）：完成 B 公司导入工作 2. 中期目标（拟 6~12个月）：淘汰 K 公司 3. 长期目标一（1~2年）：拟继续开发 1~2 家规模适中、与上游关系紧密的 PCB 供应商，用来取代 S 公司，并维持该品类多货源竞争格局 4. 长期目标二（1~3年）：随着软板应用的扩展、支出金额及占比的提升、软板供应资源的增加，推动软板向"战略类"或"杠杆类"定位的迁移来"消除瓶颈"	
货源策略	货源性质	本地化+规模适中（主营收入 20亿~50亿元）+制造专家型（首选上游一体化或与上游合作关系密切的供应商）	同"普通多层板"
	货源数量	多来源：3家以上	同"普通多层板"
供应商关系定位	在用供应商	S&J 公司：偏长期协作关系，需增强合同约束性 K 公司：临时交易型，需关注合同条款问题	同"普通多层板"
	新供应商	B 公司：长期协作关系	同"普通多层板"

（续）

品类及细分品类		印刷线路板（PCB）	
		普通多层板	可挠性软板
供应商管理策略	在用供应商	S&J公司：供应商帮扶、早期参与、创新建议、风险监控和联合绩效改善 K公司：淘汰替换	同"普通多层板"
	新供应商	B公司：供应商帮扶、早期参与、创新建议、风险监控和联合绩效改善	同"普通多层板"
采购执行策略	定点决策权模式	区域集采	同"普通多层板"
	定点方式策略	询比价+谈判采购	同"普通多层板"
	价格与成本管理策略	多家比价+成本建模核价	首选：同"普通多层板" 备选：目标价格法
	交易过程优化协议策略	常青合同/总括订单 固定价格协议 寄售/VMI协议 JIT/看板采购协议 效率降本协议/规模返现协议	同"普通多层板"

这一章中的主要分析内容都被兼容并蓄地总结在表9-6中了。其中"货源策略"是品类管理战略中最基本的一项策略，主要是从战略大方向上推导得到的；"供应商关系定位"和"供应商管理策略"是基于"品类要求属性"和"供应商偏好"两项分析得出的，因此这两项分析结果也被包含在这个表中；同时，"采购执行策略"中的各个分项也与"品类要求属性"存在比较直接的联系。

另外，大家可以发现，这张表中显示的各项策略的表述方式与之前的分析结果不完全相同，给人更加直观、确定的感觉。这是因为这张表是针对管理对象、公司政策文化背景和内外部环境都很明确具体的采购品类给出的一套管理战略组合建议，这套管理战略组合建议是基于各项分析并经过了品类管理团队充分研讨且达成一致后形成的最终输出。

然而，品类管理战略的制定工作到这里还没有完全结束。在内外部环境分析的过程中，以及在战略研讨与敲定的过程中，一直会有不同的声音，包括对各种潜在风险的担忧。因此，品类管理团队必须要对这些潜在风险进行分析、量化，并尽可能给出恰当的应对计划与预案，从而让品类管理战略变得更加充分完整。

9.3.2 品类管理潜在风险分析

一般而言，风险管理过程包括风险类别和诱因识别、风险后果分析、风险等级量化分析、制定供应风险管理战略与计划、实施供应风险管理战略与计划这五个环节。我们在这一节里先谈风险类别和诱因的识别，接着进行风险后果分析，最后讨论风险等级量化分析问题；在下一节里再讨论供应风险管理战略与计划问题。

1. 风险类别与诱因识别

根据我们的实践与理解，进行采购管理风险识别时首先需要考虑以下两个方面的内容：

- 直观地识别出会对采购方产生负面影响的、供应商端发生的何种类型的风险。
- 溯源性地识别出有哪些原因或发生哪些事件时，会导致哪类风险的发生。

针对上面的第一个问题，我们总结出在采购与供应管理过程中可能出现的典型供应风险，包括以下几类：

- 交期延误。这是针对某一个订货批次而言的一种违约风险，采购方可以将某个订单晚于约定交付时间数天到几周后才能完成交付的情况定义为"交期延误"。

- 缺货风险。这是针对一段时间内所有订单都无法正常履约、按期交付的更加严重的一类风险，采购方可以将数月内供应商都无法正常交付的情况定义为"缺货风险"。
- 断供风险。这是指从某个时间点往后，采购方再也得不到某种产品或服务的非常严重的供应风险。
- 成本上涨。这是指违反合同约定的价格条款，对采购方的销售利润及财务带来不利影响的风险。
- 技术风险。这是指供应商可能存在的技术能力不能满足采购方技术规格要求或质量水平要求的风险。
- 质量风险。这是指供应商所交付的产品或服务不能满足双方约定的规格要求或质量水平要求的风险。
- 泄密风险。这是指供应商有意或无意间泄露了采购方的专有知识产权或商业秘密的风险。
- 合规风险。这是指那些会给采购方带来法律后果或声誉受损的、供应商端发生的各种违法违规风险，包括供应商在社会责任方面可能存在的不合规或不合乎道德准则的问题。

识别出这些典型的、供应商端可能出现的风险后，我们还需要解决第二个问题，即识别哪些原因或发生了哪些突发事件时，可能会导致供应商端发生哪种或哪几种风险。当然，导致风险出现的原因非常多，我们很难穷尽。有一个简单有效的方法就是将质量管理中应用广泛的根本原因分析六要素法——"人机料法环测"，援用于供应风险的诱因分析之中。其分析思路如下。

- 人：从劳动力供给、成本、用工的灵活性、劳资关系、组织架构、高层变动等与人力资源相关的视角，来考察对某一品类是否会产生影响以及带来何种风险。
- 机：从品类生产设备装置的产能、精度、添置、维护、升级迭代等方面，去评判对品类的供应保障有什么样的不利影响。

- 料：从上游原材料供应市场结构特征、供应群体与上游供应商之间的博弈与合作关系、上游材料的差异化与可替代性等方面，来判断是否存在因原材料的供应问题带来的采购方的供应风险。
- 法：从制造、物流运输、库存、供应链计划与协同等各个环节的技术手段及管理方法入手，研判这些手段和方法是否存在瑕疵而导致某种供应风险。
- 环：从对供给侧产生实质性影响的外部环境角度，来考察是否会因为地缘政治、国家政策、经济环境、法律行规、自然灾害、技术革新、社会动荡等外部因素条件，带来某种供应风险。
- 测：考察供应群体及采购方自身的质量控制、内部风控及外部风险监测方面是否拥有完备的系统、工具和侦测预警能力，看是否存在监控方面的系统性缺陷而导致某类供应风险。

基于上面介绍的方法，我们可以建立一个风险识别矩阵（见表9-7），让品类管理团队可以充分地识别出某个品类可能会发生哪些供应风险。

2. 风险后果分析

做出了风险类别与诱因识别，仅完成了风险管理过程中最基本的一个步骤。某个品类的供应风险一旦发生后，会给采购方造成何种后果，这是必须要全面检讨的。

以交期延误来说，一旦发生，采购方轻则需要重新调整自己的排产计划或停产停线，重则无法完成客户交付，被客户取消订单，影响到营收与利润，甚至永远失去一个客户。也就是说，交期延误风险发生后，可能会给采购方带来运营混乱（计划紊乱、停产停线等）、财务损失（营收与利润损失）、业务流失（订单丢失、客户流失）等方面的不良后果。

表 9-7 供应风险识别矩阵

风险诱因		风险类别						
		交期延误	缺货风险	断供风险	成本风险	技术风险	质量风险	泄密风险	合规风险
人	人口流失与劳动力缺口								
	CPI指数与用工成本变化								
	新生代就业方向选择								
	工会的力量与用工灵活性								
	劳资关系的和谐度								
	组织架构及高层变动的影响性								
	技术岗员工的学历与占比								
机	设备规模与产能问题								
	设备先进程度与加工精度								
	设备自动化程度与柔性								
	设备豁置与产能扩充难度								
	设备维护要求与维修难度								
	设备生命周期与达代频度								
	上游材料的市场供需关系								
	上游供应技术壁垒与垄断性								

	上游材料的区域集中性影响							
	供应商资源池与上游的关系							
料	上游材料的差异化与可替代性							
	上游材料的生命周期问题							
	上游材料的货架有效期问题							
	采购标的本身的生命周期问题							
	制造工艺的难度与技术壁垒							
	制造工艺的迭代升级							
	生产制造模式与交付提前期							
	存储的便利性							
法	存储的方式与成本							
	物流运输的便利性							
	物流运输模式与成本							
	供应链信息共享及可视化程度							
	供应链协同度							

(续)

风险诱因		风险类别							
		交期延误	缺货风险	断供风险	成本风险	技术风险	质量风险	泄密风险	合规风险
环	地缘政治的影响程度								
	经济与产业政策的影响性								
	受自然灾害影响的程度								
	社会动荡的影响性								
	环境保护合规要求								
	社会责任与道德伦理准则								
测	统计过程控制的应用								
	供应商出货检验管控								
	采购方进货检验能力								
	供应商风控体系完善性								
	供应商风控系统工具与侦测能力								
	采购方风控系统工具与侦测能力								

再以合规风险为例，假如供应商交付的零件中存在侵犯第三方知识产权的情况，采购方在自己的产品中使用了这些零件，就很可能招致财务损失（损失赔偿的连带责任）、业务流失（最终客户取消订单或终止合作）、法律纠纷（被侵权方一并提起法律诉讼）、声誉毁损（社会公众对采购方产生了怀疑或排斥）等负面后果。

那么一般来说，各类风险发生后采购方究竟会有哪些后果呢？这个问题并没有完全统一的答案，不同的采购教材、不同的风险管理标准、不同的企业、不同的人给出的答案都不尽相同。在这里，我们将可能的风险后果总结成以下几个方面，供大家参考。

- **财务损失**。绝大多数与供应有关的风险发生后，都会给企业带来财务上的损失。
- **经营困境**。其中包括发生了严重的交期延误、缺货、断供、技术、质量、成本等风险后，导致采购方在一段时间内计划混乱甚至停产停线但尚未发生订单或客户流失的运营乱局后果；也包括上述各类风险发生后以及由于供应商端发生泄密风险后造成采购方出现订单及客户流失情况的业务损失后果；还包括出现大量客户流失、经营难以为继的破产倒闭后果。
- **法律纠纷**。诸如合规、质量、缺货、断供等风险发生后，都可能将采购方拖入法律诉讼的旋涡。
- **声誉毁损**。诸如合规、质量、缺货、断供、成本等风险发生后，采购方无法履约或发生危害到环境、大众健康等情况所引发的声誉毁损后果。

同样，我们也可以建立一个风险后果分析矩阵，来厘清供应商端发生了何种供应风险后可能给采购方带来什么样的影响后果，如表9-8所示。

表 9-8　风险后果分析矩阵表

风险类别	风险后果			
	财务损失	经营困境	法律纠纷	声誉毁损
交期延误				
缺货风险				
断供风险				
成本风险				
技术风险				
质量风险				
泄密风险				
合规风险				

在理顺了风险诱因、风险类别和风险后果的关系之后，就可以对风险发生的概率以及后果影响的严重程度进行量化分析，并对每一类风险划分级别，如高、中、低风险等级。下面我们就来介绍对风险等级进行量化分析的方法。

3. 风险等级量化分析

首先，品类管理团队基于自身的行业经验、专业知识和商业洞察力来判断，某一种风险诱因发生后，能够带来何种供应风险以及这种供应风险出现的概率（0～1），然后再用简单平均法（也可以用加权平均法、优先矩阵法等其他更复杂的方法）来推导出每一种供应风险发生的概率。

举例来说，我们以"人"类风险诱因中的"人口流失与劳动力缺口""CPI 指数与用工成本变化""组织架构及高层变动的影响性"这三项来考察其诱发各种供应风险的概率，得到如表 9-9 所示的结果。

表 9-9 供应风险发生概率量化分析表

风险诱因		风险类别							
		交期延误	缺货风险	断供风险	成本风险	技术风险	质量风险	泄密风险	合规风险
人	人口流失与劳动力缺口	0.3	0	0.1	0.6	0	0.3	0	0
	CPI 指数与用工成本变化	0	0	0.2	0.7	0	0.2	0	0.2
	组织架构及高层变动的影响性	0	0	0.3	0.4	0	0.5	0.5	0.3
综合得分		0.1	0	0.2	0.6	0	0.3	0.2	0.2

注：表中计算存在四舍五入。

表 9-9 是一个简化的示例，目的仅仅是说明怎么做供应风险概率量化分析。表中每一项风险诱因发生后导致各种供应风险的发生概率值是品类管理团队集体评估的结果，需要注意的一点是：不同企业和团队在对不同品类进行风险概率分析时，都是结合自己的经验和掌握的信息来给出评价的。另外，当考虑的诱发因素越全面时，通常最后结果的可信度也会越高。

从表 9-9 中可以发现，评估团队认为缺货风险及技术风险都与三项诱因没有显著的直接相关性，因此得分为"0"。结果显示：这三项诱因带来成本风险的发生概率最高。

做完发生概率分析后，接着来进行后果严重性分析（1～10 分），我们依然用一个简单的例子来说明做法，请参见表 9-10 中所示的例子。

表 9-10 供应风险影响后果严重性量化分析表

风险类别	风险后果				
	财务损失	经营困境	法律纠纷	声誉毁损	综合得分
交期延误	3	3	2	1	2.3
缺货风险	5	5	4	1	3.8
断供风险	7	7	6	3	5.8
成本风险	9	2	3	1	3.8
技术风险	2	2	4	2	2.5

(续)

风险类别	风险后果				
	财务损失	经营困境	法律纠纷	声誉毁损	综合得分
质量风险	2	1	3	2	2.0
泄密风险	6	2	3	3	3.5
合规风险	3	5	5	6	4.8

注：表中数据存在四舍五入，保留一位小数。

从表9-10中可以清晰地看出8类风险的后果严重性的高与低。谨记：这只是一个企业中的一个品类管理团队就某个具体品类的评估结果。每个企业、每个人对后果严重性的判断标准都不尽相同。

有了概率分析和后果严重性分析结果，我们就可以画出几乎所有风险管理方法中都会提到的风险剖析（risk profiling）图了。这张图是一张矩阵图，水平方向可以代表后果影响严重性，垂直方向则代表供应风险发生概率。可以将严重性和概率都分成三档，形成一个3×3矩阵；也可以分成五档，形成一个5×5矩阵。然后再按照规定的分档标准，将每一类风险对号入座。图9-2就是一个5×5风险剖析图的示例。

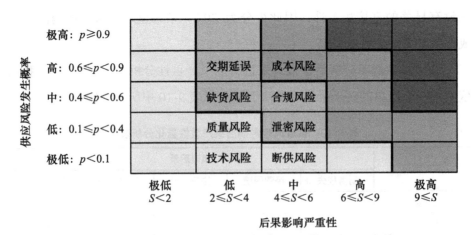

图9-2　5×5风险剖析矩阵热图

图9-2让大家能够更加直观地看出各类风险所处的风险等级。按照这

张图中所预设的标准，质量、技术和断供风险都属于低等级风险（浅色背景的含义），其中断供风险尽管后果严重性较高，但由于存在多家供应来源时，发生断供的概率非常低（小于 0.1），综合结论依然是低等级风险；交期延误、缺货、合规和泄密风险则属于中等级风险；成本风险出现在高等级风险区。就这张图中而言，尚没有极高等级的供应风险（深色背景区域）。倒推回去分析，那些最容易带来这类风险的诱因，应该成为团队在风险管理中特别加以关注和侦测的方面。

这样，我们就介绍完风险类别与诱因识别、风险后果分析和风险等级量化分析这三个步骤了。接下来，我们依据风险等级量化分析结果来制定供应风险管理战略与计划。

9.3.3　制定供应风险管理战略与计划

风险管理战略就是针对不同等级的风险，给出一个总体方向性的指南；风险管理计划就是在这个方向性指南的引领下，给出更为具体的行动措施。

1. 制定供应风险管理战略

一般来说，风险管理战略方向有以下四个：

- 规避风险，就是想办法从根源上消除出现这种风险的可能性。
- 降低风险，就是想办法降低出现这种风险的可能性或采取措施来降低风险发生后的后果严重性。
- 转移风险，就是采取一些措施将风险的后果全部或部分转移给其他方来承担或共担。
- 接受风险，就是不采取特别措施，直接面对和承担可能发生的风险及后果。

那么，这四个风险管理方向各自在什么情况下适用呢？答案就是视风险的量化等级以及遭遇风险的组织或个人的风险耐受能力而定。所谓风险耐受能力也叫作"风险偏好",这是风险承受者心理上对风险的接受或抗拒性。一些人总比另外一些人更敢于甚至乐于冒险。

由于每家企业的风险耐受能力或风险偏好各自不同,所以我们在这里更多是从风险等级(就其本质,何为高、中、低风险也是每家企业自行决定的)的角度来给出一般性的风险管理战略方向建议(见图9-3)。

从图9-3中看出,对于极高风险,品类管理团队首先需要制定化解措施来规避、降低或转移风险;同时还需要考虑一旦风险发生后,有什么预案可以减轻风险后果,或者尽快处理风险发生后所造成的后果,从而恢复供应和运营;对于高度风险,战略方向与极高方向时的基本一致,就是不一定非得规避掉风险,这一点的真实含义,将会在下一小节中描述风险管理计划时进行解释;对于中度风险,制订措施计划来降低或转移风险也不是必需的了,要知道,任何措施都有成本,假如制订和实施措施计划的成本高过风险发生带来的损失,则不一定值得去做;风险无处不在,某些风险发生的后果非常严重,但是发生概率非常之小,虽然从理论上来说,防患于未然是再好不过的,但是百密一疏,实践中未见得有必要费尽心思去管理或应对。

2. 制订供应风险管理计划

下面我们就来看供应风险管理计划的制订过程和方法。风险管理计划相对于战略来说更加具体,我们继续以W公司的PCB板品类为对象来进行描述。

W公司针对PCB板也画出了风险剖析矩阵热图(见图9-4),作为一家使用本土民营企业的外商独资公司,W公司将"合规风险"的风险等级定位为极高风险,"成本风险""交期延误"和"缺货风险"被定位为高度风险,剩下的"泄密""质量""技术"和"断供"四类风险都是低度风险级别。

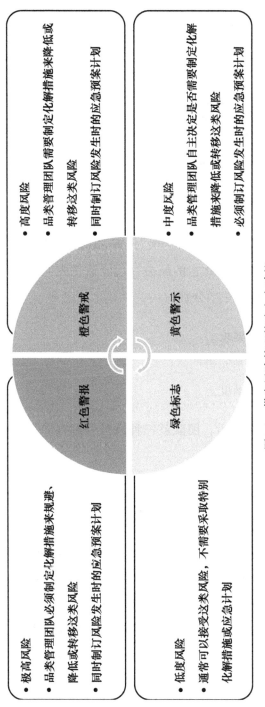

图9-3 供应风险管理战略方向建议

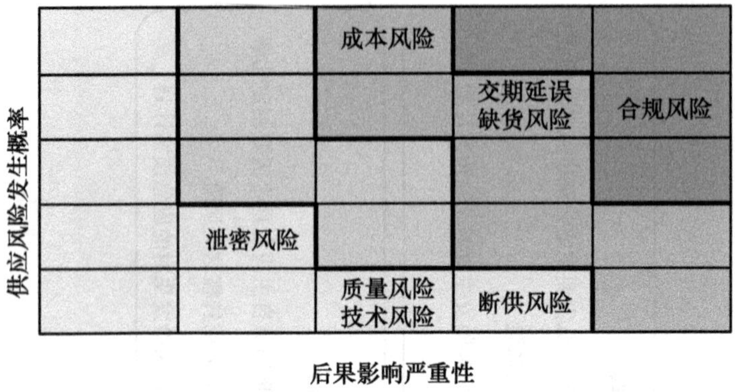

			成本风险	
			交期延误 缺货风险	合规风险
	泄密风险			
		质量风险 技术风险	断供风险	

(纵轴:供应风险发生概率；横轴:后果影响严重性)

图9-4　PCB板风险剖析矩阵热图

对于极高风险等级的"合规风险"，W 公司必须制定化解措施来对其进行规避、降低或转移，因此它的品类管理团队首先回顾了导致合规问题发生的主要诱因，发现前三项分别为：

- 环境保护合规要求。
- 供应商内控体系完善性。
- 劳资关系的和谐度。

在弄清了主要诱因后，团队就三种风险管理方向的措施进行了头脑风暴，得出如下结论：

- 想要完全规避掉合规风险，可能的方法是：不使用 PCB 或者从环保、内控和用工监管要求几乎为零的某国进口所需的 PCB。很显然，这样做的可能性也基本为零。所以，想要规避风险，往往最彻底的措施就是不涉足这一行业，或者彻底取消这个需求。
- 降低风险的方法有：聘用第三方合规审计机构审核所有供应商在环保合规、内控体系和用工合规性方面的现状与差异，并帮助供应商整改；另外，公司内部的 GTC（global trade compliance，全球贸易合规）部门要定期收集整理中国及供应商所在地的合规政策与要求，并知会采购部门和供应商，采购部门则需要在供应商风控系统中增强与各项合规性有关的监测指针,及时发现和防范合规问题的发生。大家认为这是可行性相对较高的风险管理措施。
- **转移风险**的方法则是,将所有 PCB 的采购都移交给 EMS 代工厂负责,从而构建一道"防火墙",让自己因为 PCB 供应商合规问题带来的财务、声誉和法律等主要风险后果大幅降低。这也是相对可行的措施,但是,这与 W 公司目前的品类管理战略方向并不吻合,因此暂时也不考虑采纳。

除了这些风险管理化解措施,对于极高风险和高度风险,还需要制定应急预案。这里我们以 W 公司面对的"成本风险"为例,来看看它的应急预案计划中都有哪些内容。

- **现用现买与提前采购**。当涨价风险确确实实地出现后,采购团队应该及时研判涨价持续的时间以及未来一段时间内的价格走势。如果价格上涨是短期的市场行为,则可以采用现用现买的方式来应对涨价风险;如果涨价的势头很猛,且会维持较长的一段时间,则必须当机立断,采取提前采购的对策。比如某 500 强工业企业在某原本价格低廉的二极管暴涨 10 倍后,就迅速提前采购了将来 6 个月的用量,而该二极管到货日的现货价格已经上涨了 125 倍以上!单单这一物料的提前采购不但保证了未来半年的生产与销售,还为公司节省了 100 万元以上的采购成本。
- **使用可替换产品或服务**。如 2021 年铜价上涨 4～5 成,日本大金工业(Daikin Industries)就抢在其他企业之前,以价格仅为铜的 1/5～1/3 的铝来代替铜,从而抑制采购成本的增加。
- **减少相关材料或服务的使用量**。由于铜比铝的导热和导电性能更好,且更易于加工,大金工业还不能完全用铝来取代铜,但可以通过使用铝来减少铜的用量。在 2023 年之前,大金工业力争在日本国内把铜的用量减半;在 2024 年之前,在世界范围内把主力空调的铜用量

（目前为全年 9 万吨）减少一半。

- **调整销售产品组合与计划**。涨价的材料往往会用在采购方多个产品上，因此，调整公司的产成品生产和销售计划，即将来之不易的原材料更多地用于生产和销售高端、高附加值的产品上，也是行之有效的应对原材料价格上涨的对策之一。比如，苹果公司在 2021 年第二季度中，就大幅减产了低附加值的 iPhone Mini，而高附加值的 iPhone12 Pro Max 则增产 1 100 万部。从苹果公司发布的截至 2021 年 6 月 26 日的 2021 财年第三财季中可以看出，该财季净营收为 814.34 亿美元，比 2020 年同期的 596.85 亿美元增长 36%；净利润为 217.44 亿美元，比 2020 年同期的 112.53 亿美元增长 93%。其中，iPhone 的净营收为 395.70 亿美元，比 2020 年同期的 264.18 亿美元上涨近 50%。

- **成本转移，即上调采购方的产成品销售价格**。比如，美国家电制造商惠而浦公司（Whirlpool）由于钢铁和塑料等原材料成本上涨，在 2021 年春季时将产品售价上调了 5%～12%。同时，受芯片和塑料等关键零部件供应紧张的影响，惠而浦预计 2021 年原材料成本将增加 10 亿美元，它采用了与苹果公司相似的措施，通过生产和销售计划的调整来应对这种情况。

- **反向整合或内部自制**。假如品类管理团队判断出涨价的走势在未来若干年内都会长期存在，那么兼并收购上游供应来源或自产自制就会被提上日程。这也正是品类管理中至关重要的货源策略所要解决的问题。

综上，针对不同供应风险的管理方法，有些是影响时间和范围较小的、属于执行层面的解决手段，有些则是影响范围更广的战略层面上的举措。因此，在品类管理中要做好风险管理分析与计划，在日常的采购执行过程中，更需要对供应风险管理常抓不懈。

3. 权衡并完成品类管理战略组合

之前，我们已经明确并总结了品类管理战略大方向、货源策略、供应商关系策略、供应商管理策略以及采购执行策略，现在我们又制定了品类供应风险管理战略与计划。接下来，我们只需要做一些权衡，将风险管理部分的内容添加进去，就能彻底完成品类管理战略组合的制定工作。

与之前归纳总结各分项策略时的思路一样，这里的权衡，也是在战略大方向不变的前提下，将已经归纳总结完成的各分项策略和刚刚得到的风险管理战略与计划的内容，进行比对与核校，避免相互矛盾的地方。

比如品类管理团队从上一小节的合规风险与成本风险示例分析中，研判出现有供应商存在着极高的合规风险，且没有恰当的手段加以规避、降低或转移，那么开发新供应商来全盘替换现有供应商，就会成为品类管理的战略大方向。而如果某项原材料成本将会在未来的若干年内长期高居不下，反向整合或内部自制也可能成为货源策略的内核。

需要补充说明的是，在战略分析过程中对品类的采购要求、供应商和供应市场进行分析时，也必然是包含了风险考量的，但更多的是从典型的正常情况中往下推演出品类管理战略组合。因此，后面再专门进行风险分析的目的有二：

其一，对供应风险进行更加系统和全面的考量，在一群"黑天鹅"中找出"灰犀牛"，并谋划出防范与应对的方法。

其二，用系统的风险分析输出对初步拟定的品类管理战略组合进行验证，在风险发生的必然性与后果影响性十分显著时，就可能需要对品类管理战略做出调整；假如风险发生概率与后果严重性不那么突出，或存在较为合适的应对之策，就无须调整品类管理战略，把风险管理战略作为品类管理战略的补充即可。

权衡完毕，我们就可以最终完成包含风险管理战略与计划内容在内的、完整的品类管理战略汇总表。由于这张表篇幅很大，且其前半部分内容与表9-6中的内容基本一致，因此在此仅展示与风险管理有关的后半部分内容，如表9-11所示。

表 9-11 品类管理战略组合汇总表——"供应风险管理战略与计划"部分

供应风险管理战略与计划	风险剖析结果概述	极高风险： 合规风险——因中国环境保护合规要求、供应商内控体系不完善和劳工权益保护瑕疵而给公司造成法律、财务和声誉等方面的风险
		高度风险： 成本风险——铜和玻纤布等原材料价格持续上涨带来 PCB 价格上涨的现状与后续风险 交期延误——原材料短缺导致 PCB 生产和交付计划难以如期执行 缺货风险——原材料短缺与涨价导致 PCB 供应商调整产品组合生产和交付计划，减少低利润率产品客户的配额
		中度风险：无
		低度风险：技术风险、质量风险、断供风险、泄密风险
	风险管理对策	极高风险——合规风险 化解措施：聘用第三方合规审计机构审核所有供应商在环保合规、内控体系和用工合规性方面的现状与差异，并帮助供应商整改；另外，公司内部的 GTC 部门要定期收集整理中国及供应商所在地的合规政策与要求，并知会采购部门和供应商，采购部门则需要在供应商风控系统中增强与各项合规性有关的监测指针，及时发现和防范合规问题的发生 应急预案：略
		高度风险——成本风险 化解措施：推动供应商针对铜材采用"套期保值"风险降低措施 应急预案：提前采购未来半年的需求量；与销售部门协调并获得高层支持，调整本公司的产品销售组合，优先满足重要客户及附加值高的客户需求
		高度风险——交期延误 化解措施：略 应急预案：略
		高度风险——缺货风险 化解措施：略 应急预案：略
		中度风险——无 化解措施：无 应急预案：无
	附加说明	

9.4 品类管理战略的批准与实施准备

完成品类管理战略组合的制定工作之后，还要走完几个重要的步骤才能将品类管理付诸实施。这几个步骤包括：

（1）就战略组合的合理性及可行性与内部关键干系人进行沟通并达成共识。

（2）将战略组合呈报给采购管理高层并获得批准。

（3）拟订分阶段战略实施计划。

9.4.1 与内部关键干系人沟通并达成共识

品类管理战略并不是单凭采购部门的一己之力就可以落地实施的，品类管理战略中的诸多分项策略都需要企业内部跨部门合作、跨专业的支持才能够顺利执行。比如，货源策略中提出要导入新供应商，没有供应商质量、技术、物流、财务等部门和专业的配合，就可能无法对供应商的综合能力做出正确评估，无法完成新供应商的准入流程。

因此，品类管理团队需要制作品类管理战略组合简报以便与各关键干系人沟通，获得他们的反馈意见，必要时进行适当的调整，在多方达成共识之后，才可以将最终的推荐战略呈报给管理层获得批准。当然，"求大同存小异"是基本原则，由于每个部门或个人在关键绩效指标、利益及认知层面上的差异，全体做到"完全一致"是不太现实的。在意见有所差异的非原则性问题上，品类管理团队需要尊重他们的意见，并努力获得关键干系人对品类战略及采购部门所面临的挑战与使命的理解，引导各相关部门以企业的整体利益与目标为共同愿景；如果存在某些原则性的、难以达成共识的问题，可以主动寻求商务或技术总负责人以及持有不同意见的各方都尊重和信任的第三方来调和矛盾、化解分歧。

在第7章中，我们已经就如何与内部干系人进行沟通和说服，提供了一些对症下药、实用有效的方法和技巧，在此我们不再赘述。我们在这里想给大家提供的是，用于与内部关键干系人沟通品类管理战略的战略简报的形式与要点。有的读者可能会想到刚刚做完的那张战略组合汇总表，是否可以直接拿过来应用呢？答案当然是肯定的。不过，那张表的内容包罗万象，并不是所有部门或干系人对其中的所有内容都感兴趣。所以，我们建议根据所要沟通对象的不同，向对方呈现不同的重点内容，简单的原则就是：用一张简报突出战略要点的同时，放入沟通受众可能最关心的问题，并尽量将这些问题以"收益"的表达方式呈现给对方。下面就是一个与生产部门沟通战略组合的例子（见图9-5），这张简报的内容与前面的品类管理战略组合相比，简洁了很多，并突出了对生产"保驾护航"的主要收益。

当完成了与所有关键干系人（第7章中已经介绍了使用干系人定位工具识别关键干系人的内容）的沟通并达成共识后，接下来就需要将更新完善后的品类管理战略组合呈报给采购管理高层，以期获得批准，尽快推进落实。

9.4.2　向采购高层呈报品类管理战略并获得批准

与内部跨部门的关键干系人的关注点有所不同，采购高层通常需要更充分地了解某品类管理战略组合的全貌，该战略组合对推动实现采购部门的使命与目标方面的价值，以及对支持达成企业层面总体战略目标和重要业务单位的经营目标方面的作用。因此，在向上呈报的战略简报中，会对战略组合给予更加全面的阐述，价值主张也会更加聚焦于采购部门及其所服务的业务单位和企业整体上的贡献与收益。

依照这样的基本理解，我们为大家提供了一张面向高层进行战略汇报的模板，如图9-6所示。

这份战略简报主要包括三大部分：战略执行摘要、战略背景概述、战略定位与分项策略。

PCB板品类管理战略简报

将普通多层板和软板进行合并统一管理，发挥"跨品类"杠杆作用
尽快完成B公司的导入流程，并在一年内淘汰供应商K公司
维持区域集中采购模式，首选询比价+竞争性谈判的定点策略，获得采购价格及总成本最优化
在总括订单基础上，落实寄售/VMI协议的执行，逐步推动普通多层板的JIT/看板补货模式

关键挑战：
- 三家在用供应商与上游原材料供应商合作关系一般，缺货和涨价风险高企

主要收益：
- 导入过程中的B公司与上游原材料供应商关系密切，在本地有生产基地，可以全面提升供应保障性，需求响应及时性，保障生产计划的顺利执行，提高生产稳定性和效率

风险来源与对策：
- 合规风险：拟由GTC与采购协调做好风控工作
- 成本风险：拟实施提前采购策略；协商锁定年度价格，对原材料成本上涨部分独立核算，给予供应商补偿
- 交期延误风险：拟以提前采购并切实执行寄售/VMI协议来解决
- 缺货风险：授权供应商提前储备上游关键原材料

即期目标（3～6个月）：
- 完成供应商B公司的导入流程

中期目标（12个月内）：
- 完成供应商K公司的淘汰工作

长期目标（12～36个月）：
- 1～2年间，拟继续开发1～2家与上游关系紧密的PCB供应商，用来取代S公司，维持该品类多货源竞争格局
- 1～3年间，推动软板向"战略类"或"杠杆类"过渡，"消除瓶颈"

图9-5 用于与内部关键干系人沟通的品类管理战略简报

PCB板品类管理战略简报——战略执行摘要

将普通多层板和软板进行合并统一管理，发挥"跨品类""杠杆"作用
- 尽快完成B公司的导入流程，并在一年内淘汰供应商K公司
- 维持区域集中采购模式，首选询比价+竞争性谈判的定点策略，获得采购价格及总成本最优化
- 在总括订单基础上，着实推动普通多层板的JIT/看板补货模式

关键挑战：
- 三家在用供应商与上游原材料供应商合作关系一般，延交、缺货和涨价风险高企

主要收益：
- 导入过程中的B公司与上游原材料供应商关系密切，在本地有生产基地，可以改善PCB品类的供应保障性、需求响应性及到货准时性，提升公司对客户需求的响应性、订单满足率，加强公司的营收寄售/VMI协议来执行并实现前采购提前储备上游关键原材料

风险来源与对策：
- 合规风险：拟由GTC与采购协调做好风控工作
- 成本风险：拟实施提前采购策略；协商锁定年度价格，对原材料拟以提前采购并执行寄售/VMI协议来解决
- 交期延误：拟授权供应商提前储备 上游关键原材料
- 缺货风险：授权供应商提前储备 上游关键原材料

即期目标（3~6个月）：
- 完成供应商B公司的导入流程

中期目标（12个月内）：
- 完成供应商K公司的淘汰工作

长期目标（12~36个月）：
- 1~2年内，拟继续开发1~2家与上游关系紧密的PCB供应商，用来取代S公司，维持该品类多货源竞争格局
- 1~3年内，推动软板向"战略类"过渡，"消除"杠杆类"或瓶颈

图9-6 呈报高层的品类管理战略简报模板

		PCB品类管理战略简报——战略背景概述		202×年×月×日
品类管理 CMT团队	CMT团队简介	团队核心成员与角色介绍		超链接： CMT组织架构图
	总负责人	商务及技术总负责人介绍		
品类管理 （SOP）²	品类支出与现状概要（S²）	品类总支出规模与重要性排序|品类细分及支出分布情况|品类未来需求趋势 在用供应商业务分配及占比现状|使用部门及支出分布情况|成本要素构成占比		超链接： 可视化图表
	管理优化机会与目标（O²）	优化机会：成本削减|供应保障|管理优化|创新增值|可持续性 目标陈述：降本规模|质量改善|效率提升|营收增幅|绿供占比		超链接： 优藏机会及商业论证
	优化建议与实施计划（P²）	优化建议：需求整合|货源整合|价值分析|品类优化|货源优化 实施计划：优先级排序|阶段性框架|流程优化|资源性需求|高层支持约束|资源需求		超链接： 预备性工作成果展示
品类干系人/ 采购要求	商务要求与期望	概述各商务要求与期望的内容，以及表达或提出这些关键问题的主要相关部门		超链接： 采购要求及必要性 分析
	技术要求与期望	概述各商务要求与期望的内容，以及表达或提出这些关键问题的主要相关部门		
供应商及 供应市场概况	供应商概况	在用供应商：整体绩效与关键问题|成本结构|SWOT分析|供应商偏好分析 潜在供应商：整体绩效与关键问题|成本结构|SWOT分析|供应商偏好分析		超链接： 可视化分析图表
	供给侧概况	行业特征（垄断性/集中度/产能）|产业链/价值链|品类技术发展路线		
	需求侧概况	需求动态（总体需求与走势/需求市场细分与态势/本公司内采购规模占比与横比）		超链接： 关键数据与图表
	外部环境概况	介绍与供应市场关系密切的PESTLE各项要素的最新动态		
	博弈力量透视	着重介绍五个方面的力量级别对本公司的利弊|外部环境对各力量的影响性		

图9-6（续）

PCB品类管理战略简报——战略定位与管理策略			
价值/风险定位 || 定位结果	品类及细分品类的价值/风险定位图	
|| 战略指南	基于价值风险定位的品类管理战略大方向	超链接：战略定位分析评估表
品类管理分项策略简报	货源策略	解释基于战略指南做出的货源性质与货源数量策略	超链接：集体头脑风暴与决策推演过程摘要
	供应商关系定位	结合品类采购需求属性：在用供应商关系定位（图示）｜新进供应商关系定位	超链接：关系定位分析评价表
	供应商管理策略	基于供应商关系定位：在用供应商管理策略｜新进供应商管理策略	
	采购决策与定点策略	决策权分配策略｜定点方法选择策略与理由	
	价格与成本管理策略	选择货源时价格成本合理性判断方法与逻辑，未来降本机会分析方法与策略	超链接：集体头脑风暴与决策推演过程摘要
	交易过程优化协议策略	用来增加供应保障性、优简交易过程与成本的适用方法，并形成长期协议的策略	
供应风险管理战略与计划	风险剖析结果与定位	风险剖析矩阵热图结论：极高风险｜高度风险｜中度风险	超链接：风险剖析评估表
	化解措施	极高风险｜高度风险｜中度风险	
	应急预案	极高风险｜高度风险｜中度风险	超链接：集体头脑风暴与决策推演过程摘要
	附加说明	供应风险分析结果带来品类管理战略的调整之处	

图9-6（续）

第一部分是战略执行摘要，它对这套战略组合中的关键性战略方向与行动摘其要点进行解释；此外，"关键挑战"部分的内容实际上是用来简述战略方向与行动要点所要解决的问题；"主要收益"部分概述了战略方向与行动要点实施后的好处，这里在表述方面与之前跟关键部门干系人沟通时的措辞有所不同，如此做的目的是根据受众的不同给出有针对性的说服理由；后面还简述了关键风险与对策，以及战略大方向中的长中短期的分阶段目标。

第二部分介绍品类管理分析中的关键输出结果，让高管更好地了解某品类的现状与未来，从而更好地理解战略组合的逻辑性与合理性。

第三部分是更加详细的战略定位与分项策略介绍。三部分层层递进，宗旨都是促进高管对战略的理解和支持。

为了能够在报告过程中高效地给高管答疑解惑，后两部分都建议在简报 PPT 中加上超链接，有助于快速切换并调出分析与判断过程中使用到的事实数据、评估标准、打分情况、思考过程等基础信息。这样做会让高管对品类管理团队的严谨性、能力和可信度都产生充分的认可或赞许，当然也会有助于获得他们对品类管理战略的认同和批准。

在品类管理战略组合得到高管层的认可和批准后，就迎来了战略制定工作的最后一个步骤：拟订分阶段品类管理战略的实施计划。

9.4.3 拟订分阶段品类管理战略的实施计划

任何一项商业活动的计划都是从上往下、由粗到细的过程。在品类战略中，已经给出了短期、中期和长期的分阶段目标计划。在这些目标计划的指引下，品类管理团队仍然需要制订出更加详细一些的落地实施计划。尤其是对那些短期内就要达成的目标，更应该尽快拟订出详细的实施计划来推动目标的实现。

如同在第 6 章中介绍的那样，我们建议使用如图 9-7 所示的甘特图，来呈现分阶段品类管理战略目标的实施计划。

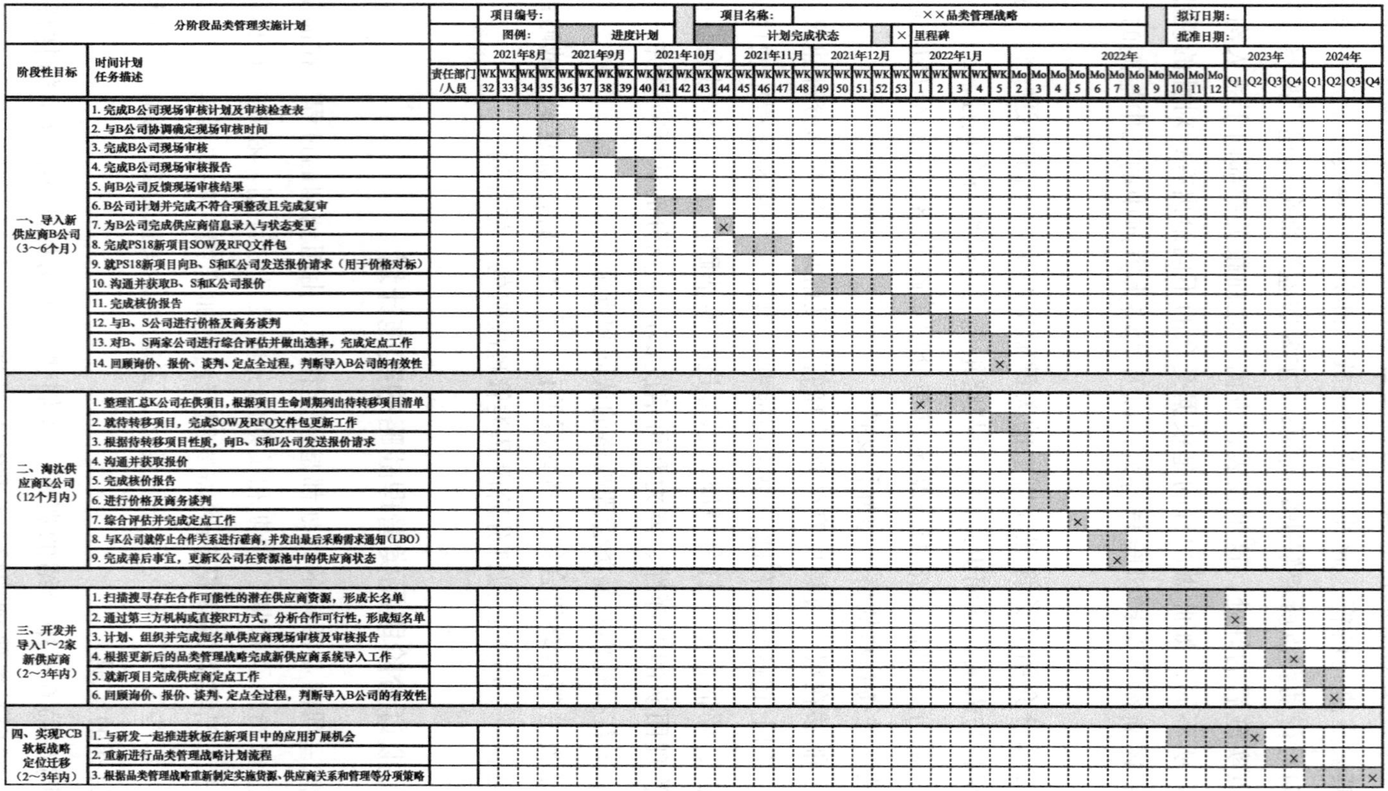

图9-7 分阶段品类管理战略目标实施计划甘特图

从图 9-7 中可以看出，预定 3～6 个月内达成的短期目标的实施计划，是以时间间隔较小的"周"或"月"为单位来描述的，而中长期目标的实施计划则以时间间隔较长的"季度"或"半年度"来呈现。实际上，在真正推进实施品类管理战略和实施计划时，一定还需要进一步做出更详细的执行计划，以便更细致地做好目标达成情况的实时监控工作，有利于尽早发现和纠正可能存在的、延期实现目标或偏离目标的各种问题。而这些更加细节的问题，则是战略与计划执行阶段主要考虑和解决的，在此我们就不再赘述。

至此，品类管理战略和分阶段目标实施计划的分析与制订的整个过程就全部介绍完了。在下一章中，我们会继续介绍品类实施过程中的一些关键事项。

最后，我们要感谢并祝福能耐心、细心读完这 9 章内容的大家，因为你们已经完全了解了一套作为战略采购管理者的品类经理所必备的、核心战略分析与制定的完整流程和系统性工具。现在大家需要做的就是，在实践中使用、调整并完善这一套流程和工具，让它变得与你所在企业的行业特点及文化特质更加吻合。

第 10 章

$5S^2$
品类管理战略的实施与优化

至此，包含货源策略、供应商关系策略、供应商管理策略、采购执行管理和供应风险管理策略等在内的品类管理战略及分阶段目标实施计划，已经在上一章中完整地呈现给大家了。在与各关键干系人进行充分有效的沟通并获得批准以后，就进入品类管理战略的实施与优化环节了。

能将精心开发的品类管理战略付诸行动并亲眼见证品类管理为企业带来的各种收益，对品类管理团队来讲是一件令人兴奋的事。当然实施过程并不总是一帆风顺的，面对这样或那样的问题带来的干扰，团队需要定期评审实施的效果，如确有必要则对品类战略进行调整和优化，如此一来便形成了 PDCA 的闭环管理。这些都需要在采购品类战略管理流程中清楚地进行定义。

不管是货源策略、关系策略还是采购策略都将落脚于活生生的供应商这一载体。接下来，我们就从分品类的供应商资源池的构建、供应商资源池的管理与评估、品类管理在采购执行中的作用，以及供应商合作关系的结束与管理等四个方面，对品类管理战略的实施与优化展开阐述。

10.1 分品类的供应商资源池的构建

在制定品类管理战略的时候，首先提到的便是对供应来源（供应商）的货源性质和货源数量的界定。货源性质是指该品类到底是需要大供应商还是小供应商，是本地供应商还是全球化供应商，是贸易商还是制造商抑或是设计服务提供商等。其实这无形当中就为该品类的供应商资源池做了个画像，而货源数量中则提到该品类究竟应该是采取唯一供应商、单一供应商、双供应商还是多供应商的策略。接下来要做的是如何根据这个画像精准地找到我们需要的供应商，构建品类的供应商资源池。

10.1.1 依据品类管理战略及计划开发供应商

在介绍采购品类管理 $5S^2$ 法的时候，我们曾谈到采购分为主动前瞻型和被动响应型两个方向。对于被动响应型的采购而言，开发供应商在很多时候是被动的。在迫于保证供应等原因紧急开发供应商时会做出这样那样的妥协，不能完全满足采购要求或者存在高度风险隐忧的供应商就会进入供应商资源池，为日后埋下隐患。这显然不是我们所期望的。例如，几年前我⊖在某公司做采购负责人的时候，就曾遇到主营印刷品的供应商 H 因其股东内部矛盾导致企业无法正常运营，供应中断的情况。面对单一供应源的策略失败，采购不得不紧急寻找新供应商。包括战略采购、执行采购和供应商质量工程师在内的采购团队"三步并作两步走"地合力在一周内开发认证了一个"差不多"的供应商 L。虽然解了近渴，但供应商 L 在能力上的短板导致其绩效难以令人满意。尽管对于日常类物资，可用供应商并不少，但是考虑到切换供应商的代价，公司还是决定对其帮扶一把。采纳前瞻性采购原则、依据品类管理战略及计划开发供应商的方式，则会从源头上避免出现供应商准入便成为被帮扶对象的尴尬。

⊖ 此处系指邢庆峰老师。

1. 为什么

依据品类战略及计划开发供应商，我们不妨先来总结一下我们为什么要开发这个供应商？它到底能给我们带来什么样的价值？按照着眼点由近及远的视角，我们之所以会开发某个供应商，通常是基于以下几点考虑：

- **降低风险**。关于供应风险在第 9 章中已经有非常透彻的分析。相较于趋利，避害往往是更基本的需求。所以如果团队确认必须通过开发新供应商来消除某项风险，通常这项任务优先级比较高。毕竟在复杂多变的当下保证供应已成为商业成功的重要基石。
- **改善绩效**。现有供应商绩效不达标，尤其是通过帮扶仍无法满足要求的情况下，引入新的、拥有更高水平的、成本（往往体现在单价）更有竞争力的供应商，是提升采购甚至供应链绩效的有效手段。据不完全统计，我服务过的某家集团公司，有 60% 左右的成本降低都是通过更换供应商，尤其是引入低成本国家供应商来实现的。
- **助力创新**。创新对于企业尤其是主打差异化的企业的发展的重要性我们无须多表。通过引入有独立设计能力的、有创新能力的供应商可以有效助力企业战略的成功落地。当然如果能跟这些供方签订排他协议，那将创造更好的竞争优势。
- **共创价值**。这里讲的价值是超出传统意义上的价格、成本、交付等的能够将企业品牌价值提升甚至带向另一个层面的价值。比方说卡尔蔡司的 EUV 光学系统之于阿斯麦的 EUV 光刻机、京东方的 OLED 面板之于华为的智慧屏等。

2. 谁来做

晓得了为什么要做，接下来要搞清楚这项任务应该由谁来完成。有人可能会说："这还用说吗？肯定是采购啊。"没错，确实是由采购来牵头完成的。但是由采购部门的哪个职能岗位具体来操刀呢？要把这件事情说明白，就必须把采购团队的构成及分工搞清楚。

在很多采购管理精细化程度比较高的公司，通常会把采购工作分为三段，也就是我们所熟知的采购管理三段论。如图10-1所示，在这些企业中会把采购分为战略采购、项目采购和运营采购三段。战略采购的主要职责是制定分品类采购寻源战略、寻源与准入管理、构建供应商资源池、进行供应商动态分级管理；项目采购针对具体的项目从已经定好的品类资源池中选择供方，开发所需要的产品或服务；运营采购负责下单与跟单，进行供应商日常事务及绩效的管理。这种架构因分工明确、任务针对性强，每个职能都能专注于其擅长的领域，成效比较显著而被很多公司采用。很显然，基于这种情况，供应商开发应该是由战略采购这一职能来完成的。

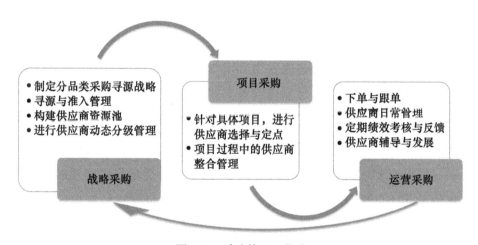

图10-1　采购管理三段论

即便企业采购专业化程度没有这么高，分工没有这么细，有可能只分为战略采购和执行采购，这项任务同样也是由战略采购来完成的。如果企业连"采""购"分离还没做到，那就只好由一条龙的"大采购"来一并完成了。

3. 如何做

提到供应商开发，我们自然而然会想到供应商开发漏斗模型（参照第

5章的图5-18）。根据这一模型，整个供应商开发可分为供应商准入资格审核、供应商选择确定货源、过程及样品审核认证三个阶段。供应商开发漏斗模型给出了供应商开发的整体框架。在采购实践中还需要根据企业的情况制定相应的流程。表10-1便是S集团根据这一模型建立的根据品类战略进行的供应商开发流程。

每家公司都有自己的供应商开发流程（有的也叫寻源流程），纵观这些流程，有几分相似又不尽相同。只要能结合企业自身的实际情况，有效指导采购人员有效完成任务即可。这里我们仅就采购培训咨询中发现的几个常见问题为大家做个介绍。

（1）澄清需求，也就是明确要开发的供应商对我们的价值是什么。这一点将直接影响到对供应商的要求和评估标准的制定，如果在品类采购战略中已有明确的界定，就不是问题了。

（2）供应商要求的制定。在采购实践中，这往往是一个容易被忽略的环节，即使做了，也未必能够做到科学地制定，尤其是在各要求的权重的制定方面。例如，到底是质量重要还是成本重要？成本应该占20%还是30%？如果这些没办法相对合理地确定，就会为日后团队间的分歧埋下隐患。为此，我们特意开发了一个用于澄清要求、确定权重的工具——供应商要求及评估标准权重L矩阵。表10-2是前文提到的S集团负责轴承品类的团队在进行低成本国家供应商寻源的时候制定的选择评估标准及权重设定。实践中将团队讨论好的要求如表10-2中显示的研发测试能力、质量管理水平等7项要求输入表中，便会自动计算出表中最后一列显示的权重。如在该项目中，成本竞争力的权重最大，占29%；质量管理水平排名第二，占21%；行业名誉及地位排在最后，仅占2%。这样就可以有效避免在很多企业中存在的"研发盲目选大牌"的问题。需要强调的是这张表应该在战略采购开始寻找供应商以前，由寻源团队协商制定。

第 10 章 5S²：品类管理战略的实施与优化　371

表 10-1　S 集团供应商开发流程

流程图	具体活动详细描述	责任矩阵（R: 负责，A: 批准，S: 支持，I: 通知，C: 咨询）						适用文件
		战略采购工程师	项目采购工程师	执行采购工程师	供应商质量工程师	品类经理	供应链总监	质量总监	
澄清寻源需求	• 分析品类采购战略，明确新供应商寻源需求，通常包括但不限于风险管控、绩效提升、创新与价值提升开拓需求	R	S	S	I	C			
明确要求制订寻源计划	• 设定要求及目标供应商的选择标准 • 需求背景介绍 • 该类别零件需求情况要求、需求量及采购额 • 零件主要技术要求 • 供应商的主要要求、工艺、设备、检测能力等 • 供应市场的整体情况 • 计划寻源的潜在供应商渠道和数量（主要竞争对手的数量） • 供应商寻源和发展时间计划	R	S	S	S	S			
寻源计划的汇报及审批　　未批准　批准	• 战略采购工程师组织沟通寻源计划并报批								
开始寻找供应商	• 我们在国内市场做市场调查的常用渠道包括但不限于： -资料库渠道：所有的资料库都聚集在物料部门的公共区域 -行业信息渠道： -行业协会，如机械协会等 -行业杂志，如机械配件杂志等 -行业研讨会，如搜索时请注意关键词的设定 -行业培训，如粉末冶金技术培训讲座等 -网络渠道：在搜索时请注意关键词所涉及的信息 -展会渠道：请查看展会清单 -其他渠道：它取决于课手中所掌握的信息 • 通过各个渠道搜寻到的潜在供应商的数量必须满足寻源计划中设定的目标 • 至少要包括主要竞争对手的相应供应商以及相应的行业情况 • 整理搜寻过程及资料并整理生成潜在候选供应商长名单	R	S	S	S	S			• 供应商寻源计划表

（续）

流程图	具体活动详细描述	责任矩阵 (R: 负责, A: 批准, S: 支持, I: 通知, C: 咨询)							适用文件
		战略采购工程师	项目采购工程师	执行采购工程师	供应商质量工程师	品类经理	供应链总监	质量总监	
潜在供应商有合作前景（否/是）	• 分析名单上的供应商，邀请其填写供应商信息调查表并提供相关证明文件（如营业执照复印件等）。要求供应商在供应商信息平台登录填写完整后打印盖章，归档 • 根据供应商调查表的信息，分析供应商是否有合作的前景	R							• 供应商信息调查表
制定供应商短名单，签订保密协议	• 从中选出3～5家匹配程度较高的供应商进入短名单 • 与进入短名单的供应商签署保密协议，以便后续进行进一步的沟通	R							• 保密协议
发送样品或图纸给供应商以便报价	• 战略采购工程师选择有代表性的产品样品或图纸等技术要求发送给供应商。注意图纸不能通过电子邮件发送，可以使用LINK等 • 报价单必须有相应的签字、盖章	R	S						
价格构成及合理性评估（否/是）	• 战略采购工程师确认组织分析价格结构是否合理 • 如有必要提供采购商报价中应包含可行性分析报告	R	S						
首次访问（失败/成功）	• 战略采购工程师对供应商进行首次访问，并完成首次供应商访问报告。访问过程中应对前期获得信息进行落实，需要涵盖首次访问报告制定的评估表中的内容 • 两个工作日内完成首次访问报告并发出 • 需要与供应商沟通并确认是否可以符合今后有害物质要求	R	I	I	I	S			• 首次访问报告
初步评估，筛选进入团队审核的供方名单	• 对通过首次访问的供应商进行初步评估： - 包括建议团队审核的供应商等 - 团队审核供应商的数量 - 需要进行团队审核的供应商的优先顺序 - 供应商初步评估打分表	R	I	I	S	S		S	• 市场调查对比表 • 供应商初步评估打分表

第10章 5S²：品类管理战略的实施与优化

流程步骤	说明	R	S	I	I	A	A	输出/文档
团队审核计划的审批	制订团队审核计划；通常要对1~3家供应商进行审核；如果只有1家，则需事先得到批准。制订审核计划时，战略采购工程师需向审核小组详细介绍首次访问及初步评估代表的时间。应确保有无足代表的现场审核信息	S	I	I		A		• 供应商初步评估表 • 审核计划表
团队审核	战略采购工程师，协助沟通审核事项的具体安排事项。审核中要给合品类及工艺特点进行体、面、线、点的充分评估，点的优化。供应商为非主产型企业，则可能会进行相应的简化	S	S	R	R			• 物流系统审核表 • 质量管理体系与审核活动流程及要求 • 质量管理体系审核表 • 团队审核报告模板
供应商准入批准建议	当审核满足以下条件时： -管理体系审核结果应至少为3级（≥85分） -物流系统审核分数应至少为C级（≥70分） 供应商可直接放行。 如果供应商重新选择新供应商，应在后续流程中根据结果改完成情况，经团队讨论结果以考虑能成项目职能成员决定是否进行复审，并依据复审结果以及项目需求综合考虑是否放行产品采购	R		R	S			
供应商准入批准	填写供应商放行批准表，将供应商打分表或对比表作为附件，批准后，交由采购部门助理存档	R	I	S	A	A		• 供应商准入审批表
维护供应商主数据和Portal文件夹	采购工程师中英文的供应商名称、地址、贸易方式、付款条件、联系窗口的电话/传真/邮件信息，发告集团的采购工程师，以便供应商门上传SAP系统，维护供应商主数据，建立Portal文件夹	R	I	I	I			
主框架合同的签订及归档	采购协议。不含有害物质声明信，发告给环境能源管理部门及电子版归档。所有合同原件及电子版归档。变更管理通知信	R	S	S	I			• 不含有害物质声明信 • 采购框架协议 • 供应商变更管理通知信

流程图：
团队审核计划的审批 → (未批准回流) → 批准 → 团队审核 → (失败回流) → 成功 → 供应商准入批准建议 → 供应商准入批准 → (未批准回流) → 批准 → 维护供应商主数据和Portal文件夹 → 主框架合同的签订及归档

表 10-2　S 集团（低成本）轴承供应商选择评估标准及权重设定

2：前者（横）比后者（纵）更重要 1：前者（横）与后者（纵）同等重要 0：前者（横）不如后者（纵）重要	研发测试能力	质量管理水平	成本竞争力	全球供货能力	行业名誉及地位	生产能力	担保与赔偿	权重
研发测试能力		0	0	2	2	1	2	17%
质量管理水平	2		0	2	2	1	2	21%
成本竞争力	2	2		2	2	2	2	29%
全球供货能力	0	0	0		2	1	2	12%
行业名誉及地位	0	0	0	0		0	1	2%
生产能力	1	1	0	1	2		1	14%
担保与赔偿	0	0	0	0	1	1		5%

（3）供应商开发计划的沟通。开发供应商有始有终，有明确的目标，是一个典型的项目。战略采购工程师应在项目开始即制订一个详尽的计划，以便执行采购、供应商质量工程师等团队成员提前做好工作安排。项目计划及进度表的重要性不言而喻，但是培训咨询中发现，这往往是容易被忽视的。

（4）充分寻源。战略采购工程师在制定长名单的时候要进行广泛而充分的寻源。寻源的方法和有效途径在第 8 章的供应市场分析中已经做了详细介绍，常见的供应商寻源的 18 个渠道请大家参考第 5 章中的表 5-12。在此要指出的是，对现有供应商的信息（如上市公司的招股说明书等公开信息）的深度挖掘是一项非常有效的开源手段。不管通过什么渠道，采购在寻找供应商的时候都要时刻谨记团队共同制定的要求。

（5）初步评估，推荐（审核）供应商。为了提升团队审核的效率，战略采购工程师应该在推荐团队进行供应商准入审核之前，通过现场访问等手段对供应商做初步评估。如表 10-3 所示，将前文分析定出的 7 项要求及权重填入表格中，然后对候选的供应商按照 0～5 进行打分。表中显示候选的 A、B、C 三家供应商中供应商 A 得分为 31，最高。但是考虑各项要求的权重以后情况就发生了变化，供应商 B 以 4.57 分排名第一：显然优先推荐的供应商应该是 B 而不是 A。

表 10-3 S 集团推荐（审核）供应商初步评估表

序号	要求/标准	权重	供应商 A		供应商 B		供应商 C	
			得分	加权得分	得分	加权得分	得分	加权得分
1	研发测试能力	17%	5	0.83	4	0.67	4	0.67
2	质量管理水平	21%	4	0.86	5	1.07	3	0.64
3	成本竞争力	29%	3	0.86	5	1.43	3	0.86
4	全球供货能力	12%	4	0.48	5	0.60	4	0.48
5	行业名誉及地位	2%	5	0.12	2	0.05	3	0.07
6	生产能力	14%	5	0.71	4	0.57	4	0.57
7	担保与赔偿	5%	5	0.24	4	0.19	4	0.19
	总得分		31	4.10	29	4.57	25	3.48
	说明：对每项进行 0~5 分打分，0 分最差，5 分最好		结论	优先推荐供应商 B				

注：表中数据计算过程中因保留小数位数与四舍五入，显示结果与直接代入计算有误差。

（6）合同与协议的签订。在供应商寻源过程中，根据进程会与供应商签订保密协议、合规承诺、采购框架合同、价格协议、绩效协议等合同与协议。如遇到与供应商无法达成协议的情况，战略采购工程师应重新考虑是否应该继续寻找其他供应商，除非别无选择。

10.1.2　供应商准入评估与管理

供应商的准入评估是供应商开发过程中至关重要的环节，也是经常出现问题的地方。大部分公司在供应商准入之前都会派一个跨部门组成的联合审核小组去评估（审核）。但是在经过这个"浩浩荡荡"的团队审核并通过准入以后，还是会出现这样那样的问题。结合多年的培训咨询经验，我们总结出了一套基于体、面、线、点的供应商准入评估几何模型。

1. 体

体是指公司运营管理的体系。为了提升管理水平，现代企业会引入一些广为人知且被证明有效的管理体系，并通过专业的第三方认证。常见的如质量管理体系 ISO 9001：2015 及 IATF 16949：2016、职业健康安全管理体系 ISO 45001、社会责任标准 SA 8000 等。很多公司的供应商准入审核表单就是基于 ISO 9001 的条款设计的。

如图 10-2 所示的 H 公司的供应商准入审核就是参照 ISO 9001 的要求从质量体系、设计和新产品导入、供应商质量管控、制程管理、仓储运输管理、售后服务几个维度展开的。在进行正式审核前，通常会将审核表单发给供方由其进行自评，自评合格以后，审核团队再到现场进行评估。在进行审核评估的时候一般会从符合性和有效性角度展开。例如在体系中有规定组织应定期开展管理评审会议，在对该项进行评估的时候就不能只看有无管理评审会议的记录，而是要看通过管理评审会是否促进企业管理绩效的提升。

2. 面

面更多的是通过现场访问和书面调查很容易感知到的一些外在的东西，如企业的形象、行业的地位、企业的实力与信用、现场 5S 执行状况、员工士气等。例如从企业展厅看到很多客户颁发的优秀供应商的奖牌、奖杯等可以从一定程度上反映出其客户服务水平，但是如果细看全是 5 年以前的，近一两年获得的难得一见，则要特别留意企业是进行了战略调整还是管理水平出现了滑坡。

3. 线

线是贯穿企业运行的一个或一组流程，例如项目管理流程、新产品开发流程、订单交付流程等。有些企业在进行供应商准入评估的时候更加关注自己的产品在供应商处是如何开发出来的，又是如何生产出来并交付给它们的，基于 VDA⊖ 6.3 的供应商准入审核就是按照这个逻辑设计的。

⊖ VDA 为德国汽车工业联合会的德语缩写。

Quality System Audit 质量体系审核

Supplier Name 供应商名称	××××	Supplier Code 供应商编码	12345678
Factory Location 工厂地址	××××	Date 日期	2021.08.02
Auditor 审核员		Criteria Type 标准类型	Type B

No.	SECTION 项目	Self Evaluation 供方自评	Actual H公司评估	Goal 标准
1	Quality Systems 质量体系	75.0%	80.4%	80%
2	Design & NPI 设计和新产品导入	78.3%	84.8%	80%
3	Supplier Quality Control 供应商质量管控	97.7%	81.8%	80%
4	Process Control 制程管理	94.4%	74.1%	80%
5	Storage & Delivery 仓储运输管理	93.3%	70.0%	80%
6	After Sales Service 售后服务	93.8%	81.3%	80%
	QSA Score 质量体系审核得分	87.4%	78.9%	
	QSA Result 质量体系审核结果	Passed	Conditionally Passed	

Criteria 标准：
Passed 通过　　　　　　　　80%～100%
Conditionally Passed 有条件通过　70%～79%
Not Passed 不通过　　　　　　<70%

图10-2　H公司供方准入审核总结报告

如图 10-3 所示，VDA 6.3 共由 P1～P7 7 部分组成，它们又衍生出 58 个问题。其中 P2 为项目管理，P3 为产品和过程开发的策划，P4 为产品和过程开发的实现，P5 为供应商管理，P6 为生产过程分析，P7 为客户支持、客户满意度和服务。而作为供方准入审核的潜力分析 P1 则是由从 P2～P7 的 58 个问题中抽出的 38 个相关问题组成的。因其更加关注采购方的产品在供方实现的过程，更加务实、高效，评估审核的结果与后续的绩效相关性更强而被欧洲尤其是德国的公司采用，而且其运用已经从汽车行业逐步扩展到非汽车行业，例如我⊖曾经服务过的德国工业 4.0 四大创始成员公司之一的 FESTO（费斯托）公司就是参照 VDA 6.3 制定其供方准入评估审核表单的。

4. 点

点是要列出企业特别关注的关键点。这些关键点包括在品类采购战略中列出的通过开发这个供应商能给企业消除的痛点、带来的价值点等，也包括对日后双方间良性合作、供应风险最小化保驾护航的供应商运作管理关键要点等，如 S 集团确定的寻找低成本国家轴承供应商的计划就明确要求要考察供应商的成本控制即持续降本的能力这一关键点。而如果开发供应商是基于通过新供应商来改进供方的配合度，提升业务整体运行的效率，那么是否设置专属客户经理以及供应商响应速度等可能就会成为关键点。

将体、面、线、点进行有机整合，便形成了供应商准入评估的"几何模型"，如图 10-4 所示。

在评估审核完成以后，为了便于分析管理，有的企业会输出一个供应商现状"雷达图"。图 10-5 就是 S 集团供应商准入评估雷达图。图中针对从 A.1 APQP 执行到 E.11 项目管理的每一项都按 0～5 进行打分，其得分在对应的线上可以显示出来，其中 0 分为圆心，分越低，越靠近圆心。如图中的 E.11 项目管理得了 2 分，E.8 人力资源规划这一项得了最高分 5 分。通过形状及颜色深浅便可清晰看出该供应商的优劣势所在。

⊖ 此处系指邢庆峰老师。

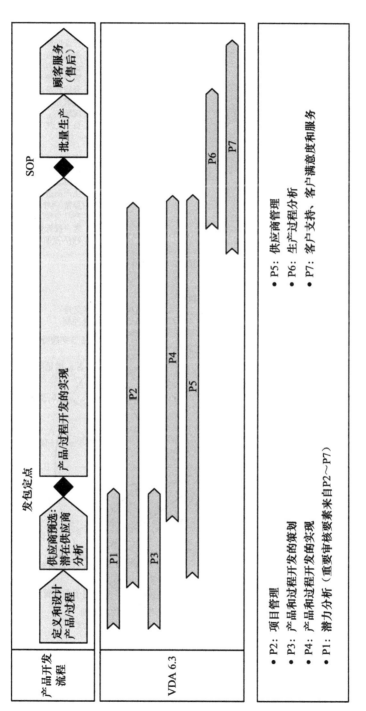

图10-3 VDA 6.3组成架构

第三篇 "品类管理"战略计划与实施全流程

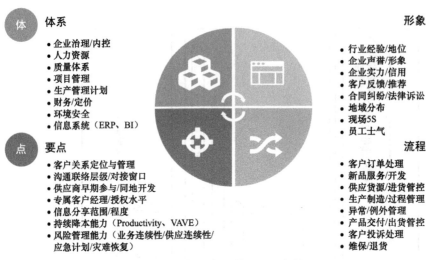

图10-4 供应商评估的"几何模型"

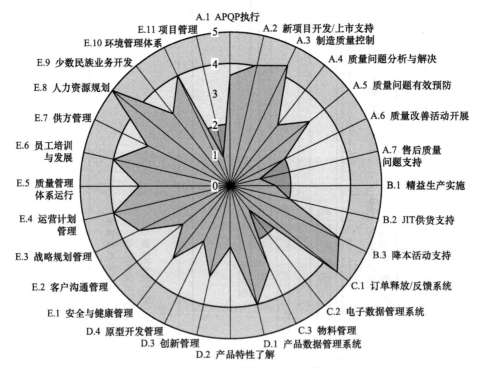

图10-5 S集团供应商准入评估雷达图

如果供应商通过了供应商开发团队的综合评估,则可以提交品类经理、供应链总监和质量总监进行供应商准入的最后批准程序。如果审核评估中出现供应商暂时不满足要求的情况,有的公司会直接终止开发,也有些公司会给予供应商限期整改的机会,待改进结束后再进行评估以确定是否可以准入。

10.2 供应商资源池的管理与评估

建立供应商资源池,是一个重要的里程碑,但绝不是终点。相反,品类经理还必须对供应商资源池进行管理和评估。品类管理本身必须面向市场,而市场不会一成不变,因此作为品类管理的核心资源和对象——供应商资源池也必须随着市场的变化而不断新陈代谢。所谓"流水不腐,户枢不蠹",只有建立和完善供应商资源池的动态化管理机制才能够维持供应商资源池的有效性和长效性。供应商资源池的动态化管理要基于品类管理战略,从两个方面开展:

- 产品和服务创新所驱动的品类更新。
- 动态化的供应商绩效管理。

供应商资源池的有效性评估则让整个供应商资源池管理流程成为一个闭环。

10.2.1 供应商资源池动态管理的原则和方法

让我们先用图10-6所示的"供应商生命周期管理金字塔",来展示一下供应商资源池动态管理的新陈代谢系统。供应商资源池动态管理的宗旨和原则是:**通过供应商资源池的新陈代谢,持续不断地满足组织运营及发展需要**——这种需要会随着客户要求和市场竞争的变化而变化。供应商的生命周期始于搜寻(searching),然后要经历以下全部或者部分过程:开发中(under-investigation,首先进行书面考察,必要且可行时还要进行现场考察)、预审合格（pre-qualified）、批准（approved）、首选（preferred）、战略伙伴（strategic partner）、改善（improving）、受限（limited）和淘汰（phase-out）等。其中，受限和淘汰状态并非一定发生，但它们都是供应商生命周期的常见形态，它们体现了采购方的决策。出现受限和淘汰状态的原因可能是供应商绩效或业务决策引起的，也可能是采购方业务方向等决策引起的。专业品类管理人员需要熟悉这些形态，并且在满足条件时采取对应的措施，非常妥当地退出和终止以避免造成更严重的后果。在本章最后一节，我们会详细谈到如何专业地结束跟供应商的合作关系。

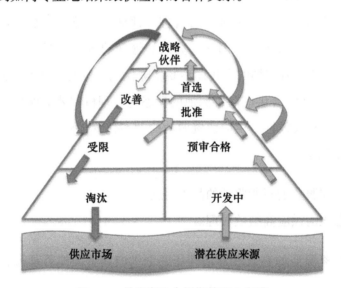

图10-6 供应商生命周期管理金字塔

在前述章节中我们已经系统谈过了供应商搜寻、开发、评估、准入等流程，本节就不再赘述，但组织要进行供应商生命周期管理就需要对供应商状态做出清晰的分类。如表10-4就是我们建立的一套比较完善的供应商状态分级。大家不必完全搬用，而是应该根据自己企业的实际情况和管理能力，进行取舍和增补。至于供应商状态的命名方式也不必拘泥于此，最重要的是品类管理者要清楚地说明各个供应商状态和等级所对应的条件和要求。建立起一个供应商资质等级制度是为引导和激励供应商们自下往上地发展和演进，提高综合绩效，以更好地满足采购方的需要。

表 10-4　供应商状态控制表示例

状态 / 等级	条件及说明
战略伙伴	最高级别供应商。具有不可替代性或很难被替换，且将本公司视为核心客户的供应商；常规性地参与新产品/服务的研发过程（包含共同研发）。双方之间建立了良好的协同系统，共享需求、成本等核心信息。年度绩效考核长期处于优良以上水平（连续 5 年中至少 4 次）
首选供应商	第二级别供应商。同等条件下公司将会优先将业务授予此类供应商，邀请其参与新产品和服务的研发。双方之间建立了良好的协同系统，供应商向公司敞开成本构成，年度绩效考核长期处于优良水平以上（连续 3 年中至少 2 次）
批准	第三级别供应商。准入审核合格，并且至少有一个品类的产品通过了公司的量产验证。年度绩效考核合格水平以上
受控中	问题供应商。有条件批准供应商，或者年度考核绩效不合格，但问题轻微，责成自行改善中；或者为客户指定。可以在品类经理的控制之下授予新业务或者参与为新产品和服务研发提供产品和服务；在客户指定下向公司供货或者提供服务
整改中	问题供应商。年度绩效考核不合格，存在严重履约问题，暂停业务合作（除非得到供应链副总裁或以上高管特批），处在整改过程中
淘汰	问题供应商。已决定终止合作关系。未来可以再次合作，但必须重新通过公司的供应商准入程序
预审合格	潜在供应商。通过了公司的初步审核和系统性认证，被纳入合格供应商清单（AVL），但尚未完成量产或正式供货验证，即尚未进入正式正常合作阶段
黑名单	非供应商状态。该类供应商已经被公司终止了供应商资格，并且被纳入黑名单（black list）。除非得到战略采购委员的例外批准，否则不能从公司得到任何跟业务相关的机会，包括但不限于参与询价、竞标和提供服务等

供应商生命周期状态管理体系必须和供应商绩效评估体系结合使用，否则就会因为没有衡量标准而显得有失公平，甚至成为一个摆设或者沦为别有用心之人的工具。供应商计分卡是较为常用的供应商绩效管理和评估体系，品类管理者可以将供应商计分卡作为评定供应商等级的主要手段，并用来不断激励和督促供应商持续改善。如此一来，品类经理就可以向整条价值链传达一个清晰的信号：只要供应商积极配合采购方的要求，付诸行动、持之以恒，它们就有可能达到供应商状态管理体系的高级别，甚至最高级别，然后得到回报和实惠。反过来，品类经理也可以据此来识别和淘汰那些表现不好或者与采购方背道而驰的供应商。当我们没有基准和尺度时就很难做出令人信服的决策，对人如此，对供应商也如此。有了这个尺

度后，品类经理或许依然无法取得所有干系人的认可，但至少从形式上已经无可挑剔了，当做出艰难决策时也更加容易得到内外干系人的理解——这其实也是形式和流程力量的一种表现。

接下来我们讲述两个重要过程：**供应商计分卡的建立；供应商绩效管理**。

供应商计分卡通常是由一组可以量化的关键绩效指标构成的，这些指标要覆盖至少以下四个方面：质量（Q）、成本（C）、交付（D）和弹性（F），即 QCDF，各个部分的比重则需要品类经理根据企业当前的战略重点和趋势来权衡和谨慎设计。我们给出了一个很完整的模板供大家参考，见表 10-5 "供应商计分卡示例"。此外请谨记，任何一个 KPI 都必须配上打分细则和说明，作为使用者指南，避免模棱两可而显得不够客观，甚至最终导致供应商计分卡失效和流于形式。

表 10-5　供应商计分卡示例

序号	类别	项目	权重	部门	备注
1	质量和安全	DPPM	6	质量部	百万分之不良率
2	质量和安全	SCAR Quantity	3	质量部	供应商不合格项
3	质量和安全	处理 SCAR 的响应速度	3	质量部	针对 SCAR 的响应速度
4	质量和安全	员工安全	3	质量部	
5	质量和安全	风险管理	5	战略采购	
6	成本	年度降价（非刚性成本）	5	战略采购	
7	成本	成本改善	5	战略采购	
8	商务	付款账期	5	战略采购	
9	商务	供应商管理库存（VMI）	5	战略采购	
10	商务	支持采购招标	5	战略采购	
11	商务	接受框架协议	5	战略采购	
12	交付	准时交货率——要求	5	执行采购	
13	交付	准时交货率——承诺	5	执行采购	
14	交付	平均交货提前期	5	执行采购	

(续)

序号	类别	项目	权重	部门	备注
15	交付	库存充足率	5	执行采购	
16	交付	应急产能	5	执行采购	
17	合作	配合新产品研发	10	研发部	
18	特定	品类要求1	5	品类经理	
19	特定	品类要求2	5	品类经理	
20	特定	品类要求3	5	品类经理	

这里，我们用付款账期（总分5分）做例子解释一下打分细则的建立：5分对应 NET 90 ～ NET 120，4分对应 NET 60 ～ NET 90（不含），3分对应 NET 30 ～ NET 60（不含），2分对应 NET 7 ～ NET 30（不含），1分对应款到发货，0分对应任何形式的预付款。此外，2分对应任何120天以上的超长账期。计分卡如此设计就是表明公司认为：付款账期并非越长越好。其实，超长账期是一种误区，也是一种不平衡的零和思维，它多数情况下会损坏合作双方的关系，也不一定会增加采购方的利益——要知道"羊毛"可能出在羊身上。

供应商计分卡是供应商绩效管理的基础之一，随后我们会介绍进行供应商绩效管理的其他原则和方法。关于供应商计分卡的设计和建立，我们需要强调几个重要的原则。

（1）**权重体现了组织当前的痛点和焦点，当期越重要的内容分值越高，战略意义越大的内容分值越高**。因此品类经理需要根据组织的要求，动态地（如年度）调整权重以配合公司整体战略。假如公司正在大力研发新产品，全力以赴筑高防火墙，那么对应地就需要将"配合新产品研发"的权重大幅度提高；如果公司产品结构非常稳定，预期未来几年市场行情看好，需求上涨潜力大，那么我们就要调高"交付"指标的比重，例如增加"应急产能"和"库存充足率"的分值。

（2）供应商计分卡需要**体现按照品类管理的思路**，需要预留一定分值

（如 10%～20% 的分值）让品类经理根据品类特点进行选择和裁定，这也体现了对品类间差异的认同。例如，一个负责电子显示屏或者显示组件的品类经理，他可能会加入一些其他的指标，如供应商的设计能力、供应商对上游供应链的整合能力等；负责砂型铸件（sand casting）的品类经理就会觉得公司统一的 DPPM 目标不适用，因为这种工艺有先天不足，所以他会要求对合格率指标进行定制化。

（3）**充分沟通原则**。对内，供应商计分卡是一个跨职能的大事，甚至可以说是公司层面的事项，它由供应链管理部来主导，但必须取得其他关键干系人的多数认可，否则将来执行时就很难得到内部承诺。对外主要沟通对象是供应商，客户如何对供应商进行评价和打分关系到供应商未来的业务发展，是个极其重大的问题，因此品类经理必须提前向供应商传达和沟通采购方的评价体系和要求，预留时间让供应商进行检讨和反馈问题。

（4）供应商评价，即计分卡的打分活动，**需要定期开展**。我们建议最好 1 次 / 月，最长间隔是 1 次 / 季度，间隔太长可能会错失干预供应商绩效滑坡的最佳时机。

（5）独立打分原则。首先，按照评分责任分配矩阵，干系人进行评价和打分时不应当受到干扰；然后，整体评分结束前，任何人不应当看到其他部门的打分状况。这样做是为了保证打分过程的公正性，防止人为干预影响打分结果。

此外，我们强烈建议将供应商计分卡数字化和打分过程电子化，建立起如图 10-7 所示"Beta 公司的 E-Supplier Scorecard"这样的供应商评价系统，方便各干系人在线打分。这样做的另一个重大优势是，它有利于品类管理人员后期对数据进行收集、整理和深度挖掘，例如制作供应商得分趋势图和特定项目供应商绩效柏拉图等可视化图表。实践经验告诉我们，电子化计分卡是简化打分和评价过程的利器，能够大幅度地提升效率和降低评价人的时间成本。供应商绩效评价是一个长期和长效的管理过程，"三天打鱼两天晒网"的方式肯定行不通。但是，供应商绩效评价很可能不是其他干系人的主要工作内容，在这种情况下基于网络的电子化计分卡是供应商绩效评价能够成功的关键因素之一。

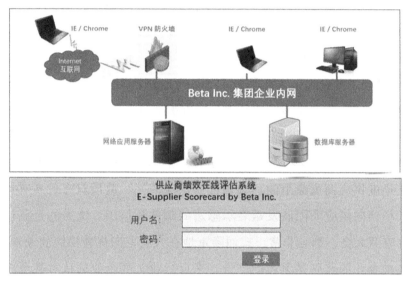

图10-7　供应商评价系统

具体到供应商绩效管理的执行层面，我们建议以品类经理为主导，定期和主要供应商开展供应商业务回顾（supplier business review，SBR）。这种会议的形式可以是面对面，也可以是远程会议，频率则取决于业务需要和双方关系的重要性。对于重要的战略伙伴供应商（有些公司也称为金牌供应商），这种会议通常每个季度都举行，有些公司甚至直接将会议机制称为**供应商季度业务回顾**（supplier quarterly business review，SQBR）。为了准备好一场供应商业务回顾，品类经理需要和供应商的对口人员事先准备好一份会议日程和很多业务数据，同时还要邀请供应商的高管代表参与进来。邀请双方高管代表参与是很重要的，这既考察了双方对合作的重视度，同时也创造了机会让双方的团队得到公司高层的公开认可。双方高管在场见证，大家就存在的主要问题进行开诚布公的讨论和直接交换意见，是解决很多棘手问题的捷径。供应商高管缺席，会让会议的效果打折扣，在此情况下，品类经理必须退而求其次地将会议纪要和行动计划以邮件的形式发给供应商的高管。这种沟通并不是无意义的形式主义,而是存在重要的现实意义,它确保了沟通渠道的畅通,让客户的声音有机会直接抵达供应商的最高层。

供应商绩效管理的另外一方面就是对供应商的**激励**。很多采购人员不重视对供应商的激励,认为自己是"上帝",只要持续给对方订单就是对供应商的最大激励。这种想法诚然有正确的成分,但是很狭隘,带有浓重的"甲方"思想。专业的品类管理人员应该特别重视对供应商的综合激励。

这种激励分为物质和精神两种。物质激励包括但不仅限于更多的订单、更大的份额、新业务(包括将供应商引荐给其他客户)、更长的合同期限和其他更有利于供方的交易条件等;精神激励则可以是对供应商的公开认可,大到在年度供应商大会上向其颁发优秀供应商奖、邀请双方最高层共进晚宴等,小到向供应商团队发送表示感谢的邮件和信函。优秀的企业往往很重视供应商大会,都会非常正式而隆重地在大会上向优秀供应商颁发奖项。这些优秀企业的奖牌是无声的广告,来自行业头部企业的认可甚至胜过花钱投放的广告,例如图10-8中所示的就是工程机械巨头卡特彼勒授予某公司的机加工铸造品类优秀质量奖。

图10-8 工程机械巨头卡特彼勒授予某公司的机加工铸造品类优秀质量奖

我们都参观过很多供应商的企业，销售人员在陪同和介绍自己企业时，总会自豪地展示一下公司获得的所有"荣誉"，而客户的认可通常占据最重要的位置，很多企业建有专门的荣誉墙和荣誉室以展示客户颁发的奖杯和奖牌。但是，除了在这些正式场合表示认可之外，品类管理人员还需要在日常工作中对供应商团队和人员给予正向激励，这种激励可以完全和金钱无关。例如一封来自客户的表扬信绝对是对供应商团队和工作人员日常付出的极大鼓励！这种精神激励的作用会超过很多采购人员的想象。不知道有多少采购人员从来没有给供应商写过感谢信？请随便在自己身边做一次调查，你就会惊讶地发现：原来从来没有写过感谢信或者表扬信的采购人员远远超过写过的采购人员。这不能不说是一个很大的遗憾！供应商真的没有让我们感动过，还是我们太不重视对方的精神需求了？请提起你的笔深情地写一封表扬信给对方吧！

如何写好一封感谢信其实也是一门小学问，泛泛而谈的感谢信难免会让人觉得空洞，而效果也会不尽如人意。我们的建议是：言之有物，拥抱价值，表达谢意，提出期望。言之有物就是简要说明为什么表扬对方，例如本月达成了100%的交货准时率，连续3个月实现了0缺陷，连续加班帮助客户赶工等。拥抱价值是为了拔高精神层面，例如"贵司坚持为客户着想的精神"和"为了实现客户利益最大化"等。表达谢意是主要目标，提出期望则是借着良好的氛围向对方提点"小要求"，例如更快的速度和更好的品质等。

供应商绩效管理是一个长效的管理过程，也是一个系统工程。综合上述内容，得出我们的基本思路：供应商绩效管理要基于供应商计分卡建立起供应商绩效评价体系，结合供应商的准入、认证和动态管理流程，对供应商进行分级和正向激励，以此向整条供应链价值体系传达持续改进（CI）的价值观，鼓励供应商为客户贡献更多的价值，包括但不限于运营改善、技术创新和风险管理等方面，对经过辅导依然无法改善绩效的供应商实行逆向淘汰，从而完成对供应商库的新陈代谢，持续保持供应商库的健康和有效。

10.2.2 构建并完善供应商资源池的有效性评估体系

品类经理建立起供应商资源池之后，不仅要动态管理这个池子，对资源池进行优化，同时也要对供应商资源池的有效性进行评估，以确认品类经理工作的有效性——这既是对过去工作的考核，也是为持续改进识别出改善空间。供应商资源池的有效性主要从以下几个方面进行评价：

- 供应商进入资源池之后被使用的频率如何？没有被使用的原因是什么？
- 供应商进入资源池之后被使用的效果如何？
- 供应商是否愿意和实际参与到采购方的研发和设计活动中，尤其是早期活动？
- 供应商是否参与采购方的 VA/VE 活动，为双方降低成本做出了贡献？
- 供应商是否愿意向采购方提供其所期望的其他增值服务，例如供方管理库存服务、循环取货和全局布点等？

供应商能够被使用是我们建立供应商资源池的主要目的。一个供应商如果被纳入供应商资源池很久（如 1～2 年）都没有被用上是很说明问题的：要么是供应商和采购方的业务不匹配；要么是采购方相关人员有严重的路径依赖，不愿意尝试新的供应商；要么就是沟通出了问题，需要品类经理在内部进行推广和宣传，甚至有可能是品类经理纳入的同质供应商太多了等。经过再次确认后，如果供应商依然得不到使用，我们建议品类经理将该供应商暂时移出公司的供应商资源池，转而由品类经理自行管理。

供应商被使用是一个开端，使用的效果则决定了这个供应商被引入是否真正达到目标和带来价值。品类经理要认真听取干系人的反馈，例如通过供应商计分卡去收集研发人员和项目组的意见和反馈，将干系人的意见整理、核实和确认后传达到供应商。对于负面的反馈，品类经理要尤其重视,视情况决定是否要求供应商提交整改措施,当然也要给供应商提供一定的辅导。供应商从接触、纳入、使用到长期使用是一个双向互动的过程,就如同一个婴儿的健康成长既是他自己的需要,也仰赖于父母的照顾一样,品类经理需要给予供应商积极的辅导以帮助供应商尽快地适应新的客户。对于使用体验不好的供应商,品类经理需要去了解具体的原因,确实不匹配的供应商也要从供应商资源池里移出来。

供应商为采购方带来价值的方式有很多种,不能被狭隘地当成提高微观市场竞争烈度的工具,而是应该更多地从价值创造的角度去使用供应商,借助供应商的核心能力增强采购方的产品和服务。在产品和服务的设计和研发阶段,引入有能力的供应商,请它们为采购方提供解决方案和建议等,这不仅有利于后期供应商快速进入量产,而且能够减少过度设计(浪费)和缺陷,是对双方都大有裨益的事情。这种行为我们通常称为供应商早期参与(early supplier involvement,ESI)。

在产品的成熟阶段,当商务降本接近极限时,品类经理可以引入供应商,邀请供应商参与 VA/VE 活动。供应商作为自己领域的专家,它们非常了解自己的领域,但是对于客户的具体应用并不了解,这种信息的不对称蕴藏着成本改善的巨大空间。在早期的工作经历中,我⊖曾经邀请某模具供应商帮助我大幅度地降低了冲压模具成本。回想起来那个过程其实很简单,就是模具设计师把一个冲头端部的倒角设计得太小了,导致模具在使用过程中特别容易损坏,无法达到预期寿命,模具供应商被迫选择了进口的高硬度合金模具钢——这是一种既贵又难以加工的材料,最后成本就控制不住了。而实际上,我们并不需要这么尖锐的断面,甚至还人工用砂纸打磨一下成品的切面。最后经过商量,模具设计师按照供应商的要求把倒角加大了 0.5°,事情就这样轻易地解决了。

在现实中有很多这样的浪费:供应商在一个对客户并没有太多价值的特征上付出大量的成本,而采购方甚至没有意识到。供应商能够早期参与

⊖ 此处系指刘魁雁。

采购方的研发和设计活动，或者积极参加采购方的 VA/VE 活动，这些都是供应商有效性的明证。

10.3 品类管理在采购执行中的作用

品类管理要成功，不能只停留在战略层面，还必须延伸到执行层面，否则就可能不落地。品类管理是战略采购的抓手，其最重要的目的就是为后续的采购执行铺路，让组织在采购执行时拥有更优化的供应链配置。采购执行主要是指两个方面的内容：

- 量产（mass production，MP）阶段的采购。
- 新产品开发（new product development，NPD）阶段的采购。

让我们继续探讨品类管理在这两个阶段中的作用。

10.3.1 新产品开发阶段的供应商选择

"选择什么样的供应商，就等于选择了什么样的供应链"，这句话虽然有些绝对，但它强调了供应商选择的重要性，这无疑是非常正确的。量产采购是公司最重要的采购活动，它决定了公司的存续和对客户持续服务的能力。但是，新产品开发活动决定了公司的未来，NPD 采购具有更为明显的战略意义，值得供应链领导人和品类管理者的高度重视。如果在 NPD 阶段没有进行有效的品类管理，那么就要花大力气在量产阶段去"纠错"，这种纠错的成本是非常高的，有时甚至是无法挽回的损失，包括但不限于：

- 新产品上市时间（time to market）延长，贻误了市场机遇，造成了"不可见"的损失。
- 新产品上市后的量产不顺利或者无法持续稳定量产，造成了"可见"的损失。

- 新产品上市后增加了运营端不必要的复杂度。
- 配套供应商的技术路线与采购方的技术路线不同。

那么到底如何在 NPD 阶段进行供应商选择呢？我们认为 NPD 阶段的供应商选择要具有量产思维，即首先要明白具体品类管理的战略是什么，然后以此为起点引入符合品类管理战略的供应商到 NPD 阶段。如前面所说的，新产品和新技术的前瞻性要求原本就是品类管理和品类战略的应有之义，供应商资源池也会吸纳一些拥有前沿技术的供应商。选择 NPD 供应商，我们有如下几个原则。

（1）**复杂度控制**（complexity containment）。除非是颠覆性的产品和服务，否则新旧产品之间会有极大的关联，所以完全有必要也有机会去沿袭一定比例的既存供应链。据我们所知，很多成熟的欧美公司都对新产品开发能够产生的新零部件有比例上限的限制，例如不超过 50% 的新零部件。这些都是原则性的指导意见，研发人员和 NPD 采购人员并非不能越雷池半步，但在确实需要突破时还是需要他们解释原因的。复杂度控制对于后续的采购执行意义重大！例如汽车行业，通常而言，主机厂每次推出新产品都会继承前一代产品的大量零部件，这样的好处显而易见：量的优势不会被稀释，不用去熟悉和开发新的供应商，开发周期短等。控制了复杂度同时也意味着上游供应商的配套投资会被控制在最小程度，否则它们可能要付出大量的人力和物力（诸如模具、工装、软件和制造性设备等）。

（2）**供应商分层战略**（supplier tiering strategy）。新产品在开发过程中，首先会有自己的定位，例如高、中、低三个层级，同时零部件本身也有重要性的差异，例如关键零部件和一般零部件。因此，品类经理需要提前准备好分层级的供应商，例如高端、中端和低端三类供应商，来配套这些分层的采购要求，以最大程度地使用正确的供应商，否则就会付出比实际要求更高的价格。以铸造件大类下面的不锈钢精密铸件为例，设计人员在设计一辆小型多用途特种车时，他们有可能大量使用不锈钢铸件（含机械加工），这些铸件包括复杂型腔、外观装饰件、内部结构件和外部结构件。采购人员经过分析后发现这些部件有不同的特点，具体来说就是：复杂型腔的铸造和加工难度都很大，外观装饰件尺寸要求不高但需要镜面抛光，内部结构件要求最简单，外部结构件则尺寸比较大。这时品类采购经理就需要对照供应商资源池（见表10-6）按照供应商的能力和偏好进行初步的供应商和零部件匹配，然后再考虑供应商当前状态（战略伙伴、首选和批准等）做出最后的选择：复杂型腔（供应商1）、外观装饰件（供应商3）、内部结构件（供应商6）和外部结构件（供应商6）。这样的选择有四个明显的特点：

- 满足了全部的特殊要求。
- 最大可能采用了低价供应商。
- 向高等级供应商做了业务倾斜。
- 减少了1个供应商，降低了复杂度——内部结构件和外部结构件选用同一个供应商。

（3）**供应商选择的前瞻性**。品类经理在建立供应商资源池时，他们需要考虑到一定的前瞻性，即引入部分满足未来要求的供应商。这种前瞻性来自品类经理基于专业和事实的预见性，也就是说品类经理需要同关键干系人之间保持充分的信任和沟通，经常向包括但不限于供应商、研发人员、市场营销人员和高管等在内的干系人学习和请教跟品类相关的技术要求和趋势。品类经理自己对供应市场的调研则更加关键，我们在本书第8章中就曾以PCB为例对PCB供应市场进行了深度的分析。品类经理如果要为新产品选择合适的PCB供应商，就需要去考虑当前的需要（例如多层硬板）和未来的需求（复杂的柔性板），这样就为现在和未来搭起了桥梁，而不至于在需要用时一阵慌乱和采取紧急措施。拥有扎实的品类知识极其有利于品类经理做出前瞻性的正确判断，极其有利于品类经理选出有潜力的供应商，甚至是黑马供应商。

表 10-6 某公司二级品类——不锈钢精密铸造供应商资源池

品类序号	供应商编号	供应商名称	层级	规模	尺寸范围(mm)	单件重量(kg)	技术特点	精度等级	制程覆盖	检测、分析和仿真	自动化	特殊能力	价格定位	业务偏好	备注
C-SST	C-SST-0001	供应商1	高	大	10~800	0.1~100	复杂成型强	CT3	全	检测、分析、仿真	高度自动化	3D打印、定向冷却、抽芯	高价	高难、离散	
C-SST	C-SST-0002	供应商2	高	中	10~600	0.1~75	复杂成型强	CT4	全	检测、分析、仿真	中等自动化	3D打印、抽芯	高价	高难、集中	
C-SST	C-SST-0003	供应商3	中	大	30~800	0.1~80	复杂成型中	CT5	全	检测、分析	中等自动化	定向冷却	中等	中难、离散	
C-SST	C-SST-0004	供应商4	中	大	30~600	0.3~75	复杂成型中	CT6	全	检测、分析	中等自动化	定向冷却	中等	中难、集中	
C-SST	C-SST-0005	供应商5	中	中	30~600	0.3~75	复杂成型中	CT6	无抛光	检测	中等自动化	抽芯技术	中等	中难、集中	
C-SST	C-SST-0006	供应商6	低	大	100~1000	1~150	复杂成型弱	CT7	无抛光	检测、一般分析	低自动化	无	低价	大件、集中	
C-SST	C-SST-0007	供应商7	低	大	100~800	1~100	复杂成型弱	CT7	无抛光	检测、一般分析	低自动化	无	低价	低难、离散	

(续)

品类序号	供应商编号	供应商名称	层级	规模	尺寸范围 (mm)	单件重量 (kg)	技术特点	精度等级	制程覆盖	检测、分析和仿真	自动化	特殊能力	价格定位	业务偏好	备注
C-SST	C-SST-0008	供应商8	低	中	100~600	1~75	复杂成型弱	CT8	无抛光	检测	低自动化	无	低价	低难、集中	
C-SST	C-SST-0009	供应商9	低	中	100~600	1~75	复杂成型弱	CT8	无抛光	检测	低自动化	无	低价	低难	
C-SST	C-SST-0010	供应商10	低	中	100~600	1~75	复杂成型弱	CT8	无抛光	检测	无自动化	无	低价	低难	
C-SST	C-SST-0011	供应商11	低	小	150~600	2~75	简单	CT9	无抛光和热处理	检测	无自动化	无	极低	入门	质量不可靠
C-SST	C-SST-0012	供应商12	低	小	150~600	2~75	简单	CT9	无抛光和热处理	基本检测	无自动化	无	极低	入门	质量不可靠
C-SST	C-SST-0013	供应商13	低	小	150~600	2~75	简单	CT9	无抛光和热处理	基本检测	无自动化	无	极低	入门	质量不可靠

10.3.2 品类管理战略在量产阶段的应用

大道至简，品类管理的思想和战略最终要在执行层面得到应用和验证，而衡量成功的几个维度依然是质量、速度、成本和弹性。量产阶段最重要的问题就是执行和贯彻包括品类管理战略在内的供应链战略，但还有别的使命和任务，例如**在授权的范围内寻求组织利益最大化**、采购形式的优化、数据的产生和收集、供应商状态监控和绩效考核以及向品类经理反馈执行中的重大问题等。品类管理战略到了量产阶段可以归纳为几个关键问题：由谁执行采购，从谁那里采购，采购比例如何分配，如何开展供应商绩效的日常管理等。

（1）**由谁执行采购？** 执行采购是放权到各个使用单位还是集中到某个区域性或者全球性采购组织？这种采购组织包括亚太采购中心和全球采购中心等形式。品类经理需要和关键干系人把这个问题事先协商清楚和决定好。一般而言，集中采购是为了三个目的：①避免供应商同时面对同一个公司的多名采购员；②降低采购执行本身的人力成本；③更好地配合全球采购战略。但是需求过于分散、变动大和具有很强时效性的品类就更加适合授权到使用单位进行分散采购。集中化采购同时也需要一些先决条件，例如公司有非常健全的 ERP 系统和有效的即时通信系统。

（2）**从谁那里采购？** 这是品类战略的核心，品类经理在这方面拥有主导权，其确定的战略必须得到执行采购的坚决执行。在供应商选择方面，多数公司会考虑到供应链安全、供应产能、维持竞争烈度和区域化等，而尽量避免单一供应源，采取多源采购模式。因此，执行采购会拥有一定的弹性和选择权，但这不能模糊品类经理的主导权。

（3）**采购比例如何分配？** 当同一项物资有多家合格供应商时，品类经理需要提前根据战略设置好采购比例（sourcing rule），例如三家供应商（A、B、C）可以分别设置为 50%、30% 和 20% 或者其他的比例。但是，我们强烈建议品类经理保持一定浮动空间给执行采购，以便实现一些重要的目的：

- 增强容错性,一些系统参数如最小包装量(minimum package quantity,MPQ)和最小订购量(minimum order quantity,MOQ)会导致严格的采购比例分配无法执行下去。
- 激励执行采购在合理的范围内调整(包括扩大和约束)供应商的供货比例,以督促供应商更好地服务生产和运营的需求。
- 鼓励和增强执行采购的担当感。因为光有责任没有权力是很难奏效的,通过授权的形式品类经理向执行层面传达了组织的信任和期望。

(4)如何开展供应商绩效的日常管理?我们在上一节中已经系统地讨论过供应商绩效管理。在执行层面,我们需要强调执行采购对供应商绩效的日常监控和敏感性。所谓"春江水暖鸭先知",执行采购每天和供应商打交道,他们最先感受到供应商绩效的动态变化。

品类经理有很多战略任务和市场信息需要去了解和掌握,因此没法做到时刻监控供应商的绩效变化。和执行采购建立起定期沟通机制是品类经理掌握供应商绩效动态变化的一条重要途径。当一个供应商内部出现问题时,这些问题不会立即反映到供应商计分卡上,而是会逐步地呈现出来。例如供应商的平均交付提前期(lead time on average),很多供应商都是基于库存发货而保持很短的交货期,但若因某些原因供应商在前端减少了投入,他们仍然可以通过成品和半成品库存维持一段时间的较短的交货期。

如果品类经理依赖供应商计分卡等工具,等到数据统计完全出来,可能已经过去了一两个月。这时问题就大了,短缺或不可避免!一样的情况也适用于其他关键指标,例如质量(如 DPPM)和交货准时率等。我们建议品类经理和执行采购建立和维持一周一次的固定沟通机制,例如周会,会议时间按照实际需要可弹性地延长或缩短。通过这些沟通机制,品类经理可以实现两大目的:

- 确认执行采购是否按照品类策略在执行采购活动。
- 及时地听取执行层面的问题,以确保战略和战术之间不出现大的偏移。

10.4 供应商合作关系的结束与管理

淘汰不能满足企业经营和战略发展需要的供应商，引入新的供应商以优化供应商资源池是常见的品类管理措施。在第 9 章中提到的 W 公司 PCB 板品类管理战略组合货源策略中淘汰供应商 K 公司就是这一措施的典型应用。供应商合作关系结束的管理是供应商生命周期管理中的重要一环，其重要性不亚于供应商开发评估与选择。

10.4.1 两个真实的案例

我们不妨先来看两个真实的案例。

☞ 实例一

这个故事发生在一个世界500强外资企业（X公司）和一个中国民营企业（Y公司）之间。

2005年前后，X公司通过其在中国的国际采购办公室（international purchasing office，IPO）发起了和Y公司之间的合作，X公司计划向Y公司采购一些精密机加工部件。在合作过程中，X公司发现Y公司其实并不能完全满足它的要求，甚至有些尺寸做不到，可以说双方都在评估阶段低估了困难度。经过接近10轮的样品提交，前后持续了3年多，依然无法达到量产标准。同时，Y公司正处在高速发展期，而X公司的IPO也没有完全的决策权，多数时候就是个传话筒，因此Y公司希望把资源投到其他业务和客户身上。另外，X公司的品类经理颇感无力，公司管理层对品类经理及其团队也有些失去耐心了。

经过深思熟虑，X公司的品类经理和Y公司的项目经理开了一个一对一的会议，他们非常理性地分析了当前的处境，带着巨大的遗憾，共同决定终止这个项目。两个关键人物谈好之后第二周，他们都向各自的组织汇报了情况，并且取得了内部干系人的谅解。

终止流程启动后，两家公司都表现得非常专业，它们能够坦诚地告诉对方自己的出发点和制约因素，也制订了详细的终止计划，例如甲方文件的销毁和甲方资产销毁证明的出具，Y公司承诺之前签署的保密协议（non disclosure agreement，NDA）依然有效等。X公司对Y公司这些专业的做法极为肯定，X公司的品类经理请求Y公司的销售经理持续向他更新公司的近况，并且邀请他在恰当的时候访问X公司的总部工厂。

时间来到2015年，X公司在中国投资了一家制造工厂，也建立了本地的供应链团队，供应链本地化已经如箭在弦上了。本地的品类经理向总部的全球品类经理（global category manager，GCM）建议将"精密机加工"在中国本地化，鉴于之前已有的合作经历，GCM向本地的品类经理再次推荐了Y公司。经过将近10年的发展，Y公司无论是硬件实力还是软件实力都上了好几个台阶，双方再次重逢并一见倾心。

X公司也在不停地发展，尤其是得到总部授权的本地供应链团队起到了关键作用。后面双方之间的业务发展非常顺利，发展到2020年，X公司已经成为Y公司的重要客户之一。如果没有10年前双方完美的分手，现在Y公司可能还在X公司的黑名单上或者被完全遗忘，而X公司也可能是Y公司的限制客户之一。

☞ 实例二

这个故事发生在一个欧洲公司（采购方，X公司）和一个中国公司（供应方，Y公司）之间。

X公司在中国有一家小型工厂，它一直向Y公司采购一些管接头，但是X公司的要求高于行业标准，因此Y公司需要采购标准管接头，然后做一些定制化才能交付给X公司。双方之间的业务额不是很大，大约只能占到Y公司营业额的1%，但是X公司是一个非常不错的成长型客户，并且恪守商业道德。

Y公司当时已经进入了一个高利润行业（与核电相关），它的管理层非常不愿意在X公司身上投入资源，甚至说"即使核电产品加工后的废料也比X公司的产品贵"。于是，Y公司作为供应商的绩效越来越差，交货非常不准时，产品质量也差，动不动就说一些负面的话，例如"要么拿走，要么就把订单取消吧""我们只能做成这样，你们要求太高了"或者"你们去别家买吧"。X公司的采购经理亲自上门沟通和协调，Y公司只派出了销售员接待。X公司的采购经理迫于无奈只能临时切换供应商，把订单给了欧洲的供应商，付出了一些短期代价。

2011年，日本福岛核泄漏事件之后，核电业务大幅度下行，很多相关行业的公司进入冰冻期，而此时，身处其他行业的X公司已经大幅度成长了，它在中国的工厂更是订单爆满。Y公司的销售经理在困局之中想到了以前这个老客户，于是请求拜访X公司商谈业务重启的可能。结果不言而喻，X公司的采购总监打了个"太极"，就请他打道回府了。

"分手"（终止合作）有时候是"最优"选择，但是如何"分手"却大有文章。做得好就为未来埋下伏笔，重启也未必不可能；做得不好则双方可能就永远地关上了门，甚至还会造成互相伤害。现实工作中，"买卖不成情义在""善始善终""站好最后一班岗"等情景对于即将结束合作关系的买卖双方而言，变成求之而不得的"海市蜃楼"，反而是诉诸法庭、反目成仇的情况屡见不鲜。究其原因，一是很多企业在流程上规定得并不是很健全；二是国内外各种采购管理书籍，针对供应商合作关系的结束与管理这一部分的介绍鲜有提及，可借鉴的经验并不多。接下来我们就系统分析一下造成与供应商合作关系终止的典型原因以及处理中应注意的一些关键事项。

10.4.2 结束与供应商合作关系的典型原因

导致买卖双方合作关系终结的原因有很多。其中有采购方主导的，也有采购方被动承受的；有合同期满自动结束的，也有合同期内提前终止的。因此厘清到底为什么淘汰这家供应商就显得非常有必要。通常情况下，提前结束合作关系的原因有以下几个。

（1）供应商无法满足绩效要求，在限定的时间内不能或不愿意通过改善达到要求。例如某知名500强公司将其供应商分为战略、优选、合格、限选四类。对于合格供应商，如果出现质量风险为"D"，在半年内无法提升的情况，则将其定为限选供应商；对于限选供应商，如果出现质量风险为"D"的情况，则会直接淘汰。

（2）基于某些原因如新冠疫情的出现，导致供应保障难以为继的。

（3）虽然供应商的绩效没问题，但是触碰了采购方的某些底线，出现违规现象，如雇用童工、商业贿赂、使用违禁物质等。比如，《北京商报》前不久就报道了两家供应商由于违规被茅台集团淘汰的新闻。

（4）企业战略升级或被同行收购，供应商无法满足企业未来发展的需要。这是企业主动进行供应商资源池优化的另一个主要体现。公开资料显示：中国重汽在2020年商务年会上宣布了到2025年前将供应商数量从2019年的4 500家降到1 500家的战略调整。再比如济南华能气动有限公司被德国气动工具巨头费斯托收购以后，部分供应商因为无法满足后者更加严苛的技术要求而被淘汰，这也是企业并购以后留给采购管理团队的重要工作内容之一。

（5）全球产业链布局发生变化，将供应来源转向更有竞争力的国家或地区。来自中国航空新闻网的资料显示（见表10-7），相较于2019年的状况，空客2021年的供应商在国别上发生变化：来自法国、德国和中国的供应商分别增加了40家、49家和10家，而来自美国和英国的供应商则分别减少了18家和14家。

表10-7　空客公司2021年供应商国别统计

国家	供应商数量（家）		2021年相对于2019年供应商数量增减（家）
	2019年	2021年	
法国	1 184	1 224	40
德国	797	846	49
美国	809	791	-18
英国	533	519	-14
西班牙	291	290	-1
中国	97	107	10

（6）供应商出现破产、被收购或重大变动，导致合作能力或意愿出现问题；因为供应商战略调整失败导致资金链断裂，例如从制造业转向房地产业的非相关多元化发展失败而导致其没有能力继续供应。因采购方持续多年的年降导致供应商对业务失去兴趣而主动退出的情况也时有发生。

（7）供应商提出涨价等要求，采购方无法满足导致合作关系的破裂。

10.4.3　结束与供应商合作关系的六大关键点

合作终止的原因清楚了，接下来要讨论的是如何干的问题。结合众多案例，我们总结出了供应商退出过程中需要注意的几个关键点。

关键点 1：项目与项目经理

为了避免对供应商退出管理不当带来"二次伤害"，采购管理人员需要仔细筹划，像对待新供应商的准入评估一样对待这段即将终止的合作关系。换言之，要将供应商的退出作为一个专题项目来对待。那么这个项目到底由谁来负责呢？多数情况下，是由负责该供应商的战略采购或供应商管理团队来执行。此时，我们建议项目经理再次确认一下，我们真的必须这样做吗？尤其是针对供应商绩效不达标的情况，是否可以通过品类管理团队的主动介入帮助现有的供应商改善来提升绩效呢？要知道与这些供应商终止合作是供应商管理中降低风险、改善绩效或者是提升核心竞争力的手段之一，其本身并不是目的，也就是说不能为了终止而终止，为了淘汰而淘汰。

关键点 2：风险收益分析

在供应商合作关系终止项目展开之前，包括风险收益分析在内的项目可行性分析做得充分与否将会在很大程度上影响其成败。收益（或价值）是项目团队愿景的重要组成部分，其大小会直接影响团队的参与意愿，例如第 6 章中通过（SOP）[2] 分析发现 S 集团如果更换其轴承供应商 E 能带来高达 40 万美元的年收益。由于供应商即将倒闭或出现其他必须通过更换供应商才能保证供应的情况，更换供应商的价值就不言自明，无须赘述。风险的大小可能会跟需要投入的资源挂钩,为保证进度需要提前规划。

在进行风险分析的时候,一项重要的工作就是充分研究现有合同的条款,并采取相应措施以避免陷入纠纷。一般情况下在采购合同中会规定合同终止的条件,以及如果需要终止时双方的权利与责任,如生产加工专用的工装、模具以及知识产权的归属等。合同中也应明确,一旦启动终止程序,双方应尽的义务,例如提前通知的期限、库存的处置、终止前的绩效管理、应付账款的支付等。如某世界知名的白电巨头就在其采购合同中明确规定无论是甲、乙双方谁提出终止,应至少提前90天以书面形式通知对方,并且在这90天的"淘汰期"之内,合同规定的责任、义务依旧有效。

关键点3:替代方案的准备

如果这不仅仅是一个简单的合作终止,而是供应商的替代,那么新供应商导入是否顺利就显得异常重要。正如前文介绍的,从开始搜寻供应商到能批量稳定供货需要经过体、面、线、点的准入评估,以及样品认证和量产爬坡过程能力提升等,这个过程需要少则数周多则数月甚至以年来计的时间。在此期间,任何一个环节出现问题都有可能延后切换的时间,甚至导致质量交付等其他问题的出现,而这是大家非常不愿意看到的。

当然在条件允许的情况下,提前备好所需的库存是应对方法之一,但是只有顺利导入我们满怀期待的"更好的"供应商,才能从根本上解决这一问题。如第9章品类管理战略及实施计划中显示的那样,W公司在完成新供应商B公司的导入后,才开始启动淘汰K公司的实施步骤。而10年前我⊖曾经服务过的一家企业,在决定终止与台湾一家生产曲轴的供应商的合作关系后,包括战略采购、执行采购、供应商质量工程师、研发工程师、测试工程师在内的团队成员,经过18个月的奋战才将新开发的供应商顺利导入量产,并建立了可靠的过程能力。有了这个保障,才启动了对这家台湾供应商的终止合作程序。正是有了这个保障,才使得战略采购在跟供应

⊖ 此处系指刘魁雁老师。

商进行退出谈判的时候拥有了更多的主动权。

关键点 4：关键信息的沟通

供应商合作关系的终止会涉及生产、研发、质量等内部关键干系人，又会影响到供应商甚至是客户（如汽车行业一级供应商切换重要供应商时通常需要主机厂的批准）等外部干系人。在做出决策之前甚至是决定之后的很长一段时间内，这个信息应该是保密的，所以在什么时候以及如何与这些干系人进行沟通，就相当考验项目负责人的水平。如果需要保密，采购团队应该明确定义在什么时间点与哪些人进行沟通。如果管理不当，可能会对项目的进行带来意想不到的困难。

例如 5 年前我曾经服务过的一家企业就出现过这样一个案例：G 公司是 F 集团的铸件供应商，由于其绩效一直不达标，在 F 集团铸件品类战略中已明确要引入新的供应商将其替代。此战略在公司内部已经进行了沟通，基于某些考虑采购团队决定待新供应商开发成功以后再与供应商 G 公司进行沟通。在新供应商尚未开发成功的时候，G 公司又一次出现了因质量问题被投诉的事件。SQE 很自然地想到给负责该供应商的战略采购管理团队写一封邮件，询问一下具体什么时候可以将供应商 G 换掉，一是表达一下他对 G 公司的不满，同时也督促一下采购加快退出与 G 公司合作关系的步伐。在他给团队写邮件的时候，他没有选择新建一个邮件，而是在原来的一封讨论该供应商的事宜的邮件上点了 "reply to all"（回复全部），本以为可以省点事好赶紧去处理另一个投诉，结果却事与愿违，这封邮件的收件人名单上"鬼使神差"地出现了供应商 G 公司的业务负责人的邮件地址。等同事们发现提醒他撤回的时候，为时已晚。意外走漏的信息，让原本就绩效不好的供应商 G 在配合意愿上也出现了问题，退出过程变得难上加难。

在内部准备就绪以后，还需要准备一份正式的沟通函，以明确合作终止的日期及其他注意事项。沟通函中应明确阐明要终止合作关系的意图，但不要令人感觉像最后通牒，后续事宜要进一步沟通。

关键点 5：终止合作关系的谈判

终止合作关系的谈判，往往是富有挑战性的。由于面对的是"终止合作"这一话题，谈判桌上甚至会出现情绪化的表现，尤其是在供应商非常不情愿地退出的情况下。要想顺利完成这一艰巨的任务，项目团队需要：

- 在谈判前进行充分的准备。如果是由于绩效不达标引起的，谈判团队应收集并分析该供应商各方面的绩效。需要注意的是由于要求模糊、标准不统一，甚至是采购方自己内部沟通问题导致的供应商未满足期望的状况，需要加倍注意事实与证据的收集。当然准备还包括谈判中要注意的目标与需求的分析、人员的分析、时机的选择、策略的选择等。

- 通过谈判输出一个双方都可以接受的计划。采购协议中没有明确规定的情况，往往会是双方争论的焦点。例如，供应商为这项合作而准备的专用原材料，跟第三方签署的供应及服务的协议，设置的专岗专人等。再比如，如果需要进行模具的转移，如何获取模具的 2D 及 3D 的图纸等技术资料。在实践中这些资料往往是采购方需要但供应商不愿意提供的，通常也会变成谈判的难点。谈判结束，要输出一个双方确认的计划表以及为此而确定的任务、责任人等。

- 在谈判过程中注意情绪的控制。有时候谈判可能会变得异常艰难，甚至陷入僵局。谈判团队需要通过扩大/缩小问题的范围、改变谈判程序、寻找共同的话题等方法进行调整以避免进入情绪化的状态。这时，谈判者的经验和技巧便会发挥作用。尽管诉诸法律是一个选项，但并不是优选项。能通过谈判解决的，还是不要把它推向法庭。

关键点 6：退出过程的监控

在达成协议以后，在退出执行的过程中，可能会出现前期未预料到的问题，项目管理团队要定期监控，如有必要及时升级解决。合作关系终止以后要将供应商纳入"淘汰供应商"名单。淘汰供应商名单的建立及其管理是品类管理团队工作内容中不可或缺的一部分。

供需双方的合作,很多时候就像古诗里所描述的一样:相见时难别亦难,通过寻源、评估、选择和认证,双方展开业务合作挺难,而终止合作的一系列工作看起来也不易。供应商合作关系终止的管理,同样应该引起我们的重视。为了最大程度地降低与供方"分手"带来的不愉快,采购管理者应该从寻源开始精准定位、优选匹配,力求第一次就把事情做对!